I0696667

Nicky,

Notre sort ne dépend

de personne.

Il n'en tient plus

qu'à toi de guérir

Je t'aime

25.09.96

Pour Nancy
Encore et toujours

Mes remerciements sincères vont à tous ceux qui m'ont aidé à créer ce livre : à Matthew McKay pour ses encouragements et son insistance pour qu'il soit réussi ; à Kirk Johnson pour sa relecture soigneuse et inlassable du texte ; à Diane Eardley qui m'a guidé dans les méandres du système immunitaire ; à Judith Kaufman qui m'a fait part de son histoire et à John Argue pour ses critiques et ses conseils.

© 1988 Patrick Fanning
© 1992 Editions Jean-Claude Lattès pour l'édition française

PATRICK FANNING

Se guérir par la visualisation

Traduit de l'américain par
Agathe de Launay

Préface

La plupart des gens ne reconnaissent pas que nous pensons en images et non en mots. Ces derniers ne sont en fait que des représentations symboliques d'images spécifiques. Chacun d'entre nous a eu l'occasion de voir et d'entendre un très jeune enfant dire « Qu'est-ce que c'est ? » à plusieurs reprises, en désignant parfois le même objet. Et à chaque fois, nous, les adultes, nous répondons : « C'est une main » ou « C'est une chaise » ou « C'est une cuiller ». Mais aux États-Unis, au lieu de dire « main », on dit « hand ». Dans toutes les langues, il existe des expressions différentes pour désigner la même chose. Avant l'invention des mots écrits existait une écriture sous forme d'images. C'est pourquoi, à tous ceux qui ignorent la puissance des images ou visualisation, nous pouvons dire sans équivoque : « Si vous pensez, vous mettez en images, vous visualisez. »

Certaines personnes pensent de façon abstraite et ne visualisent pas consciemment. Quand on leur demande de s'imaginer une rose, elles ne la voient ni en couleur, ni en trois dimensions. Cependant, elles gardent au moins en tête le souvenir d'une rose et ceci est la même chose qu'une visualisation, bien que les impressions sensorielles soient vagues.

Au début de ce siècle, Émile Coué, un des grands cliniciens à l'origine de l'utilisation de la suggestion et de l'auto-suggestion, a dit : « Lorsqu'il y a un conflit entre l'imagination et la volonté, c'est toujours l'imagination qui l'emporte. » Ainsi, nous imaginons ou visualisons ce que nous croyons et ce que nous créons dans notre vie.

Ambrose Worrall, l'un des plus grands thérapeutes américains, écrit dans son merveilleux petit livre intitulé *Essay on Prayer* : « Un désir positif et dynamique n'a pas besoin d'être mis en mots. Cela peut être une visualisation sous forme d'images de l'ÉTAT DE SANTÉ SOUHAITÉ. Nous ne devons pas nous concentrer sur l'élimination d'une maladie mais sur l'ÉTAT DE SANTÉ SOUHAITÉ. »

Je suggère toujours à ceux qui éprouvent de la difficulté avec le concept d'imagination de fermer les yeux et d'imaginer qu'ils entrent dans leur cuisine, ouvrent le réfrigérateur et y prennent un gros citron bien juteux ; ils le font rouler dans leurs mains pour sentir le jus qui se trouve à l'intérieur, le posent sur une table, en découpent une rondelle et voient le jus couler sur la table ; ils mettent une rondelle dans leur bouche, la sucent et goûtent l'âpreté de son jus ; puis, ils passent la rondelle sous leurs narines, la pressent et sentent son odeur. Presque tout le monde salive au cours d'une telle « visualisation ». Même si certaines personnes n'obtiennent pas une image très nette, elles saliveront très probablement. Beaucoup de gens « goûtent » effectivement le citron et un petit nombre arrive à le sentir. Une véritable visualisation peut ainsi inclure tous nos sens : l'audition, la vue, le goût, l'odorat et le toucher.

Depuis l'apparition du bio-feed-back [1], il est devenu évident que l'équipement de celui-ci a relativement peu d'importance comparé à celle que revêt la visualisation qui l'accompagne. Si vous voulez réchauffer votre main, vous dites : « Ma main est tiède » et en même temps vous imaginez le soleil rayonnant dessus et la réchauffant complètement. Vous pouvez y parvenir par la visualisation seule ou en associant des mots à celle-ci. L'imagination créatrice ou visualisation est l'outil thérapeutique connu le plus puissant. Des milliers d'articles scientifiques attestent aujourd'hui de la valeur de ces techniques de visualisation.

Se guérir par la visualisation vous offre une grande variété de techniques, traitant des plus simples types de relaxation et de réduction du stress jusqu'à des problèmes

---

1. *N.d.T. :* La technique du bio-feed back utilise des instruments électroniques pour mesurer certaines réactions physiologiques internes à un événement extérieur.

plus complexes tels que la maîtrise du poids. Des exercices d'aide à la guérison de maladies graves sont également proposés. Ce livre est pratique et utile. Mais attention : cette méthode demande beaucoup de travail! Si vous plongez dans le rêve éveillé créatif comme dans une aventure merveilleuse, cette expérience devrait être source de plaisir. Ce sera l'un des efforts les plus rudes mais aussi les plus féconds de votre vie.

C. Norman SHEALY, M.D., Ph.D.
Fondateur et directeur du Shéaly Institute for Comprehensive Pain & Health Care
Président fondateur de l'American Holistic Medical Association
Professeur de psychologie clinique et chercheur au Forest Institute of Profession Psychology.

PREMIÈRE PARTIE

INTRODUCTION À LA VISUALISATION

1

La visualisation peut-elle changer votre vie?

La plus grande découverte de ma génération est que les êtres humains, en changeant l'attitude intérieure de leur pensée, peuvent changer les aspects extérieurs de leur vie.

William James

La visualisation est un outil puissant pour changer votre vie. Cinq minutes de visualisation peuvent effacer des heures, des journées ou des semaines de pensées ou d'actions négatives. Trois séances de cinq minutes par jour peuvent modifier une habitude qui a mis des années à s'installer.

Tout le monde visualise. Vous visualisez quand vous rêvez éveillé, quand vous vous rappelez une expérience passée ou quand vous pensez à quelqu'un. C'est une activité naturelle, en grande partie automatique, comme respirer ou marcher. Ce livre vous apprendra comment améliorer vos capacités déjà existantes dans ce domaine, comment maîtriser cette activité automatique et comment l'utiliser consciemment pour être heureux, en forme et en bonne santé physique et mentale.

Vous vous posez sûrement de nombreuses questions au sujet de la visualisation : Qu'est-ce exactement ? Est-ce que cela ressemble au rêve, à la méditation ou à l'hypnose ? Est-ce une expérience mystique ou religieuse ? Comment dois-je m'y prendre ? Est-ce difficile ? A quoi peut-on l'employer ?

Ce chapitre répondra aux questions les plus fréquentes à ce sujet et vous expliquera comment tirer le meilleur parti de cet ouvrage.

UNE DÉFINITION

Dans ce livre, la visualisation est définie comme *la création consciente et volontaire d'impressions sensorielles et mentales dans le but de se transformer.*

Presque chaque mot est important dans cette définition pour comprendre exactement ce que j'entends par visualisation.

« Création » veut dire que ce processus est créatif. Vos images seront souvent fantastiques ou invraisemblables, ce qui différencie la visualisation des perceptions normales et de la cognition qui, elles, sont ancrées dans la réalité. Utiliser cette technique pour résoudre un problème ne donne pas les mêmes résultats que d'y réfléchir simplement.

Le mot « consciente » distingue la visualisation des rêves qui se manifestent au cours d'états inconscients. De nombreuses personnes étudiant la visualisation s'intéressent également aux rêves et à leur interprétation. Il semble, en effet, exister de réels rapports entre les deux. Mais comme ce livre est centré sur les savoir-faire que vous pouvez acquérir, j'ai volontairement laissé de côté toute discussion approfondie sur les rêves.

« Volontaire » signifie que vous choisissez l'heure, l'endroit, le but et le contenu général de votre visualisation, ce qui la différencie des hallucinations et des visions. Les techniques que vous apprendrez dans ce livre « marchent » sans qu'il soit nécessaire de recourir à des drogues ou de croire en un quelconque système religieux ou mystique.

« Impressions sensorielles et mentales » vous rappelle que la visualisation n'est pas seulement visuelle. En plus des images mentales, vous créerez mentalement des sons, des goûts, des odeurs, des sensations de température et de texture, etc. La composante visuelle est généralement la plus forte mais tous les sens doivent être mis en jeu pour que vous puissiez exploiter votre visualisation le mieux possible. Il est regrettable que des termes tels que « visualisation », « imagerie » et « imagination » mettent l'accent sur les aspects visuels de ce processus. Mais, aucun autre terme satisfaisant ne semble exister en français alors gardez simplement à l'esprit que la visualisation associe l'utilisation de tous les sens.

« Se » signifie que ce livre n'a pas grand-chose à dire sur l'utilisation de la visualisation pour changer les autres. De nombreuses personnes ont souligné les points communs entre cette technique et celles employées par les chamans ou les guérisseurs dans les sociétés primitives. Ceux-ci visualisent fréquemment un voyage imaginaire pour soigner leurs patients. Le sujet de la guérison des autres par le chamanisme est intéressant mais il sort du cadre de cet ouvrage. Vous n'apprendrez à changer les autres qu'en changeant vous-même et en modifiant la manière dont vous communiquez avec eux.

« Dans le but de transformer » est inclus parce que vous aider à changer est l'objet de ce livre. Il ne traite pas de la visualisation en tant que moyen de se distraire, de chasser l'ennui, de générer des idées ou de communiquer avec les morts, de retrouver des souvenirs ou des objets, d'accroître des expériences mystiques ou d'étudier des phénomènes psychologiques. Ces thèmes ne seront pas abordés, non pas parce qu'ils ne sont pas dignes de considération, mais parce qu'ils n'ont en général pas de rapport avec les formes de changement traitées ici. Le développement personnel, la thérapie, la guérison et la maîtrise de la douleur.

La visualisation réceptive

La visualisation réceptive, c'est écouter son inconscient. Vous fermez simplement les yeux, vous vous relaxez et vous attendez de voir ce qui vous vient à l'esprit. C'est là sa forme la plus pure. Vous camperez peut-être une toute petite scène pour commencer ou bien vous poserez une question et attendrez une réponse.

Cette façon de faire est indiquée pour explorer vos résistances à certaines modifications de votre vie ; pour découvrir vos véritables sentiments quand vous êtes ambivalent ; pour trouver quels sont vos propres images et symboles du changement ou encore pour faire la lumière sur ce que vous souhaitez réellement lorsque vous êtes confronté à des alternatives perturbantes. L'information qui apparaît au cours d'une visualisation réceptive est parfois vague, comme dans un rêve, et il faut souvent l'interpréter pour que son sens se révèle.

Jennifer, une pédiatre, venait d'achever son internat. Elle ne savait pas si elle devait chercher un poste stable dans un grand hôpital, ou entrer dans le cabinet privé d'un camarade. Elle s'allongea et ferma les yeux avec l'intention de mettre ses idées au clair et de laisser ses véritables désirs faire surface. Elle se vit dans le brouillard et entendit des gazouillements d'oiseaux. Elle flâna. Deux constructions apparurent : l'une était grise et en béton, l'autre était une charmante petite maison. La maison semblait accueillante et l'immeuble en béton paraissait froid. A ce moment-là, Jennifer ouvrit les yeux et comprit que la chaleur et l'intimité d'un cabinet privé étaient plus importantes pour elle que la sécurité et l'agitation d'un grand hôpital.

La visualisation programmée

En visualisation réceptive, vous écoutez votre inconscient. En visualisation programmée, vous lui parlez !

Vous créez jusque dans les moindres détails ce que vous voulez voir, ressentir et entendre. Vous dirigez la mise en scène selon un scénario prédéterminé. Vous la maîtrisez consciemment.

La visualisation programmée est formidable pour atteindre des objectifs, pour améliorer des performances sportives, pour accélérer la guérison des blessures et pour intensifier des images en général.

Bill, un charpentier, s'était cassé une jambe sur un chantier. Alors qu'il était alité, il a utilisé la visualisation pour hâter sa guérison. Il a passé plusieurs minutes par jour à visualiser l'os de sa jambe comme un éclat de bois. Il s'est vu en train de redresser le bois, de remettre les extrémités fracturées en place, d'étaler de la colle sur la cassure et de fixer une attelle. Il s'est imaginé minuscule. Il est ainsi descendu à l'intérieur de l'os et a plâtré ses fissures microscopiques comme s'il réparait le plâtre d'un vieux mur. Il a vu les cellules de l'os de sa jambe se lier comme dans la charpente d'une maison. Il a utilisé des images de réparation et de construction détaillées et familières pour accroître le processus naturel de sa guérison. Il a pu ainsi reprendre son travail deux semaines plus tôt que son médecin l'avait prévu.

La visualisation guidée

La visualisation guidée est un mélange de visualisation réceptive et de visualisation programmée. Vous campez une scène en détail mais en omettant certains éléments importants et vous laissez votre inconscient remplir les vides.

La plupart des visualisations sont guidées, car il est pratiquement impossible de créer une visualisation qui soit totalement réceptive ou totalement programmée. Votre esprit rationnel aura tendance à ajouter des détails conscients à la première tandis que votre inconscient, lui, sera enclin à faire apparaître des images inattendues dans la seconde.

Les visualisations de Marilyn en vue de maigrir constituent un bon exemple pour montrer comment des éléments prévus et imprévus composent une visualisation guidée.

Marilyn voulait perdre vingt kilos. Elle s'exerça à projeter une image d'elle-même dans l'avenir. Pas n'importe quelle image, une silhouette mince et remodelée. Pas n'importe quel avenir, uniquement des moments de plaisir! Un jour, elle se représenta le mariage de sa sœur aînée qui devait avoir lieu six mois plus tard. Elle y dansait avec bonheur. Elle s'appliqua à écouter la musique, à sentir les bras de son partenaire autour de sa taille, à voir les lumières tournoyer et à se sentir heureuse et séduisante, exactement comme elle l'avait planifié. Ensuite, elle fit un « zoom » sur elle pour voir à quoi ressemblait sa nouvelle silhouette amincie. Elle fut étonnée de constater qu'elle était non seulement plus mince mais aussi plus petite. Elle avait l'air d'une naine. Consternée, elle interrompit la scène tout net.

Plus tard, elle décida de l'explorer en la recréant en détail. Elle demanda à son Moi plus petit ce qui s'était passé et reçut la réponse suivante : « J'ai perdu tant de poids que je suis en train de disparaître. » Cette information inattendue et non recherchée permit à Marilyn de comprendre que l'une des raisons pour lesquelles elle avait été trop grosse si longtemps était que cela lui donnait l'impression d'être « importante ». Son poids la faisait remarquer. Marilyn utilisa cette prise de conscience pour reprogrammer sa vision du futur. Amincie, elle y conservait sa taille réelle et pourtant elle avait de la présence! C'est à partir de ce moment-là que la jeune femme se mit à perdre du poids. Au mariage de sa sœur, elle dansa dans une robe de deux tailles plus petite.

COMMENT UTILISER CE LIVRE

Lisez attentivement le prochain chapitre consacré aux règles à observer pour une visualisation efficace. Il contient les informations dont vous avez besoin pour débuter. Référez-vous de temps en temps aux règles présentées dans ce chapitre pour vous rafraîchir la mémoire et pour y puiser des idées pour améliorer vos visualisations.

Faites les exercices des troisième, quatrième, cinquième et sixième chapitres. Ils comprennent les savoir-faire de base auxquels vous devez vous entraîner pour acquérir une bonne maîtrise de la visualisation.

Rappelez-vous que ceci est un manuel. Son but est de vous enseigner des techniques pour vous aider à guérir et à changer. Si vous le lisez seulement, sans faire les exercices, vous perdez votre temps. Autant jeter ce livre à la poubelle tout de suite.

Si vous éprouvez de la difficulté à réaliser certains exercices et si vous souhaitez vraiment apprendre la visualisation, essayez d'utiliser ce manuel avec quelqu'un d'autre — un thérapeute, un médecin, un conseiller ou un ami. Établissez des contrats stipulant le nombre de fois où vous vous entraînerez chaque jour ou chaque semaine.

Une fois que vous dominerez les savoir-faire de base des troisième, quatrième, cinquième et sixième chapitres, passez aux applications qui vous intéressent. Mais ne sautez pas tous les autres chapitres entièrement. Ils contiennent, en effet, des exercices et des idées qui peuvent être utiles pour d'autres thèmes. Vous pourriez, par exemple, constater que la méthode d'intensification des images employée pour maîtriser l'asthme est tout à fait ce que vous recherchez pour améliorer votre jeu au tennis.

LA PLACE DE LA VISUALISATION

La visualisation est un puissant savoir-faire qui travaille en harmonie avec d'autres instruments de transformation dans votre vie. Elle augmente et met en valeur tout ce que vous faites, mais elle ne remplace rien. Après avoir acheté ce livre, vous ne pourrez pas annuler vos rendez-vous avec votre médecin ou votre thérapeute, ni démissionner de votre poste, quitter l'école ou cesser de vous nourrir de manière équilibrée en croyant désormais pouvoir progresser par la seule force de votre pensée.

Cela ne marche pas ainsi. La visualisation peut soulager une sinusite et stimuler vos défenses immunitaires mais les antibiotiques demeurent cependant le traitement indiqué. De même, vous pouvez vous imaginer passant avec succès un entretien de recrutement, ce qui vous aidera sûrement à vous relaxer. Mais vous aurez plus de chances de réussir si vous vous entraînez à ce genre d'entretien avec un ami, si vous réfléchissez aux points importants que vous devrez savoir et si vous parlez de vos craintes avec un professionnel.

Si vous vous sentez gravement malade, voyez votre médecin. Si vous vous sentez gravement perturbé, voyez un thérapeute. Ce n'est qu'après avoir fait appel à toute l'aide traditionnelle possible que vous pourrez commencer à travailler à vos visualisations.

2

Règles
pour une visualisation efficace

*Tout devrait être rendu le plus
simple possible, mais pas davantage.*

Albert Einstein

Les règles énoncées dans ce chapitre proviennent de plusieurs sources : de l'histoire de la visualisation telle qu'elle a été pratiquée dans le monde entier pendant des centaines d'années, de diverses théories expliquant comment et pourquoi cette technique marche, de ma propre expérience et de discussions avec de nombreuses personnes qui l'utilisent pour des raisons différentes.

Ces règles font l'unanimité des « experts » de la visualisation quelle que soit leur orientation. Ainsi, par exemple, l'importance de l'emploi d'images positives plutôt que négatives est soulignée par des scientifiques s'intéressant à la maîtrise de la douleur, par des gourous enseignant la méditation, par des thérapeutes soignant des enfants perturbés et par des consultants préparant des cadres aux entretiens de recrutement.

Les règles sont ordonnées en fonction de l'importance du changement ou de la guérison qu'elles pourront entraîner dans votre vie. Si vous vous allongez en fermant les yeux et en vous détendant simplement, trois fois par jour, vous parviendrez à réduire progressivement votre stress et à observer la vie avec un regard plus neuf. Les trois règles suivantes — créer, manipuler et intensifier des images sensorielles positives — vous permettront de maîtriser les bases de la visualisation. Vous pourrez sans doute, après cela, appliquer les dernières règles assez facilement et devenir un spécialiste de la visualisation.

Ces règles sont résumées ci-dessous pour que vous puissiez vous y référer aisément. Chacune d'elles sera ensuite expliquée en détail.

1. S'allonger.
2. Fermer les yeux.
3. Se détendre.
4. Créer et manipuler des impressions sensorielles.
5. Intensifier et approfondir.
6. Accentuer le positif.
7. Suspendre son jugement.
8. Explorer ses résistances.
9. Utiliser des affirmations.
10. Assumer ses responsabilités.
11. S'entraîner fréquemment.
12. Être patient.
13. Recourir à des aides si elles sont utiles.

1. S'ALLONGER

S'allonger est la meilleure posture pour entreprendre une visualisation car c'est celle qui permet le mieux de se détendre. Étendez-vous sur le dos, sur un lit, un canapé ou sur la moquette. Ne croisez ni les mains ni les jambes. Essayez de basculer un peu votre bassin pour que le bas de votre dos soit bien à plat sur le sol. Un oreiller calé sous vos genoux peut vous aider à atténuer la tension qui y réside. Recherchez ainsi une position qui vous permette de décontracter tous vos muscles. Aucun d'entre eux ne devrait être obligé de se tendre pour vous maintenir dans une quelconque posture. Vos bras peuvent être disposés le long du corps et les mains posées sur la poitrine ou sur le ventre. Tortillez-vous un peu pour voir quelle est la position la plus confortable pour vous.

Si votre col ou votre ceinture sont trop serrés, détachez-les. Si tout d'un coup, vous vous apercevez que vous auriez dû aller aux toilettes, vous brosser les dents ou débrancher le téléphone, faites-le afin de ne pas être dérangé par la suite. Veillez à avoir assez chaud. L'objectif est de vous installer le mieux possible.

Avec de l'entraînement, on peut visualiser assis et même debout. Mais la position verticale n'est pas la meilleure. Certaines personnes trouvent que les visualisations en posture assise sont ennuyeuses, sans imagination et quelque peu artificielles. C'est probablement parce qu'elles associent cette position avec un travail de bureau, activité rationnelle, linéaire et sous la maîtrise du cerveau gauche.

2. FERMER LES YEUX

Laissez vos yeux se fermer doucement sans contracter vos paupières. Vous pouvez essayer de tourner vos globes oculaires vers le haut et vers l'intérieur en direction du centre de votre front. Cette rotation des yeux est recommandée dans plusieurs méthodes de méditation. Schultz et Luthe ont aussi utilisé cette technique dans leur training autogène [1]. En 1959, ils ont démontré expérimentalement qu'il se produit une augmentation des ondes alpha dans le cerveau lorsque les yeux sont tournés de cette manière.

Mais à chacun sa vérité. Certaines personnes trouvent que l'effort musculaire nécessaire pour regarder vers le haut les empêche de se détendre. Alors, essayez différentes positions et adoptez celle qui vous convient le mieux. Vous pouvez même tenter de regarder vers le bas. Cette méthode est préconisée par certains professeurs de yoga qui l'uti-

---

1. *N.d.T. :* Le training autogène est une méthode de relaxation.

lisent pour entrer en contact avec le chakra [1] du cœur. Faites ce qui marche pour vous.

On ferme les yeux pour se fermer au monde réel et à sa multitude d'objets qui attirent le regard. Fermer les yeux est un signal qui indique à notre cerveau qu'il est temps de se tourner vers l'intérieur. Il l'associe automatiquement avec la nuit, la relaxation, le sommeil et les rêves.

Vous ne pourrez pas fermer vos oreilles aussi efficacement, mais veillez à être dans un endroit calme où vous ne serez dérangé ni par le téléphone, ni par la sonnette de la porte d'entrée, etc. Dites aux personnes avec lesquelles vous vivez que ceci est votre moment de détente et demandez-leur de ne pas vous importuner.

3. SE DÉTENDRE

Ceci est la règle la plus importante. Plus de la moitié des bienfaits de la visualisation proviennent de la simple relaxation. Il a été démontré que c'est un moyen efficace pour réduire l'anxiété, la dépression, la colère, la peur et les pensées obsédantes. La relaxation est évidemment indiquée pour les problèmes de tension et de spasmes musculaires. Elle est également utile au traitement des maux de tête, des ulcères, de la fatigue chronique, de l'insomnie, de l'obésité et de bien d'autres maladies physiques.

Quand vous vous détendez, votre cerveau produit des ondes alpha, ondes associées à un sentiment de bien-être, d'éveil de la conscience, de créativité et d'ouverture de l'esprit à des propositions positives. Lorsque vous serez détendu, vos images conscientes seront plus nettes et plus faciles à retenir et à manipuler. Vos images spontanées auront tendance à provenir de niveaux plus profonds et plus authentiques de votre inconscient. Il existe une synergie entre la visualisation et la relaxation : elles dépendent l'une

---

1. *N.d.T. :* Les chakras sont les points occultes de jonction de canaux par où, selon la physiologie hindoue, circule l'énergie vitale. Ils sont étagés le long de la colonne vertébrale jusqu'au sommet de la tête (chakra du périnée, de l'ombilic, du cœur, de la gorge et du cerveau). Consultez pour davantage de précisions le *Dictionnaire des symboles* de J. Chevalier et A. Gheerbrant paru chez Robert Laffont.

de l'autre et se renforcent mutuellement. Vous devez être détendu pour visualiser et la visualisation est très relaxante.

Vous êtes naturellement plus détendu avant de vous endormir et à votre réveil. Aussi, ces moments sont-ils tout indiqués pour visualiser. Si votre objectif est de trois séances de visualisation par jour, vous pouvez vous arranger pour en faire deux au lit, la troisième étant à insérer dans votre emploi du temps.

Vous serez entraîné à la relaxation dans le prochain chapitre. Les chapitres suivants vous rappelleront combien celle-ci est importante. Si vous souhaitez utiliser la visualisation pour diminuer votre stress, consultez aussi le chapitre consacré à ce sujet.

4. CRÉER ET MANIPULER DES IMPRESSIONS SENSORIELLES

Mettez en jeu tous vos sens

La vision est le sens qui prédomine chez les êtres humains. C'est la raison pour laquelle de nombreuses personnes trouvent que les images visuelles sont les plus faciles à créer. Si je vous dis : « Pensez à une pomme », vous aurez probablement une image visuelle de cette pomme. Peu de gens obtiendront d'abord un son, comme celui d'une pomme qu'on croque ou celui du vent dans un pommier ou tout autre bruit qu'ils associent à ce fruit. Ces personnes ne sont pas à plaindre. Elles ont une appréhension du monde semblable à de grands compositeurs comme Mozart et Beethoven qui, tous deux, ont déclaré avoir essentiellement une perception auditive.

Que vous soyez plutôt « visuel » ou plutôt « auditif » importe peu. Utilisez votre « sens naturel » et construisez quelque chose à partir de cela. La pratique améliore à la fois l'intensité des images dans une modalité sensorielle donnée mais aussi votre capacité à obtenir des impressions dans d'autres modalités. Alors, si le mot « pomme » ne produit qu'une image visuelle floue dans votre esprit, sachez que vous pourrez rendre celle-ci plus nette et lui ajouter des détails avec de l'entraînement. Après avoir travaillé sur cette image visuelle pendant un certain temps, vous vous apercevrez que des éléments de son, de goût, d'odeur ou de toucher sont plus faciles à accoler.

Lorsque vous commencerez à créer des images mentalement, il se peut qu'elles paraissent flotter dans l'espace, soit devant vos yeux, soit derrière votre tête ou bien sur un écran de cinéma, ou même avoir l'air de surgir de votre plexus solaire ou d'une autre partie de votre corps. Il n'y a pas une bonne et unique manière de percevoir les images.

Le quatrième chapitre vous aidera à utiliser tous vos sens pendant les visualisations.

Tranformez les abstractions et le langage en images

Il est généralement préférable de trouver une image concrète et claire ou un son pour représenter des mots et des idées dans une visualisation. Cela peut être une gageure. On peut ainsi, par exemple, explorer une idée abstraite comme la Justice en « traduisant » ce concept en impressions sensorielles : essayez de lire le mot « Justice » écrit sur un tableau noir ; écoutez une voix dire ce mot ; associez-lui une couleur, le rouge, couleur de la robe des juges ou visualisez un symbole de la Justice, une balance, par exemple. Inventez une histoire et faites-la défiler mentalement comme un film. Jouez avec vos associations jusqu'à ce que vous obteniez des images concrètes que vous pourrez manipuler. Veillez à être attentif aux différentes nuances dans les émotions qui apparaîtront.

Entendre ou voir des mots durant une visualisation peut parfois susciter de fortes impressions sensorielles. Cela se produit quand le langage fonctionne à un niveau précoce et primitif où le mot est la chose réelle. L'évocation du mot rappelle ainsi cette chose réelle très clairement à l'esprit. Par exemple, j'ai un jour fabriqué un clavecin en kit. Cela m'a pris beaucoup de temps. J'étais totalement absorbé par les détails de construction de cet instrument. Je suis arrivé à en connaître chaque particularité à tel point que je pouvais frapper une corde et dire comment elle était accordée. Aujourd'hui, si je vois ou si j'entends le mot « clavecin » au cours d'une visualisation, cela évoque en moi une foule d'images et de sensations.

En revanche, des personnes non musiciennes pourront entendre le mot « clavecin » et n'obtenir aucune image. Chez elles, le mot est traité à un niveau plus avancé où le langage est un ensemble d'abstractions et d'étiquettes destinées à classer les objets et les expériences convenablement. Cette forme de langage est essentielle dans la vie de tous les jours, mais se révèle inutile dans la visualisation. Vous devez la transformer en images détaillées.

Faites confiance à votre intuition

Lorsque vous déciderez de la structure de votre visualisation — c'est-à-dire des techniques à employer, des images à sélectionner et des séquences à observer —, rien n'est plus important que de suivre votre cœur. Choisissez les techniques et les images qui vous attirent. Les images en couleur sont tout indiquées pour obtenir des visualisations vivantes mais vous pouvez parfois préférer le contraste théâtral du noir et blanc d'un vieux film. Vous êtes une individualité et vous avez un style de visualisation individuel.

Vous reviendrez à ce principe maintes et maintes fois au cours du développement de votre talent. Dans les chapitres consacrés à la création de votre sanctuaire et à la découverte de votre guide intérieur, vous serez entraîné à évoquer vos propres images personnelles et intuitives.

5. INTENSIFIER ET APPROFONDIR

Approfondissez votre relaxation

Ceci se produira naturellement au fur et à mesure que vous serez absorbé par vos images. Mais il se peut que vous soyez distrait ou tendu à cause de représentations négatives. Prenez alors un moment pour approfondir votre relaxation en insérant des images augmentant la profondeur : une descente en ascenseur, un plongeon dans la mer, un bain de soleil ou toute autre image s'accordant avec le reste de votre visualisation.

Les hypnotiseurs savent que l'état de transe doit être approfondi par étapes. Vous vous détendez, vous laissez la transe se stabiliser, puis vous vous relaxez davantage et vous descendez ainsi de plus en plus profond. La visualisation fonctionne de la même façon.

Intensifiez les impressions sensorielles

Ajoutez des détails. La vivacité de votre visualisation tient aux détails réalistes. Si vous imaginez une locomotive à vapeur, vous pouvez commencer par voir un vague cylindre pour la chaudière, plusieurs roues en acier et une espèce de cabine à l'arrière pour le mécanicien. Pour intensifier votre image, ajoutez une grosse lanterne devant, une cheminée avec une bande rouge en haut, de nombreux boutons, leviers et poignées nickelés et brillants, le souffle et le sifflement de la vapeur, le coup de sifflet et le son métallique de la grosse cloche de cuivre. Répandez de la poussière de charbon dans la cabine et n'oubliez pas la pelle de l'aide-conducteur. Voyez les jauges et les cadrans aux aiguilles tremblotantes s'approcher petit à petit de la zone de danger à mesure que le train s'ébranle dans la nuit. Vous ajoutez ainsi des détails pour rendre la scène réaliste à la manière d'un écrivain ou d'un cinéaste.

Ajoutez du mouvement. Votre œil réel et votre œil « mental » sont tous deux attirés par le mouvement. Faites bouger les objets que vous observez et changez de point de vue imaginaire. Pour que la voiture de votre rêve devienne vivante, regardez-la sous différents angles, comme si vous en faisiez le tour ou comme si elle était en rotation sur un plateau chez le concessionnaire. Puis, voyez-la s'élancer sur une voie express ou gravir une route de montagne, depuis l'hélicoptère où vous vous trouvez. Déplacez votre point de vue jusque dans la voiture et regardez la route venir à votre rencontre. Jetez un coup d'œil sur le tableau de bord et voyez vos mains s'emparer du changement de vitesses et du volant. Créer mentalement une scène vivante ressemble à l'écriture créative : les mots et les verbes d'action ont plus d'effet que les noms.

Ajoutez de la profondeur. Les détails les plus proches sont vus en premier lors d'une visualisation comme dans une perception normale. De nombreuses personnes visualisent les images comme si elles se déroulaient sur un écran de cinéma à une distance fixe. Ajoutez de la profondeur en créant un premier plan, un deuxième plan et un fond. Vos yeux, même s'ils sont fermés, changeront de mise au point en fonction des images que vous vous représenterez à différentes distances. Ceci vous donnera l'impression que la scène est encore plus réelle. Le contraste est le même que celui qui existe entre un film normal et un film en trois dimensions.

Ajoutez un style. Visitez des galeries d'art, consultez des livres, des magazines, regardez des affiches, etc., pour voir quels sont les styles possibles de représentation visuelle. Votre visualisation pourra être réaliste, cubiste, surréaliste, impressionniste, sous forme de dessin animé, etc.

Augmentez le contraste. Comme dans les perceptions normales, votre œil est attiré par les contrastes marqués et le bord des objets par opposition aux contrastes ternes et au centre des choses. Lorsque vous essaierez d'imaginer clairement un objet particulier, tirez parti de cela. Imaginez d'abord un contour noir sur un fond blanc. Laissez votre œil se promener mentalement sur la limite. Puis, remplissez le centre et ajoutez de la couleur tout en conservant la forme initiale contre un plan qui offre un contraste important.

Utilisez tous vos sens. Lors d'une perception réelle, tous vos sens fonctionnent en même temps. On dit souvent que nous en avons cinq, mais, en visualisation, il est utile de considérer que nous possédons plus d'une douzaine de manières de sentir :

1. Voir.
2. Entendre des sons.
3. Entendre la provenance des sons.
4. Goûter.
5. Humer.
6. Toucher quelque chose de dur/mou.
7. Toucher quelque chose de rugueux/doux.

8. Toucher quelque chose de chaud/froid.
9. Toucher quelque chose de mouillé/sec.
10. Toucher votre corps/autre chose.
11. Ressentir différentes douleurs.
12. Kinesthésie : sentir les mouvements de votre corps et sa position dans l'espace (en incluant le sens de l'équilibre et l'impression de vertige).
13. Sensations internes : nausée, faim, fatigue et les sensations corporelles distinctes qui accompagnent les émotions telles que la peur, la colère, la dépression ou l'excitation.

Profitez de ce que vos sens fonctionnent ensemble pour confirmer et préciser vos impressions. Dans le chapitre consacré aux exercices préparatoires, vous apprendrez à commencer par une image visuelle puis à ajouter du son, du toucher, du goût, des odeurs, etc.

Introduisez des émotions appropriées. Ne vous imaginez pas simplement président du club. Ressentez aussi la fierté, l'excitation, l'impression de pouvoir et d'accomplissement. Créez aussi les signes extérieurs de l'émotion à laquelle vous vous préparez : voyez-vous souriant, recevant compliments et félicitations et donnant des conseils à des adhérents reconnaissants. Rendez cette expérience réelle, concrète, en traduisant les abstractions que sont la fierté et le succès en actions observables.

Si des émotions négatives ou contradictoires apparaissent au cours d'une visualisation, prenez le temps de les ressentir et de les découvrir. Ces impressions peuvent être une forme de résistance ou un message concernant votre but conscient. Il est possible que ce dernier ne corresponde pas à ce que vous souhaitez réellement ou à ce dont vous avez besoin sur le moment. Si, par exemple, vous vous voyez en train de recevoir un diplôme longuement attendu et si vous êtes triste ou anxieux au cours de la visualisation, examinez ce que vous ressentez. Donnez une forme et une couleur à votre tristesse ou à votre peur. Créez un personnage imaginaire qui sera le porte-parole de votre sentiment et posez-lui des questions. Vous pourriez ainsi découvrir que votre réussite à l'examen représente plus qu'un simple succès pour vous. Elle peut aussi signifier la tristesse de devoir quitter vos camarades ou la crainte d'avoir à chercher un emploi.

Si les émotions négatives deviennent trop intenses, interrompez la scène et visualisez autre chose. Si les images douloureuses persistent, terminez la séance.

Créez des métaphores. Cette technique est au cœur de la visualisation qui, pour être efficace, ne fonctionne pas rationnellement, comme un syllogisme ou un pronostic médical :

A. J'ai une tumeur.
B. Certaines tumeurs meurent.
C. Il se peut, par conséquent, que ma tumeur meure.

Ceci est un énoncé triste. La seule chose à son actif est qu'il est positif. Après tout, la proposition B pourrait être « Certaines tumeurs grossissent ». Cette sorte de pensée linéaire suscite peu d'images et n'a aucune puissance. Pour transformer un tel truisme en une visualisation efficace, utilisez votre imagination et inventez une métaphore.

Le verbe « mourir » peut vous inspirer une métaphore organique : une tumeur est comme une plante parce qu'elle peut mourir. Voilà en quoi consiste une métaphore. C'est un exemple de ressemblance entre deux choses. Celle que vous connaissez le mieux vous en apprend sur l'autre. Dans le cas présent, vous en savez sûrement plus sur les plantes que sur les tumeurs. Alors, utilisez votre connaissance des plantes pour faire une série de comparaisons, de métaphores entre celles-ci et les tumeurs.

Par exemple, les plantes ont besoin de soleil, d'eau et d'engrais pour grandir. Elles sont vertes quand elles sont en bonne santé, jaunes quand elles meurent et brunes une fois mortes. Vous cultivez les plantes que vous aimez et vous tuez les mauvaises herbes. Ainsi, à partir de vos connaissances des plantes, vous pouvez construire une visualisation métaphorique très efficace :

Ma tumeur est comme une plante. Je la mets à l'ombre, lui masque le soleil de mes soucis et ferme le robinet d'eau de mes larmes. Je ferme la vanne, interrompant l'apport nourricier du sang. Je la fais mourir de faim. Ma tumeur devient jaune. Elle se meurt. Je la sarcle et la déterre comme une mauvaise herbe. Elle se dessèche, devient brune, se fane et disparaît. Des tissus sains se développent à sa place comme des haricots.

Les métaphores permettent une élaboration. Elles transforment les abstractions en un film que vous pourrez voir, monter et repasser mentalement. Elles vous donnent une prise sur des concepts flous.

Une métaphore parée pour entrer dans le monde est un symbole. Goethe a dit : « Les symboles sont le visible qui remplace l'invisible pour révéler l'inconnu. » Les « comme » et « à la place de » ont disparu. La tumeur *est* une mauvaise herbe, votre sang en *est* l'eau nourricière, vous *êtes* en train de la sarcler réellement.

Ceci est le riche patois [1] de l'inconscient, le langage des rêves. Si vous êtes doué, vous parviendrez à maîtriser et à développer consciemment ce langage. Vous arriverez à parler un curieux dialecte de symboles où vous dissimulerez des suggestions fructueuses à l'adresse de votre inconscient.

6. ACCENTUER LE POSITIF

Dans le présent

Abordez chaque séance de visualisation avec une attitude positive. Soyez persuadé de réussir et réjouissez-vous à l'idée de passer un bon moment. Si vous ne voyez, ni ne ressentez la chose que vous recherchez, considérez qu'elle est là de toute façon. Si vous essayez de trouver un moyen

---

1. *N.d.T. :* En français dans le texte.

de résoudre un problème complexe et si la visualisation ne vous propose aucune image inspirante, présumez que la réponse est là. Ce n'est simplement pas encore le moment pour elle de devenir claire.

Quand vous vous visualisez, *pensez que vous êtes quelqu'un de bien, d'aimable aujourd'hui*, à cet instant précis. Bien sûr, peut-être fumez-vous, peut-être êtes-vous trop anxieux, ou peut-être êtes-vous sans emploi actuellement. Mais, rien de tout cela ne vous enlève votre valeur en tant qu'être humain. Voyez-vous dans le présent avec une haute estime de vous même, avant de commencer à travailler à l'un de vos problèmes.

Au cours d'une visualisation peuvent apparaître des pensées négatives : « Cela ne marchera pas... C'est stupide... Cela ne se produira jamais », etc. Mettez ces pensées à l'écart et ne conservez que les positives. Si ces considérations négatives persistent, visualisez-les écrites sur un tableau et effacez-les. Continuez à voir ce tableau et à effacer ces pensées négatives jusqu'à ce qu'elles disparaissent.

Dans l'avenir

Imaginez que vos objectifs sont atteints et voyez toutes les conséquences positives qui en découlent. Voyez-vous prenant du plaisir à une nouvelle activité, dansant, courant, nageant ou accomplissant ce que vous aimeriez faire ; voyez-vous entouré de personnes aimées et d'amis, apprécié et calme et passant un bon moment ; voyez-vous hors de l'hôpital, goûtant à une vie saine et normale ; voyez-vous portant des vêtements neufs et élégants, conduisant une nouvelle voiture, jouant avec une nouvelle raquette de tennis...

Une vue globale

Considérer que l'univers est un système bienveillant dans lequel il y a plein de bonnes choses pour tous sur le plan matériel, affectif, spirituel, professionnel et intellectuel, aide beaucoup. Pensez que la nature humaine est perfectible. Tenez pour établi que la raison du plus fort n'est pas toujours la meilleure et que vous pourrez toujours obtenir ce dont vous avez besoin. Dans son ouvrage intitulé *Techniques de visualisation créatrice*, Shakti Gawain écrit : « Tant que vous ne pourrez pas concevoir le monde comme un lieu douillet et propice au succès pour tous, vous aurez des difficultés à faire ce que vous voulez dans votre propre vie. »

Vous ne croyez pas en un univers bienveillant ? Vous pensez que c'est une véritable jungle dans laquelle seuls les plus forts survivent ? Vous êtes convaincu que la race humaine est fondamentalement avide, mesquine et faible ? Tant pis. La visualisation marchera quand même pour vous. Peut-être pas aussi bien, pas aussi vite, mais elle marchera. Votre corps est lié à votre esprit de telle façon que les changements visualisés auront tendance à se produire quelles que soient vos croyances conscientes.

De nombreux professeurs « New Age » pensent que la visualisation fait appel à des forces créatrices, pour le bien et l'épanouissement du monde. Elle ne peut, selon eux, être utilisée à des fins malveillantes, basses ou égoïstes. Je ne le crois pas. Vous pouvez employer la visualisation pour faire du mal et cela marchera très bien. C'est un outil, pas une vertu ; et comme n'importe quel outil, elle peut servir à la création et à la destruction.

C'est donc un couteau à double tranchant. La visualisation vous donne le pouvoir de vous guérir mais aussi celui de vous rendre encore plus malade. Raison de plus pour accentuer le positif ! Ne créez pas, par exemple, des visualisations comportant des sentiments négatifs envers votre corps. Bernie Siegel, l'auteur de *L'Amour, la médecine et les miracles*, a essayé de manger moins en imaginant qu'il avait le mal de mer avant les repas. Il a effectivement commencé à avoir des nausées et à vomir.

7. SUSPENDRE SON JUGEMENT

Attendez-vous à l'inattendu

La visualisation est une activité du cerveau droit, non rationnel, non linéaire, intuitif, etc. Vous pouvez vous attendre à l'inattendu ! Vous essayez de visualiser un carré rouge et n'obtenez qu'une voiture verte. Vous tentez une visualisation réceptive pour découvrir vos sentiments les plus profonds à votre égard et vous ne recueillez qu'un dessin animé. Des images amusantes vous font pleurer alors que des images tragiques vous font rire.

Votre cerveau gauche, rationnel et logique, se mettra tout le temps en travers de votre chemin en suscitant en vous des doutes et des interprétations intellectuelles qui vous dérouteront. Vous aurez tendance à vouloir censurer les images qui vous montrent sous un mauvais jour ou celles qui donnent de vous une représentation trop violente, trop faible, trop sexuelle, trop folle, etc.

N'oubliez pas : attendez-vous à l'inattendu et suivez le flot de vos images spontanées. Lorsque vous commencerez à faire appel à votre intuition, celle-ci vous entraînera dans des territoires inconnus. Si vous êtes d'un genre timide, réservé et pensif, vos visualisations pourront être pleines d'action et de conflits. Et si vous êtes plutôt ambitieux, il est possible que votre inconscient vous présente des images de méditation et d'acceptation.

Non seulement vous devrez vous attendre à l'inattendu, mais aussi avoir des *doutes* si vous obtenez ce que vous avez prévu. Kenneth Pelletier, l'auteur du *Pouvoir de se guérir ou de s'autodétruire*, dit que si vous visionnez sur-le-champ l'image que vous attendez au cours d'une visualisation réceptive, c'est quelle est fausse. C'est probablement un leurre. Cherchez plus profond.

Le temps est simultané dans l'imagination ; il n'est pas séquentiel. Dans les fantasmes au cours des rapports sexuels, par exemple, l'esprit passe son temps à s'élancer en avant en direction de l'orgasme et à retourner en arrière pour insérer des détails excitants. Lorsque vous visualiserez, ne vous inquiétez pas si des séquences ou des causes et des effets se mélangent. Votre imagination n'est ni linéaire, ni séquentielle, ni causale. Et même si vous faites une visualisation bien programmée avec une intrigue, un dialogue, et tout et tout, ne soyez pas surpris si vous n'arrêtez pas de sauter en avant dans l'histoire et de revenir au début du scénario. En fait, réjouissez-vous si cela se produit. Cela signifie que votre côté intuitif entre en action et crée ses liens intemporels.

Prenez ce que vous obtenez

Tout ce que vous obtenez en visualisation vient de quelque part en vous. Certains éléments sont peut-être plus intéressants ou plus importants que d'autres, mais aucun d'eux n'est mauvais ou faux.

Il n'y a pas une bonne ou une mauvaise manière de pratiquer. Seule compte la vôtre. Intéressez-vous à ce que vous percevez et ne le jugez pas. Si vous censurez ou si vous évaluez constamment ce qui se passe au cours d'une visualisation, votre imagination se tarira. Votre côté intuitif et créatif devra travailler sous le poids des critiques émises par votre côté « juge » avec toute sa logique ! Ceci est particulièrement important dans les visualisations réceptives où l'on cherche à ouvrir une voie directe à son inconscient.

Faites-vous confiance

Tous les spécialistes donnent des exemples d'images à utiliser à des fins différentes, tout comme moi. Et nous affirmons tous la même chose : l'image que vous projetez est la meilleure. La meilleure image pour soigner une colite est celle créée par le patient ; la meilleure image pour augmenter les ventes est celle du vendeur ; la meilleure image pour vaincre une phobie est celle du patient. Et ce, même si ces images n'ont aucun sens pour le médecin, le directeur commercial, le thérapeute ou qui que ce soit d'autre.

Faites-vous confiance. Votre esprit est intimement lié à votre corps et à votre histoire. Vous savez exactement, dans chaque cellule de votre corps, dans chaque variation électrique ou chimique de votre cerveau, quelles images générer pour représenter et favoriser le changement.

8. EXPLORER VOS RÉSISTANCES

A chaque fois que vous utiliserez la visualisation pour répondre à une question ou pour résoudre une difficulté, demandez-vous si vous souhaitez réellement trouver la réponse ou dénouer le problème. Avez-vous l'impression de vraiment mériter ce que vous cherchez ? Êtes-vous disposé à accepter tout ce qui apparaîtra même si cela ne ressemble pas à vos attentes ? Si vous éprouvez des résistances face à ces questions, réfléchissez-y et levez-les d'abord. Vous devez être positif et sincère si vous voulez obtenir les meilleurs résultats possibles.

Si vous êtes réticent ou ambivalent à l'idée de visualiser un objectif particulier ou tout autre changement, c'est peut-être parce que vous craignez d'avoir à faire face à la douleur, de trouver une réponse difficile ou d'être obligé de payer le prix fort pour obtenir ce que vous désirez.

Il est possible qu'au cours d'une visualisation vous vous crispiez ou que vous entendiez intérieurement une petite voix dire « non » à quelque chose que vous souhaitez. Réfléchissez à ce « non » et découvrez pourquoi vous êtes en conflit avec vous-même. Déterminer exactement ce que vous voulez et savoir si vous le voulez réellement constituent la première étape en vue de son obtention.

9. UTILISER DES AFFIRMATIONS

Affirmer une chose, c'est la rendre forte, lui donner une forme, une substance et une permanence. Une affirmation est *un énoncé positif, énergique, riche en affects, qui déclare que quelque chose existe déjà.*

C'est un *énoncé* formulé par une phrase simple, active

et déclarative. *Positif* signifie qu'il ne contient aucun terme négatif que votre inconscient pourrait mal interpréter. *Énergique* veut dire simple, court et catégorique. *Riche en affects* implique que l'affirmation est exprimée dans un langage émotionnel, ni théorique ni intellectuel. Celle-ci est au présent pour montrer que le résultat *existe déjà*, reflétant l'intemporalité de votre imagination.

Voici un exemple de mauvaise affirmation :

Dans la mesure où il est nécessaire de maintenir une ligne de conduite éthique, je ne me critiquerai pas, je ne me ferai pas de mal en me couchant trop tard ou en travaillant trop et je ne m'appesantirai pas sur mes erreurs passées.

Cela va à l'encontre de toutes les règles énoncées plus haut ! D'abord, cette phrase manque d'énergie. Elle doit être plus simple, plus courte et sans réserve. Supprimer la partie restrictive du début peut être utile :

Je ne me critiquerai pas, je ne me ferai pas de mal en me couchant trop tard ou en travaillant trop et je ne m'appesantirai pas sur mes erreurs passées.

C'est mieux, mais c'est négatif. Une version positive donnerait quelque chose comme ceci :

Je m'accepterai tel que je suis, je prendrai soin de moi en me couchant de bonne heure et en travaillant raisonnablement et je me pardonnerai mes erreurs passées.

Nous avançons, mais l'affirmation, encore trop longue, manque d'affect. Une solution serait de la couper en trois affirmations en ne parlant ni du coucher ni du nombre d'heures de travail, qui ne sont que des exemples de manières de prendre soin de vous-même :

Je vais m'accepter.
Je prendrai soin de moi.
Je me pardonnerai.

Nous y sommes presque. Il ne nous reste qu'à tout mettre au présent pour montrer que le changement est déjà là :

Je m'accepte.
Je prends soin de moi.
Je me pardonne.

Peut-on encore l'améliorer ? Cela dépend de votre propre vocabulaire interne, c'est-à-dire de la manière dont vous vous entretenez habituellement avec vous-même. Peut-être préféreriez-vous faire apparaître le concept évident qui est sous-jacent, en réduisant ces trois affirmations en une seule :

Je m'aime.

Mais vous pouvez aussi souhaiter être plus précis et conserver trois affirmations qui définissent clairement ce que signifie vous aimer vous-même.

Comment marchent les affirmations

Les affirmations reprogramment ou remplacent les pensées négatives que vous nourrissez à votre sujet. Elles vous rappellent aussi que vous devez suspendre votre jugement et mettre vos doutes de côté.

Au cours d'une visualisation, ces affirmations peuvent être pensées, dites à haute voix, écrites sur une feuille de papier imaginaire, voire réelle, ou même chantées.

Voici des affirmations qui ont marché pour les autres. Choisissez celles qui vous plaisent et reformulez-les dans votre propre langage intérieur.

Je suis chaque jour et en tous points de mieux en mieux.
J'ai en moi tout ce dont j'ai besoin.
Je m'accepte et je m'aime comme je suis.
Plus je m'aime, plus je peux aimer les autres.
Ici et maintenant, je suis en train de faire exactement ce qu'il faut.

Ma relation avec Untel est de plus en plus satisfaisante.
Je peux fermer les yeux et me détendre à volonté.
J'accepte mes sentiments comme faisant partie de moi.
Je deviens chaque jour plus fort et plus vigoureux.

Si vous croyez en Dieu, en Bouddha, en l'Amour universel ou en une Puissance supérieure, etc., utilisez-les dans vos affirmations. Faire appel au spirituel peut en effet renforcer ces dernières. Voici des exemples :

Le Christ se manifeste dans mes actions.
Je suis le chemin tracé par Dieu pour moi.
Je suis en harmonie avec la Puissance supérieure.
L'amour divin me guide.

Shakti Gawain attache beaucoup d'importance aux affirmations qui, d'après elle, réunissent trois éléments : le *désir* (il faut que vous vouliez vraiment changer), la *confiance* (il faut que vous soyez convaincu que le changement est possible) et l'*acceptation* (vous devez avoir envie que le changement se produise). Ces trois éléments, pris ensemble, constituent la notion d'*intention* que Shakti Gawain condense dans l'affirmation suivante :

J'ai désormais la ferme intention de créer cela, ici et maintenant.

Les affirmations sont très importantes surtout en fin de visualisation car elles fonctionnent alors comme des suggestions posthypnotiques.
Répétez vos affirmations tout au long de la journée quand vous n'êtes pas en train de visualiser. C'est un peu comme si vous visualisiez tout le temps. Cela permet à votre inconscient de se concentrer sur les changements que vous accomplissez et vous encourage à remarquer des images de la vie de tous les jours qui pourraient être utilisées dans vos visualisations. Quand vous lavez votre voiture à grande eau, imaginez, par exemple, que l'eau emporte avec elle toute votre fatigue. Lorsque vous sortez la poubelle, enfournez-y

vos ennuis et vos contraintes qui seront ramassés et transportés au loin.

10. ASSUMER SES RESPONSABILITÉS

La visualisation vous permet de développer votre sens des responsabilités. Ce qui est une partie essentielle de votre santé mentale et physique. Tout ira mieux si vous considérez que vous êtes responsable de ce qui se produit dans votre existence, même de ce qui vous semble accidentel ou hors de votre volonté. Vous êtes la cause de votre vie. Vous êtes responsable y compris de votre système nerveux autonome et des contrariétés quotidiennes.

Vous devez assumer la responsabilité de ce que vous accomplissez grâce à la visualisation. Certains théoriciens, comme Shakti Gawain, affirment que celle-ci ne marche que pour le bien de tous et qu'elle ne peut, par exemple, servir à la vengeance. En fait, ce n'est pas le cas. La visualisation peut faire le mal comme elle peut faire le bien. Il est de votre responsabilité morale de choisir le bien.

11. S'ENTRAÎNER FRÉQUEMMENT

La visualisation est un outil de changement qui s'aiguise quand on l'utilise. Employez-le quotidiennement pour toutes sortes de modifications.

Vos premières images vous sembleront peut-être ennuyeuses et sans vie, sortes de descriptions orales traversant votre esprit. Vous aurez l'impression d'avoir tout fabriqué. Plus tard, avec l'expérience, vos images deviendront plus vivantes, comme si vous voyiez, entendiez ou touchiez réellement.

Vos premières tentatives de relaxation et d'isolement du monde extérieur risquent également de n'être qu'en partie réussies. Vous parviendrez à une détente peu profonde et vous serez facilement distrait. Avec de l'entraînement, vous descendrez plus bas, plus vite. Vous serez bientôt capable de tomber presque à volonté dans un état de conscience modifiée accompagné d'une relaxation profonde et d'une focalisation de l'attention.

Une partie de votre travail est aussi d'apprendre à dissiper et à écarter les images négatives ou déplaisantes qui pourraient surgir. Imaginez-vous, par exemple, en train de créer un Jardin d'Éden et d'installer votre sanctuaire destiné à la relaxation. Tout d'un coup, vous apercevez un serpent qui s'approche. Vous pouvez le faire s'évaporer comme au cinéma, le projeter au loin comme dans un film de science-fiction ; vous pouvez l'effacer tel un mot sur un écran d'ordinateur, le peindre comme si c'était une image sur un tableau ou le congeler pour l'immobiliser et le naturaliser. Faites marcher votre imagination. Entraînez-vous à changer et à effacer des images pour être prêt à faire face aux rares représentations désagréables qui apparaîtront.

12. ÊTRE PATIENT

Apprendre à visualiser demande du temps. C'est comme apprendre à faire du patin à glace. La première fois que vous montez sur la glace, vous chancelez et vous tombez. La deuxième fois, vous parvenez à mieux contrôler la situation et, au cours des tentatives suivantes, vous arrivez à vous déplacer sans trop dégringoler. Puis, si vous avez un entraîneur, vous pourrez affiner votre technique, acquérir de la grâce et de la vitesse. Avec de la pratique et un professeur, vous réussirez à accomplir certaines figures, à participer à des courses ou à jouer au hockey.

Tout cela prend du temps, évidemment. C'est une progression par étapes et non en ligne droite. Les athlètes constatent souvent qu'ils atteignent des plateaux où ils restent un moment avant de pouvoir continuer à progresser. Ces plateaux se transforment parfois en crevasses soudaines et les capacités des athlètes semblent diminuer pendant un temps. Il en va de même pour la visualisation. Vous possédez un talent naturel qui se développera avec de la pratique jusqu'à un plateau. Des livres comme celui-ci ou un professeur pourront ensuire jouer le rôle d'entraîneur. C'est ainsi que vous deviendrez un spécialiste !

Il y a cependant un danger à approcher la visualisation de la même façon que vous apprendriez à faire du patin à glace. S'exercer à la visualisation de manière efficace suppose en effet de se laisser aller et de ne pas forcer les événements. C'est là que la patience revêt une importance capitale, quand vous devez vous détendre et prendre ce qui vient même si ce n'est pas ce que vous attendiez et même si votre critique intérieure vous souffle : « C'est bête... Tu ne l'obtiendras jamais... Laisse tomber. »

La patience doit aussi s'exercer *pendant* les séances de visualisation. Souvent, la première image qui vous viendra à l'esprit au cours d'une visualisation réceptive sera un « camouflage », une image dissimulant vos vrais sentiments, peut-être moins acceptables, au sujet d'une personne, d'un endroit ou d'un événement. Restez ouvert, soyez patient et voyez ce qui apparaît d'autre.

Comme dans tout processus de développement, les changements engendrés par la visualisation n'apparaissent qu'après coup, chaque expérience devant d'abord être intégrée. Votre réaction à la visualisation de la matinée peut tout à fait se modifier au cours de la journée ou de la semaine. Très souvent la réponse recherchée ne surgira pas pendant la séance mais plusieurs heures ou plusieurs jours après.

13. RECOURIR À DES AIDES SI ELLES SONT UTILES

De nombreuses aides peuvent être utilisées au cours des séances : la musique, des instructions enregistrées, des sons de la nature tels que des chants d'oiseaux, des caches sur les yeux, des bouchons d'oreille, des rythmes de batterie, la focalisation sur une image yantra ou le chant d'un mantra. Vous enrichirez aussi vos visualisations en incorporant des images ou des histoires empruntées aux contes de fées, au folklore, à la psychologie, à la sociologie, à la mythologie, à l'archéologie, à la religion, à la littérature, etc. Vous pouvez utiliser la littérature comme un exercice d'imagerie guidée en vivant certaines parties de vos histoires préférées ou en transformant leur intrigue à votre convenance. Participez aussi à des séances de prise de conscience, parlez de vos visualisations avec des amis ayant les mêmes orientations de pensée que vous et vous plongerez à la découverte de votre esprit.

La tradition, pour arriver à maîtriser une discipline mentale, est de se faire épauler par un professeur, un conseiller, un gourou ou un camarade. Quel que soit le nom que vous leur donnez, ces guides et ces compagnons de route peuvent se montrer d'une valeur inestimable. Il est utile d'avoir quelqu'un à qui parler, pour partager vos difficultés, continuer à vous entraîner et pour vous aider à atteindre un niveau de compréhension et d'inspiration élevé, qui serait hors de votre portée si vous étiez seul.

Tenir un journal de vos visualisations constitue aussi un appui précieux. Il vous permettra de rapporter vos expériences, les pensées et les sentiments éprouvés à leur sujet, pendant que ceux-ci sont encore frais dans votre esprit. Vous pourrez plus tard le consulter pour y glaner des idées en vue de futures visualisations. Même si vous ne le relisez pas, le simple geste de l'écrire est déjà efficace. Il augmentera en effet votre capacité à visualiser en détail, il développera votre faculté d'introspection et il vous aidera à vous souvenir du contenu de vos séances. Si vous ne relatez pas par écrit les images que vous avez eues et si vous n'en parlez pas, celles-ci risquent de disparaître de votre mémoire consciente.

Il est important de dire ici un mot au sujet d'une forme de soutien traditionnel que je ne vous recommande pas : les drogues. Quelques sociétés primitives et certains vétérans des années 60-70 en consomment pour délier l'imagination et obtenir des visions extrêmement brillantes et surréalistes. Je suis convaincu qu'à long terme les drogues quotidiennes comme l'alcool, le café, le tabac, les tranquillisants et la marijuana ne font que paralyser l'intuition. Les drogues dures telles que le LSD peuvent provoquer d'étranges visions très animées mais ne sont en fait que des hallucina-

tions. Elles ne sont ni voulues ni orientées vers le changement. Ce ne sont pas des visualisations telles que celles
pratiquées dans ce livre. Alors, laissez tomber les drogues si
vous voulez tirer le meilleur parti de cet ouvrage.

CONTRE-INDICATIONS

La visualisation est une des disciplines les plus naturelles, les plus douces et les plus sûres qui soient pour
s'aider soi-même. Il y a peu de chances que cela se passe
mal. La visualisation n'est cependant pas recommandée à
certaines personnes. Il existe aussi des situations où elle
risque de ne pas bien marcher.

Si, par exemple, vous avez des visions persistantes de
sang, de violence, de brutalité, c'est que vous avez un problème. Consultez un thérapeute sur-le-champ.

Vous avez aussi un problème si vous passez tellement
de temps à des rêveries que cela vous gêne dans la vie de
tous les jours. Si vos chimères vous empêchent d'arriver à
l'heure, d'honorer vos engagements, d'apprendre vos leçons,
de faire de petits projets d'avenir, etc., la visualisation n'est
peut-être pas indiquée pour vous. Il faut que vous arriviez à
cantonner vos séances dans un temps de loisirs raisonnable.

Vous avez un problème si vous dépensez une quantité
d'énergie considérable pour visualiser des objectifs inaccessibles. Les buts que vous vous fixez doivent demander des
efforts tout en n'étant pas hors de votre portée. Comparez
ce que vous souhaitez à ce qu'il est possible d'obtenir dans
votre situation. Si vous n'êtes pas sûr de votre but, par-
lez-en à quelqu'un d'autre.

Vous avez un problème si vous investissez trop d'énergie dans des songes irréalistes où vous rencontrez l'amour
idéal, où vous guérissez miraculeusement de blessures
anciennes, accomplissez des prouesses, montrez une
audace ou une invention que vous ne possédez pas. La
visualisation ne vous permettra pas d'atteindre l'impossible.

Si l'estime que vous vous portez est faible, si vous ne
croyez pas que vous méritez des bonnes choses, vous aurez
des difficultés à les visualiser et à les rendre réelles.

DEUXIÈME PARTIE

TECHNIQUES DE BASE

3

La relaxation

Un esprit calme guérit tout.

Robert Burton

« Fermez les yeux et détendez-vous. »

Chaque visualisation présentée dans ce livre commence ainsi, par la recommandation de vous abstraire du monde extérieur en fermant les yeux et de vous ouvrir à votre univers intérieur par la relaxation.

La détente est la partie la plus importante de la visualisation, et ce pour deux raisons.

Premièrement, elle a en elle-même un pouvoir calmant et réparateur. Lorsque vous vous détendez, votre respiration ralentit, votre cœur bat plus lentement et votre peau transpire moins. Si vous vous relaxez profondément et assez souvent, votre pression artérielle diminuera. Quand vous êtes très détendu, vous ne pouvez éprouver des émotions négatives telles que la peur, l'anxiété, la dépression ou la colère, car celles-ci nécessitent un minimum d'éveil physique pour être ressenties. Cela est la base du pouvoir de guérison de la relaxation. Elle vous permet de retrouver votre équilibre naturel, un état de calme où votre corps se guérit et où votre esprit est en paix.

La relaxation est souvent recommandée pour le traitement des tensions musculaires, de l'anxiété, de l'insomnie, de la dépression, de la fatigue, des douleurs intestinales, des spasmes musculaires, des maux de dos et de l'hypertension artérielle. Elle vous aidera en fait à soigner n'importe quelle partie de votre corps. Et si vous lui ajoutez la visualisation, son pouvoir en sera prodigieusement accru.

La relaxation est importante pour une deuxième raison. C'est en effet une condition préalable absolue pour obtenir une visualisation efficace. Cette dernière se produit lorsque votre cerveau émet des ondes alpha, ondes qui ne surviennent qu'en état de grande détente corporelle.

J'entends par visualisation efficace la création d'images, de sons, d'odeurs variés et riches et l'utilisation de tous vos sens. Lorsque vous êtes stressé, vos muscles se tendent, vous vous focalisez sur vos problèmes et sur des dangers possibles et vous ouvrez l'œil. Les personnes tendues ne font littéralement attention qu'aux informations visuelles. Elles n'entendent que peu de chose et ne ressentent presque rien sur le plan du toucher et de l'odorat. Si vous vous détendez, vous pourrez vous rappeler tous les détails sensoriels d'une scène, augmentant ainsi considérablement la vivacité de vos visualisations.

Visualiser de manière efficace signifie aussi que les souvenirs inconscients, les suppositions et les sentiments demeurent accessibles. Au cours d'une journée, vous n'appréhendez consciemment qu'une infime partie des informations que vous recevez. Inconsciemment, vous en percevez et en enregistrez bien plus. Lorsque vous êtes détendu, vous pouvez faire remonter ces informations inconscientes et les utiliser pour vous guérir, pour résoudre des problèmes et pour changer votre vie.

Il est en fait un peu artificiel de séparer relaxation et visualisation et de dire que l'une vient avant l'autre ou que l'une existe indépendamment de l'autre. Elles vont ensemble. Ce sont deux facettes de la même expérience. A chaque fois que vous essayez de vous détendre volontairement, vous évoquez des images et des impressions sensorielles, que vous appeliez cela « visualisation » ou non. Et quand vous vous livrez à des rêveries, en créant des scènes agréables dans votre esprit, votre corps se détend automatiquement comme si vous les viviez réellement.

LA RELAXATION MUSCULAIRE PROGRESSIVE

En 1929, un médecin de Chicago nommé Edmund Jacobson a publié un ouvrage intitulé *Progressive Relaxation*. Il y décrit une méthode simple permettant de parvenir à une relaxation totale en tendant et en relâchant successivement les plus importants groupes musculaires du corps. Soixante ans plus tard, les techniques de Jacobson sont à la base de pratiquement toutes les formations à la relaxation.

Le procédé est aisé. Vous commencez par les bras en contractant leurs différents muscles. Vous voyez ce que vous ressentez, puis vous les détendez et vous observez ce que cela vous fait. Vous poursuivez par les muscles de la tête, ceux du torse puis ceux des jambes. Vous répétez l'exercice au moins une fois pour chaque groupe de muscles et davantage dans les zones particulièrement tendues.

Deux séances quotidiennes de quinze minutes sont recommandées. Après une à deux semaines, vous serez capable d'atteindre rapidement un niveau de relaxation profond. Vous saurez quels sont les muscles qui demandent le plus de relâchement et vous serez sensible à la manière dont la tension s'accumule dans votre corps. Quand vous maîtriserez les bases de cette technique, vous voudrez probablement essayer des méthodes courtes et développer votre propre procédé de relaxation rapide préalable à la visualisation.

Technique de base

(Adaptée avec autorisation de l'ouvrage *The Relaxation & Stress Reduction Workbook*, New Harbinger Publications, Inc., 5674 Shattuck Ave., Oakland, CA 94609.)

Étendez-vous dans une position confortable sans croiser ni les bras ni les jambes. Vous pouvez installer un coussin sous vos genoux pour détendre le bas de votre dos. Fermez les yeux doucement. Maintenant, serrez votre poing droit, de plus en plus fort et observez la tension à mesure que vous le faites. Gardez-le contracté et remarquez la tension accumulée dans votre poing, dans votre poignet et dans votre avant-bras. Tenez vos muscles serrés pendant cinq secondes environ. Maintenant, relâchez-les. Sentez le relâchement dans votre main droite et le contraste avec la tension. Concentrez-vous sur cette impression de détente pendant quinze secondes environ. Recommencez avec votre poing droit en notant toujours au moment de la détente qu'il s'agit de l'inverse de la tension. Répétez l'opération avec votre poing gauche puis les deux poings en même temps.

Pliez maintenant les bras et contractez vos biceps. Tendez-les le plus possible et notez une impression de raideur. Relâchez. Étirez les bras. Laissez la détente les envahir et sentez la différence. Recommencez ceci ainsi que les étapes suivantes au moins une fois. Maintenez la tension pendant cinq secondes environ et concentrez-vous sur la relaxation pendant à peu près quinze secondes.

Dirigez votre attention sur votre tête. Plissez le front le plus possible. Maintenant relâchez-le et déridez-le. Imaginez que votre front et votre cuir chevelu sont lisses et au repos. Froncez les sourcils et observez la tension qui envahit votre front. Relâchez. Laissez votre front se dérider de nouveau. Fermez les yeux hermétiquement. Recherchez la tension. Relâchez-la jusqu'à ce que vos yeux soient simplement fermés. Serrez les dents très fort. Observez la tension du muscle de la mâchoire. (Beaucoup de tension peut s'y accumuler.) Relâchez. Lorsque ce muscle sera bien détendu, votre bouche sera légèrement entrouverte. Prenez le temps de mesurer le contraste entre tension et relaxation. Maintenant, appuyez la langue contre le palais. Ressentez une douleur au fond de la bouche et dans la gorge. Relâchez. Pincez les lèvres en avant. Relâchez. Constatez que votre front, votre cuir chevelu, vos yeux, votre mâchoire, votre langue et vos lèvres sont maintenant complètement détendus.

Appuyez votre tête en arrière et observez la tension dans votre cou. (De nombreuses personnes en accumulent dans les muscles de cette région du corps.) Roulez la tête sur le côté droit et ressentez le changement de situation du stress. Roulez-la sur la gauche. Remettez-la dans l'axe du corps puis ramenez le menton sur la poitrine. Ressentez la tension dans votre gorge et dans votre nuque. Relâchez et reposez votre tête de manière confortable. Laissez-vous aller à la relaxation. Maintenant, haussez les épaules. Maintenez la tension à mesure que vous enfoncez la tête dans les épaules. Relâchez vos épaules. Laissez-les retomber et sentez la relaxation envahir votre cou, votre gorge et vos épaules, une véritable relaxation de plus en plus profonde.

Laissez tout votre corps se détendre. Éprouvez un sentiment de bien-être et de lourdeur. Maintenant, inspirez profondément et emplissez complètement vos poumons. Retenez votre respiration. Observez la tension. Expirez et laissez votre poitrine se relâcher. Laissez l'air siffler en sortant. Continuez à vous détendre en respirant tranquillement. Recommencez cela plusieurs fois en observant la tension s'échapper de votre corps à chaque expiration. Puis, durcissez le ventre et maintenez-le contracté. Remarquez combien il est tendu puis relâchez. Posez la main sur le ventre. Inspirez profondément, gonflez le bas des poumons et voyez votre main se soulever. Retenez votre respiration puis relâchez-la. Percevez le contraste entre tension et relaxation à mesure que l'air s'échappe.

Cambrez le dos sans forcer. (Si vous avez des problèmes de colonne vertébrale, sautez cette partie. Ne tendez pas les muscles du dos. Appliquez-vous simplement à laisser la tension s'évanouir.) Gardez le reste du corps le plus détendu possible. Focalisez-vous sur la tension dans le bas des reins. Relaxez-vous de plus en plus.

Serrez les fesses et les cuisses. Fléchissez les cuisses en appuyant les talons vers le bas le plus fort possible. Relâchez et sentez la différence. Crispez les orteils vers le bas pour contracter les mollets. Faites-le progressivement car cela provoque parfois des crampes dans la plante des pieds. Observez la tension. Relâchez. Pliez les orteils en direction de votre visage afin de créer une tension au niveau du devant de la jambe. Relâchez de nouveau.

Sentez le poids du bas de votre corps à mesure que votre relaxation s'approfondit. Détendez vos pieds, vos chevilles, vos mollets, le devant de vos jambes, vos genoux, vos cuisses et vos fesses. Laissez la relaxation s'étendre à votre ventre, au bas de votre dos et à votre poitrine. Laissez-vous aller de plus en plus. Sentez la détente envahir vos épaules, vos bras, vos mains. La relaxation est de plus en plus profonde. Ressentez une impression de relâchement et de détente dans votre cou, votre mâchoire et dans tous les muscles de votre visage.

Il se peut que vous vous sentiez encore tendu dans une partie de votre corps. Revenez-y et répétez le procédé de tension et de relaxation.

Il est utile, à n'importe quel moment de votre relaxation musculaire progressive, de vous dire silencieusement les affirmations suivantes :

Je laisse la tension s'échapper.
Je me débarrasse de la tension.
Je me sens calme et reposé.
Laisse la tension s'évanouir.

Les techniques courtes

Lorsque vous maîtriserez la technique de base, vous n'aurez plus besoin de passer autant de temps à vous détendre. Vous pourrez inventer une méthode plus rapide, plus personnelle. Un des procédés consiste à contracter et à relâcher plusieurs groupes de muscles à la fois. Pour cette méthode, Jacobson divise le corps en quatre zones :

1. Crispez les deux poings en contractant les biceps et les avant-bras. Relâchez.

2. Plissez le front. Appuyez en même temps la tête en arrière le plus possible, faites-la tourner dans le sens des aiguilles d'une montre une fois puis refaites-le dans l'autre sens. Plissez tous les muscles de votre visage : froncez les sourcils, fermez les yeux hermétiquement, pincez les lèvres, appuyez la langue contre le palais et haussez les épaules. Relâchez.

3. Cambrez le dos en remplissant vos poumons. Maintenez la position. Relâchez. Inspirez profondément en faisant ressortir votre ventre. Restez ainsi. Relâchez.

4. Ramenez vos pieds et vos orteils vers votre visage en contractant le devant de vos jambes. Maintenez. Relâ-

chez. Crispez les orteils tout en contractant les mollets, les cuisses et les fesses. Maintenez. Relâchez.

Il est possible de modifier la technique de base comme vous le souhaitez. J'aime par exemple commencer par mes pieds et remonter progressivement tout en calquant les tensions et les relâchements sur ma respiration : tension pendant l'inspiration et relâchement lors de l'expiration. L'ordre des exercices et le minutage proposés par Jacobson n'ont rien de sacré. Vous vous apercevrez peut-être qu'une autre organisation des différentes séquences vous convient mieux. Avec l'expérience, vous verrez qu'il vous faudra moins de cinq secondes pour tendre vos muscles et moins de quinze secondes pour parvenir à une détente totale.

Quand vous saurez détecter la tension dans votre corps en expert, l'exercice de tension volontaire des muscles sera moins important. Vous souhaiterez probablement passer à une technique de « conscience corporelle » : vous parcourrez ainsi mentalement votre corps à la recherche de la tension pour la supprimer, en sautant la phase de contraction des muscles. Cette méthode n'est pas seulement plus rapide que les autres. C'est parfois le seul moyen de procéder si vous avez une atteinte musculaire qu'il ne faut pas accroître par de nouvelles tensions.

Encore une fois, la meilleure méthode est celle qui marche pour vous. Essayez toutes celles qui vous sont proposées et conservez celles qui vous donnent les résultats les plus satisfaisants.

LA RESPIRATION

Si votre respiration est superficielle, courte et précipitée, il est possible que vous n'absorbiez pas assez d'oxygène. Votre teint est pâle car votre sang tire sur le bleu au lieu d'être bien rouge. Votre digestion est mauvaise, vous êtes aisément fatigué, vous avez des difficultés à gérer le stress et vous tombez facilement dans des états d'angoisse ou de dépression. Une respiration profonde et lente peut améliorer cela en permettant à votre corps de se détendre, en oxygénant votre sang et en évacuant les déchets de votre système circulatoire.

Une respiration complète et naturelle

Cet exercice vous aidera à prendre conscience de votre façon de respirer et vous montrera comment respirer complètement et profondément. Respirez par le nez ou par la bouche si vous préférez.

1. Étendez-vous par terre, les jambes légèrement écartées, les bras le long du corps sans le toucher et les paumes tournées vers le ciel. Mettez un coussin sous vos genoux si vous avez mal dans le bas du dos.

2. Fermez les yeux et dirigez votre attention sur votre respiration. Posez une main à l'endroit qui se soulève et qui descend le plus quand vous respirez. Si cet endroit se situe sur votre poitrine, c'est que vous n'utilisez pas toute votre capacité pulmonaire. Vous respirez surtout avec la partie supérieure de vos poumons.

3. Si votre main est sur votre ventre, c'est bien. Vous respirez profondément, avec la partie inférieure de vos poumons. Posez votre main à cet endroit si elle n'y est pas déjà. Voyez combien elle se soulève à chaque inspiration et redescend à chaque expiration.

4. Comment votre poitrine bouge-t-elle par rapport à votre ventre ? Se soulève-t-elle en premier, en même temps ou après votre ventre ? Normalement, votre ventre doit s'élever d'abord au fur et à mesure que la partie inférieure de vos poumons s'emplit. Puis, c'est au tour de votre poitrine de se soulever quand le haut de vos poumons se gonfle. Votre ventre redescend un peu pour compenser. Lors de l'expiration, il devrait s'abaisser en premier suivi par votre poitrine dans l'ordre inverse du remplissage.

5. Essayez cette forme de respiration complète et naturelle en respirant profondément, à pleins poumons. En exagérant les mouvements, commencez à inspirer et à gonfler le bas de vos poumons, ceci faisant remonter votre ventre. Au milieu de l'inspiration, laissez votre poitrine commencer à se soulever. Votre ventre s'abaissera un peu pour compenser. Retenez votre respiration pendant deux

secondes, puis expirez doucement. Laissez votre ventre s'abaisser en premier et au milieu de l'expiration, laissez votre poitrine descendre. Retenez votre respiration pendant deux secondes, les poumons vides. Refaites cela en conservant un rythme soutenu et en privilégiant la douceur et la coordination. Continuez jusqu'à ce que cela devienne automatique.

La respiration purifiante

Ceci est une adaptation d'un exercice de yoga. Les Occidentaux n'ont appris que récemment l'importance de la respiration. Au cours des siècles, les cultures orientales ont, en revanche, inventé des exercices de respiration pour aider au développement physique, mental et spirituel.

1. Étendez-vous par terre et fermez les yeux comme dans l'exercice précédent. Commencez à respirer profondément et à pleins poumons comme tout à l'heure.

2. Pendant l'inspiration, imaginez que vos narines se situent au niveau de vos talons. Considérez votre souffle comme un nuage blanc de vapeur ou de brume, très pur. Il entre par les talons, nettoie le dos de votre corps et s'approche de votre tête à mesure que vos poumons s'emplissent. Le nuage ramasse toutes les impuretés, la tension, la confusion et la fatigue quand il traverse votre corps. Vous pouvez les visualiser comme de l'obscurité, de la cendre, de la poussière ou des nuages.

3. Lors de l'expiration, imaginez que ce nuage blanc tourbillonne et nettoie le devant de votre corps en descendant vers le bas. Il ramasse de nouvelles impuretés et sort par vos orteils. Lorsque vos poumons se vident, le nuage quitte votre corps et disparaît dans l'espace. Il emporte avec lui toutes les saletés grises, la tension irritante, la fatigue poussive, les douleurs pénibles.

4. Continuez à respirer lentement et profondément. Imaginez que le nuage blanc entre par vos talons, tourbillonne pour emplir chaque membre et chaque doigt et s'échappe ensuite pas vos orteils en emportant toutes les impuretés noires. Votre corps devient plus lumineux, plus propre, plus léger à chaque souffle.

Si l'image traditionnelle du talon et des orteils ne vous convient pas, changez les points d'entrée et de sortie à votre gré. Vous pourriez faire entrer l'air par la tête et le faire ressortir par les pieds ou entrer par le nez et sortir par la bouche, etc. Adoptez la disposition qui vous semble la plus logique et la plus purifiante.

La respiration revitalisante

Cet exercice ressemble au précédent mais l'idée centrale est celle d'accumulation d'énergie plutôt que d'évacuation de déchets.

1. Étendez-vous et fermez les yeux. Respirez profondément et à pleins poumons.

2. Lorsque vous inspirez, imaginez que l'air est de l'énergie sous forme d'une lumière blanche. Elle entre par votre nez et se concentre dans votre poitrine.

3. Lorsque vous expirez, voyez cette lumière blanche s'étendre pour emplir tout votre corps d'énergie revitalisante.

4. Aspirez davantage d'énergie à chaque souffle et dispersez-la dans votre corps. Pensez aux rayons vivifiants du soleil ou à un feu qui s'étend grâce à l'oxygène qui le nourrit.

5. Faites l'expérience de changer la couleur et l'intensité de la lumière. Essayez de la faire vibrer. Trouvez l'image énergétique qui vous donne le plus un sentiment de pouvoir, de santé et d'enthousiasme.

IMAGES RELAXANTES

En apprenant la visualisation, vous vous créerez un répertoire d'images relaxantes. Ce sont des objets, des endroits, des activités ou des événements imaginaires qui véhiculent pour vous l'idée de relaxation. Vous incorporerez ces images à chaque séance de visualisation pour vous détendre rapidement puis pour approfondir votre relaxation.

Voici pour commencer des images que de nombreuses personnes trouvent détendantes :

> Des cordes entortillées, qui se dénouent et deviennent lâches.
> Du beurre ou de la glace en train de fondre.
> Une violente lumière rouge qui tourne au bleu clair ou au blanc.
> Des accords musicaux dissonants devenant harmonieux.
> Une clairière tranquille dans une forêt ou une prairie.
> La chaleur du soleil.
> Une plage avec du sable chaud, des mouettes planant dans le ciel et le bruit des vagues.
> Se faire bercer dans un hamac ou dans un lit d'enfant.
> Une mer déchaînée qui s'apaise et devient unie comme un miroir.
> Un bain chaud.
> Un massage doux.

Encore une fois, vous devez trouver vos propres images relaxantes. Celles-ci peuvent sembler insolites ou incompréhensibles à d'autres. Peu de gens, par exemple, trouveraient que le grondement et le ronflement d'un motoculteur constituent une image relaxante. Mais un jardinier, lui, si. Il aimait imaginer ses muscles tendus comme de la terre compacte. Il voyait la relaxation comme un motoculteur en train de briser la croûte du sol pour rendre la terre douce et meuble.

CONSIDÉRATIONS PARTICULIÈRES

Si vous constatez que vous êtes obligé de peiner pour créer et maintenir des images, laissez tomber et essayez autre chose. Une visualisation efficace ne demande presque pas d'effort. Si vous vous forcez, vous ne vous détendrez pas. Prenez plutôt un bain chaud, allez faire un tour, lisez tranquillement, écoutez de la musique pendant un moment ou faites la sieste.

Vous éprouverez peut-être des difficultés à terminer une séance de visualisation parce que, dès que vous serez détendu vous vous endormirez. Cela signifie que vous êtes très fatigué et que vous avez simplement besoin de sommeil. Il n'y a aucun problème si le but de votre visualisation est la détente : votre sommeil indique que vous l'avez atteint. Il se peut, en revanche, que vous ne souhaitiez pas vous endormir. Dans ce cas, levez légèrement le bras pendant la durée de votre séance. Dites-vous que si vous vous assoupissez, celui-ci en tombant vous réveillera doucement et vous pourrez ainsi poursuivre votre visualisation.

Si le stress est l'un de vos principaux problèmes, passez du temps à la maîtrise des techniques de base présentées dans ce chapitre et au cours des deux suivants. Puis, consultez celui qui traite de la réduction du stress. Vous y trouverez des suggestions pour améliorer vos techniques de visualisation, pour gérer la tension de tous les jours et pour parvenir à modifier certains aspects de votre mode de vie en vue de l'éviter.

4

La visualisation :
exercices préparatoires

Chaque événement dans le monde visible est l'effet d'une « image », c'est-à-dire d'une idée dans l'au-delà.

I. Ching

Quand vous maîtriserez les éléments du chapitre consacré à la relaxation, vous pourrez lire celui-ci et faire les exercices proposés. Si vous n'arrivez pas à fermer les yeux et à vous détendre à volonté, consultez le chapitre précédent de nouveau et entraînez-vous.

Ce nouveau chapitre vous paraîtra peut-être très facile ou au contraire vous éprouverez des difficultés avec un ou deux exercices. Consacrez-leur alors un peu plus de temps. Ne vous pressez pas. Quelques minutes supplémentaires peuvent vous épargner beaucoup de frustration par la suite.

Le but est maintenant de vous entraîner à former, à maintenir et à intensifier des impressions sensorielles en utilisant tous vos sens. Vous découvrirez en même temps toute la diversité des visualisations possibles.

Faites les cinq premiers exercices dans l'ordre logique où ils sont présentés : 1. Former des impressions à partir d'un seul sens ; 2. Former des impressions à partir de plusieurs sens ; 3. Développer vos capacités de mémorisation ; 4. Changer de point de vue ; 5. Augmenter l'attention que vous portez au style en imagerie.

Faites les cinq derniers exercices pour vous amuser ou si vous estimez avoir besoin de plus de pratique. Ils sont facultatifs.

Vous pouvez enregistrer la marche à suivre quand l'exercice est long et comporte des étapes détaillées. Cela vous permettra de vous concentrer sur la visualisation sans avoir à vous rappeler les différentes phases ou à ouvrir les yeux pour consulter le livre.

FORMEZ DES IMPRESSIONS À PARTIR D'UN SEUL SENS

Dans ce premier exercice, vous vous focaliserez sur un seul sens. C'est comme cela que les yogis, les musulmans et les soufis apprennent à méditer.

La vue

Allongez-vous et fermez les yeux. Utilisez votre technique de relaxation habituelle pour bien vous détendre. Si des pensées parasites apparaissent, laissez-les passer et focalisez à nouveau votre attention sur votre visualisation programmée.

Commencez par une simple image visuelle : un cercle noir sur un fond blanc. Faites-le parfaitement rond et noir. Le fond doit être d'un blanc brillant et pur. Laissez votre œil intérieur suivre la frontière entre le blanc et le noir, soulignant ainsi le contour circulaire de la forme.

Changez la couleur du cercle en rouge. Prenez un rouge lumineux et primaire. Conservez le fond blanc et brillant.

Faites s'évanouir le cercle jusqu'à ce qu'il ne soit plus qu'une tache rose. Bien. Maintenant, laissez-le disparaître complètement. Remplacez-le par un triangle vert. Faites-lui trois côtés de même longueur et orientez-le la pointe vers le haut. Choisissez la nuance de vert qui vous convient après en avoir essayé plusieurs : vert clair, vert tilleul, vert émeraude, vert pomme, vert bouteille, etc.

Effacez le triangle vert et créez un rectangle orange. Conservez les côtés bien droits et les angles à quatre-vingt-dix degrés. Faites-le rétrécir et s'allonger. Continuez à l'affiner jusqu'à ce que vous obteniez une longue ligne orange. Changez sa couleur en noir. Faites-en un fil noir, tendu. Laissez-le se rompre en son milieu et se séparer en deux.

Laissez maintenant votre imagination créer, transformer et effacer une foule de formes et de couleurs différentes. Voyez combien vivante et exacte vous pouvez rendre une forme, puis changez-la le plus vite possible. Attachez-vous à la rapidité et à la précision.

L'ouïe

Dans cette partie de l'exercice, fermez votre « œil mental ». Faites disparaître les formes et les couleurs. Ne voyez qu'une espèce de brouillard informe, de l'obscurité ou un no man's land. Vous ne pouvez rien voir dans cette brume. Vous ne pouvez qu'entendre.

Imaginez d'abord que vous entendez le téléphone sonner. Appliquez-vous à créer le son exact, la durée précise de chaque sonnerie et l'intervalle entre chacune d'elles. Laissez-le sonner dix fois, puis arrêtez-vous.

Entendez maintenant le klaxon d'une voiture au loin. Il se produit de manière répétée et désagréable, par à-coups. Ajoutez un autre avertisseur, puis d'autres, tous en même temps, comme un cortège nuptial déboulant dans la rue.

Entendez un chien aboyer dans le lointain. Ajoutez le bruit d'un chantier : une scie électrique et des coups de marteau. Entendez la circulation sur une autoroute éloignée.

Entendez maintenant une note sur un piano. Elle est frappée fortement, maintenue puis elle s'évanouit. Écoutez la gamme : do, ré, mi, fa, sol, la, si, do. Entendez une mélodie simple comme *Frère Jacques*. Imaginez enfin que vous entendez un très bon arrangement d'un de vos morceaux favoris.

Entendez votre mère vous appeler sur un ton affectueux. Puis, écoutez votre père, vos frères et sœurs, vos amis et d'autres personnes qui vous sont chères.

Créez vos sons préférés : le bruit des vagues, des carillons, des violons, le vent dans les arbres, etc.

Vous avez sûrement besoin d'un peu de répit. Ouvrez les yeux, asseyez-vous et étirez-vous. Vous pouvez reprendre l'exercice tout de suite ou y revenir plus tard.

Le toucher

Allongez-vous, fermez les yeux et détendez-vous.

Vous ne pouvez ni voir, ni entendre. Vous êtes dans un brouillard visuel et auditif. Vous ne pouvez que ressentir.

Imaginez que vous êtes assis sur une chaise en bois. Sentez son dossier ferme et dur. Vos fesses, vos jambes et votre dos éprouvent une impression de douceur et de fraîcheur à son contact.

Tendez une main imaginaire et touchez un guéridon en bois tendre. Vous trouverez dessus une petite bille. Saisissez-la. Faites-la rouler entre vos doigts et sentez combien elle est dure et parfaitement ronde. Remarquez qu'elle était froide quand vous l'avez prise et qu'elle se réchauffe dans vos mains.

Posez la bille et trouvez une feuille de papier émerisé sur le guéridon. Voyez combien elle est fine et flexible. Passez le doigt sur le papier abrasif et sentez sa rugosité. Limez un de vos ongles avec.

Mettez la feuille de papier émerisé dans la main droite et ramassez un morceau de satin de la main gauche. Ressentez vraiment le contraste entre le papier et le satin. Passez-les sur vos joues doucement et voyez combien leur texture diffère.

Posez-les par terre et ramassez un élastique. Étirez-le et sentez sa résistance. Enroulez-le autour de vos doigts. Donnez-lui une pichenette pour qu'il s'envole.

Et maintenant, un vrai challenge! Tendez la main et

saisissez un chaton. Sentez sa douceur, sa chaleur et ses mouvements dans le creux de votre main. Caressez-le et grattez-le derrière les oreilles. Sentez les vibrations provoquées par son ronronnement. (Si vous n'aimez pas les chats, faites-le avec un chiot ou un hamster.)

Laissez l'animal s'échapper, puis imaginez que vous êtes assis sur un banc dans un parc. Voyez combien vous pouvez changer d'endroit rapidement. Sentez le soleil sur votre visage et sur vos bras. Remarquez que le vent souffle et que l'air est frais. Touchez les lattes du banc, le bois adouci par l'usure et réchauffé par le soleil.

Il commence à faire froid et à pleuvoir. Sentez les premières gouttes de pluie sur votre visage. Saisissez votre parapluie. Ouvrez-le en vous concentrant sur le contact de votre main avec le mécanisme et sur ses réactions quand vous l'actionnez.

Arrêtez la pluie, éteignez le soleil, effacez le banc et préparez-vous à l'exercice suivant.

Le goût

Fixez maintenant votre attention sur le goût. Mettez au repos tous vos autres sens et imaginez que vous venez de déposer une pincée de sel sur votre langue. Percevez la forte sensation de sel qui vous fait saliver.

Imaginez ensuite le goût du citron, piquant et acide. Sentez votre bouche se crisper.

Goûtez du sucre : il est râpeux, doux et il fond dans la bouche.

Supposez maintenant que le bout de votre langue est entré en contact avec un piment rouge. Éprouvez une forte sensation de brûlure dans la bouche.

Rafraîchissez-la avec votre glace préférée. Sentez combien elle est froide et appréciez son parfum.

Terminez l'exercice en imaginant que vous mangez vos plats favoris. Concentrez-vous sur le goût, l'odeur, la température et la texture de chaque mets inscrit à votre menu.

L'odorat

Isolez maintenant tous vos sens excepté l'odorat. Essayez de vous rappeler certaines odeurs de votre enfance : celle de la dinde grillée dans la cuisine de votre mère, de la craie sur les éponges en classe, du chlore à la piscine, de l'arbre de Noël, du pain frais, des bougies d'anniversaire que l'on vient de souffler, celle du cirage ou celle de la peinture.

Découvrez l'univers des odeurs en imaginant vos parfums favoris comme celui de la rose, de la violette, de la vanille ou celui de l'eau de toilette de votre premier amour. Ajoutez aussi les odeurs que vous n'aimez pas : celle du goudron, de la transpiration ou celle du moisi.

Quand vous serez prêt, rappelez-vous l'endroit où vous êtes et ouvrez les yeux.

Analyse

Analysez votre expérience. Certains sens vous ont sûrement semblé plus simples à recréer mentalement. La plupart des gens trouvent que les images visuelles sont les plus faciles à former, suivies en cela par les impressions auditives. Mais peu importe votre point fort. Commencez par utiliser le sens qui surgit le plus aisément et les autres entreront bientôt en jeu à leur tour.

Il vous a peut-être été difficile de vous concentrer sur une seule image à la fois. Les mots « vert tilleul » ou « vert pomme » ont probablement suscité en vous une vision d'arbre fugitive. C'est une bonne chose. Elle signifie que vous visualisez déjà à l'aide de métaphores.

Vous avez sûrement trouvé que vos impressions de goût et d'odeur étaient plates. C'est parce qu'il est rare de faire l'expérience d'un goût seul, sans faire appel ni à la vision, ni à l'odorat, ni au toucher. Lorsque vous mordez dans une pomme, vous voyez un fruit brillant et rond, vous sentez son poids dans votre main, vous entendez le bruit que font vos dents en la croquant, vous sentez son odeur, vous goûtez le jus qui jaillit dans votre bouche, vous éprouvez des sensations tactiles en la mâchant et enfin, vous savourez son parfum.

Dans le prochain exercice, vous assemblerez les impressions provenant de tous vos sens pour créer une expérience imaginaire un peu plus convaincante.

ASSEMBLONS TOUT !

Dans cet exercice, vous allez peler et manger une orange en essayant de rendre cette expérience le plus riche et le plus réelle possible. Si vous n'aimez pas les oranges, utilisez une banane imaginaire, une pomme ou tout autre aliment relativement simple.

Allongez-vous, fermez les yeux et détendez-vous complètement. Faites le vide dans votre tête. Si des pensées parasites surgissent, laissez les s'éloigner.

Constituez d'abord une image visuelle de l'orange. Voyez une forme ronde et orange posée sur une assiette. Voyez sa peau grêlée qui reflète la lumière sur sa partie supérieure. Voyez son ombilic dentelé d'un côté et sa queue en forme de bouton de l'autre.

Faites maintenant appel à votre sens de l'audition. Passez votre pouce imaginaire sur l'orange et entendez un petit crissement. Laissez-la tomber sur l'assiette. Écoutez le bruit sourd qu'elle fait et le choc de l'assiette sur la table.

Soulevez l'orange et sentez son poids dans votre main. Faites-la tourner sur elle-même et voyez combien elle est ronde. Frottez-la sur votre main et sentez sa peau douce, à la fois lisse et granuleuse. Enfoncez le pouce à l'une de ses extrémités et commencez à la peler. Sentez sa résistance au déchirement.

Sentez cette odeur piquante et un peu désagréable qui s'échappe quand on épluche une orange. Voyez de fines gouttelettes jaillir de la peau que vous arrachez. Découvrez la chair orangée sous la membrane blanche qui l'enveloppe.

Terminez de peler l'orange. La peau fait un léger bruit en tombant sur l'assiette. Continuez à sentir, à écouter, à regarder et à toucher le fruit. Divisez l'orange en quartiers. Prenez-en un et passez la langue dessus pour avoir une première impression de son goût. Mordez dedans et savourez le jus qui coule dans votre bouche et son goût vif sur vos lèvres. Sentez votre bouche saliver.

Poursuivez jusqu'à ce que vous ayez mangé l'orange entièrement. Passez constamment d'une modalité sensorielle à une autre, des images visuelles aux bruits, des goûts aux sensations tactiles, etc. Remarquez combien l'aspect et l'odeur de l'orange entrent pour une bonne part dans son goût. Constatez aussi qu'imaginer le poids et le contact avec le fruit donne une impression de vérité ; vous visionnez en trois dimensions. Dites-vous, arrivé à ce point : « Je comparerai cette expérience à la réalité la prochaine fois que je mangerai une orange. »

Quand vous aurez fini, imaginez que vous vous rincez les mains et que vous les essuyez.

Replacez-vous maintenant dans votre cadre. Rappelez-vous l'endroit où vous êtes, ouvrez les yeux et terminez la séance.

DÉVELOPPEZ VOS CAPACITÉS DE MÉMORISATION

Ceci est un exercice simple que vous pouvez faire debout ou assis devant un tiroir rempli d'objets divers.

Ouvrez-le, étudiez son contenu pendant dix secondes et relevez mentalement la présence de chaque objet et sa place par rapport aux autres.

Fermez les yeux et visualisez le tiroir en disposant les objets à leur place. Vous aurez sûrement des « blancs », des trous que votre mémoire n'arrivera pas à combler.

Ouvrez les yeux, remplissez ces « blancs » et notez ce que vous avez oublié.

Fermez les yeux à nouveau et visualisez le tiroir en recréant tout.

Ouvrez les yeux et vérifiez. Ouvrez et fermez les yeux ainsi trois ou quatre fois pour élaborer une image mentale complète de votre tiroir.

Un petit conseil : en commençant par un coin, inspectez le tiroir dans le sens des aiguilles d'une montre en notant mentalement la succession des objets : épingles, ciseaux, élastiques, papier collant, stylo, crayon, petit carnet, agrafeuse, clés, etc. Fermez les yeux, recommencez l'opération mentalement en partant du même coin et rappelez-vous les objets contenus dans le tiroir. Ouvrez les yeux et observez-les de nouveau comme précédemment. Fermez les yeux puis essayez de vous les remémorer, etc. La plupart des gens se souviennent mieux des objets quand ils les voient les uns à la suite des autres plutôt qu'en vrac.

Quelle que soit la manière dont vous l'aborderez, cet exercice renforcera votre capacité à retenir ce que vous voyez. Il vous enseignera également que vous ne « voyez » pas la plupart des choses parce que vous les oubliez instantanément. Vous apprendrez aussi qu'ajouter constamment des détails à une visualisation est le meilleur moyen pour la faire ressembler à la réalité.

Livrez-vous à cet exercice à chaque fois que vous avez un moment de libre : apprenez à regarder un paysage, une page de magazine, une salle d'attente ou une scène dans la rue.

Il existe une variante auditive de cet exercice. Fermez les yeux et écoutez les bruits autour de vous. Même dans une pièce calme, vous remarquerez des sons dont vous n'étiez pas conscient : la circulation, le vent dans les arbres, des aboiements, des gazouillements d'oiseaux, le bruit du réfrigérateur, des voix, etc. Le silence complet est extrêmement rare. Si la pièce est suffisamment tranquille, vous pourrez même écouter votre cœur battre dans vos oreilles.

CHANGEZ DE POINT DE VUE

Quand vous visualisez, vous êtes le réalisateur d'un film mental. Cet exercice vous montrera quelques angles possibles pour votre caméra et certains effets spéciaux.

Allongez-vous, fermez les yeux et détendez-vous. Visualisez une maison ou une construction que vous connaissez bien. Voyez-la de face comme si vous vous dirigiez vers sa porte. Essayez plusieurs façons de vous en approcher : vous pouvez déplacer votre corps imaginaire et marcher jusqu'à cet édifice ou flotter dans sa direction comme si la gravité n'existait pas et que votre œil était une caméra accrochée à une corde. Ou bien, vous pouvez le voir venant vers vous, votre point de vue demeurant statique.

Avec votre œil-caméra, observez la maison en tournant autour. Faites un zoom rapide sur la partie arrière ou un gros plan sur les fenêtres de la cuisine. Changez de point de vue en faisant pivoter l'édifice sur lui-même comme s'il était sur une plaque tournante géante. Continuez à découvrir la maison en l'abordant sous différents angles et en alternant gros plans et pleins champs.

Vous verrez que la proximité à laquelle vous pourrez arriver est sans limite. Utilisez le zoom pour obtenir une vision microscopique d'un tout petit endroit. Vous pouvez même descendre au niveau moléculaire ou atomique, entrer dans un mur en vous glissant entre des électrons ou voir les fils de fer et les canalisations qu'il contient, comme s'il était passé aux rayons X.

Vous pouvez soulever l'édifice et l'observer par en dessous. Vous pouvez l'envoyer très loin dans l'espace jusqu'à ce qu'il devienne une petite tache, aller sur la lune à califourchon sur son toit ; vous pouvez devenir un être immatériel et traverser les murs, les faire fondre comme de la cire, brûler l'édifice ou le recréer à votre fantaisie.

Essayez tous ces trucs et inventez-en d'autres. Ce genre d'exercice amusant assouplit l'imagination et vous apprend à maîtriser vos images.

Replacez-vous maintenant dans votre cadre. Quand vous serez prêt, ouvrez les yeux et terminez la séance.

DÉCOUVREZ DIFFÉRENTS STYLES !

Cet exercice a été conçu pour vous initier à différents styles de vision.

Allez dans un musée, dans une galerie ou dans une bibliothèque qui possède de nombreux livres d'art. Observez tous les styles de peinture et de sculpture : des triptyques religieux du Moyen Age, des statues romaines, des œuvres cubistes, surréalistes, art déco, des portraits romantiques, de l'art abstrait, des paysages impressionnistes, des livres d'art de bandes dessinées.

Découvrez toutes les façons de représenter un homme, une femme, un enfant, un chien, une maison, un arbre, un jardin, une fleur, etc. Réalisez votre prochaine visualisation dans un style qui vous attire : allez faire un tour dans les jardins de Monet, essayez de remonter une montre molle de Dali, caressez un chat cubiste ou dansez avec un personnage de Walt Disney dans une fantaisie de votre cru.

EXERCICES FACULTATIFS

Essayez de faire les exercices suivants si vous éprouvez des difficultés à créer des images vivantes ou si vous avez envie de développer votre talent en vous amusant.

Projeter un triangle

Faites cet exercice si vous avez du mal à élaborer et à retenir des images nettes ou si vous trouvez l'exercice avec le tiroir trop compliqué.

Regardez le triangle blanc sur la page suivante. Constatez qu'il est blanc, équilatéral et qu'il est présenté sur un fond gris. Maintenant, fermez les yeux et voyez-le dans votre tête comme s'il était à quarante-cinq centimètres devant vous. Projeter ainsi ce triangle dans l'espace permettra à votre œil mental de l'observer plus facilement et d'en distinguer tous les détails. Si l'image s'estompe, ouvrez les yeux et regardez de nouveau le triangle pour bien l'imprimer dans votre esprit.

Faites cet exercice avec d'autres objets simples comme une pomme, une balle, un caillou, etc. Projetez-les devant vous au lieu d'essayer de les voir « à l'intérieur » de votre tête.

Vos préférences

Ceci est un bon exercice pour vous si vous êtes aisément distrait. Choisissez un objet ou une sensation que vous appréciez beaucoup : la photographie d'un être cher, une bague en or, le goût du chocolat ou l'impression produite par le toucher d'un foulard en soie.

Allez réellement chercher la photographie, la bague, une boîte de chocolat ou votre foulard. Faites-en l'expérience directement : regardez la photographie, mangez un chocolat, mettez votre bague ou nouez votre foulard autour du cou.

Fermez les yeux tout en continuant à tenir la photographie, à faire tourner la bague autour de votre doigt, à goûter le chocolat et à toucher le foulard. Imprimez cette sensation très fortement dans votre esprit en gardant les yeux fermés.

Posez maintenant la photographie, avalez votre chocolat, enlevez la bague ou le foulard. Imaginez que vous voyez encore l'être cher, que vous goûtez encore le chocolat, que vous sentez encore la bague ou le foulard. Si votre attention s'égare, ouvrez les yeux et regardez, goûtez ou touchez de nouveau l'objet choisi.

Continuez à alterner sensations réelles et imaginaires jusqu'à ce que les impressions imaginaires deviennent plus vives et plus faciles à maintenir.

Enregistrer vos associations

Vous pensez peut-être que votre imagination est paresseuse et pauvre, que vous ne pouvez évoquer aucune image ou que celles que vous obtenez sont difficiles à trouver et sans intérêt. Cet exercice vous montrera que vos images apparaissent plus vite et sont plus passionnantes que vous ne le croyez.

Mettez votre magnétophone en marche à côté de vous et allongez-vous. Laissez votre esprit vagabonder et décrivez à haute voix tout ce qui vous passe par la tête. Si par exemple, vous vous voyez étendu sur un lit, dites : « Étendu sur un lit. »

Si vous pensez que vous avez l'air endormi, dites simplement : « Endormi. » Au début, vous trouverez cela un peu stupide et les associations vous viendront lentement. Mais si vous vous détendez et si vous laissez votre esprit associer librement, vous verrez que vous parlerez davantage : « Endormi... Belle au bois dormant... dessin animé... nains... daim... dindon... Noël... Maman... sorcière... »

Si vous faites cet exercice plusieurs fois, vous vous apercevrez que vous n'articulez pas assez vite pour rendre compte de toutes les images qui surgissent dans votre tête. Lorsque vous écouterez votre cassette, vous serez étonné de constater combien celles-ci vont et viennent rapidement et combien elles sont en fait variées.

Vous devez être dans le film !

Cet exercice peut être très amusant et tout à fait révélateur. Visualisez une scène d'un de vos films préférés. Voyez-la comme si vous étiez au cinéma.

Puis, imaginez que vous êtes dans le film. Endossez le rôle du personnage auquel vous vous identifiez le plus et vivez votre scène favorite. Ajoutez tous les détails du film y compris les différents plans et la bande sonore. Greffez aussi votre propre « piste sensorielle » faite de sensations tactiles et gustatives, d'odeurs, d'impressions de froid ou de chaud, d'humidité ou de sécheresse. Essayez de transcender les angles utilisés par le réalisateur pour ne voir la scène qu'à partir du point de vue de votre personnage.

Faites travailler votre imagination et interprétez le rôle auquel vous ne vous identifiez pas. Essayez d'être le traître. Si vous êtes une femme, devenez le protagoniste masculin et inversement si vous êtes un homme. Rendez votre personnage le plus réel possible. Efforcez-vous en fait de ressentir les émotions que vous avez vues à l'écran tant de fois.

5

Comment créer votre sanctuaire

La chance ne favorise que les esprits préparés.

Louis Pasteur

Dans les chapitres suivants, vous lirez fréquemment : « Allez dans votre sanctuaire. » Un sanctuaire est un lieu imaginaire qui se trouve soit à l'extérieur dans la nature, soit à l'intérieur dans un endroit calme. Vous pourrez vous y rendre aussi souvent que vous le voudrez au cours de vos visualisations.

Ce chapitre vous aidera à créer deux sanctuaires : l'un à l'extérieur et l'autre à l'intérieur. Ils seront exactement tels que vous les souhaitez, faits à la mesure de votre personnalité, de vos préférences et de vos attentes.

A QUOI SERT UN SANCTUAIRE ?

Votre sanctuaire est utile pour différentes raisons. Sa création constitue d'abord un bon exercice pour vous apprendre à contrôler vos images mentales et à retoucher certaines scènes pour qu'elles soient telles que vous les désirez.

Deuxièmement, et c'est le plus important, votre sanctuaire sera un lieu de relaxation. Ce sera une retraite sûre où vous pourrez vous laisser aller complètement. Vous l'associerez automatiquement à un profond niveau de détente et de tranquillité, à tel point que vous commencerez à vous relaxer dès que vous y penserez.

Votre sanctuaire peut vous permettre de vous libérer rapidement de votre angoisse. En voici un exemple : June était employée dans un établissement bancaire. Elle avait souvent affaire à des personnes agressives qui empruntaient de grosses sommes d'argent mais qui ne comprenaient rien aux intérêts que la banque leur prenait. Lorsque June se sentait angoissée à la suite de telles discussions, elle allait dans la salle de repos et s'étendait. Elle passait ainsi une minute à visualiser son sanctuaire pour se calmer. Elle se voyait allongée au bord du lac devant la maison de son grand-père. Cela faisait des années qu'elle n'y était pas allée mais cet endroit représentait à ses yeux la paix et la tranquillité. Une minute au bord du lac la soulageait de son angoisse et lui permettait de reprendre son travail.

Votre sanctuaire est aussi le lieu où vous vous rendez pour réfléchir et pour résoudre des difficultés. Dans cet endroit, votre pensée est profonde et claire. Vous pouvez pénétrer au cœur d'un problème. Comprendre la complexité des sentiments et des motivations qui vous sont insaisissables ailleurs. Vous êtes en contact avec votre inconscient et capable de vous rappeler et de savoir certaines choses qui vous sont inaccessibles dans un endroit ordinaire.

Vous irez dans votre sanctuaire pour faire des visualisations réceptives. Lorsque vous aurez rencontré votre guide intérieur (dans le prochain chapitre), vous pourrez l'y inviter pour qu'il vous donne des réponses à des questions importantes concernant votre vie. Voici un exemple : Richard avait accepté d'aider sa mère à s'occuper d'une vente au profit de son Église, alors qu'il aurait préféré faire autre chose ce week-end-là. Il était très énervé. Le vendredi soir, il s'est fâché contre sa mère au téléphone, sans raison apparente. Avant de s'endormir, il est allé dans son sanctuaire (une prairie à côté d'une rivière de montagne). Il a repassé dans sa tête sa conversation téléphonique avec sa mère, puis il a invité son guide intérieur à le rejoindre afin de lui expliquer ce qui s'était passé. Son guide, un vieil homme barbu nommé Oscar, est apparu derrière un arbre. Il tenait dans la main un rouleau d'autocollants comme ceux que les enfants achètent dans les magasins de bonbons. Sur chacun d'eux était écrit « Oui » en grosses lettres. Oscar a commencé à les coller sur le visage de Richard. C'était très désagréable! Richard s'est mis à crier : « Arrête! Arrête! Non! » A cet instant les autocollants ont disparu et Oscar a souri. Il a sorti un dernier autocollant sur lequel on pouvait lire « Non » et il a dit : « Non est ton mot magique », puis il s'en est allé. Richard a ainsi découvert la source de son conflit avec sa mère. Il aurait dû lui dire « Non », qu'il ne pouvait pas l'aider pour cette vente ce week-end-là. Il était trop tard pour se dédire mais il a au moins compris l'origine de son irritation contre sa mère et il a pu la gérer. Il s'en souviendrait la prochaine fois qu'il se sentirait mal à l'aise face à l'une de ses demandes.

CARACTÉRISTIQUES DE VOTRE SANCTUAIRE

Un sanctuaire est la plupart du temps un site naturel : une plage, une forêt, une montagne, un désert, une prairie ou tout autre endroit extérieur agréable. Il peut aussi être à l'intérieur : un bureau, une petite chambre, une bibliothèque, un château, la maison de vos rêves, une tente d'Indien, une cabane, une grotte, etc. Ce lieu fermé pourra être soit naturel, soit construit par l'homme, soit un peu des deux. Vous créerez dans ce chapitre un sanctuaire à l'extérieur et un autre à l'intérieur, sanctuaires où vous pourrez vous rendre à chaque fois que vous en aurez envie.

Un sanctuaire peut s'inspirer d'un endroit réel que vous avez visité : un parc national ou un lieu de vacances enfantines. Il peut être le fruit de votre imagination. Il sera probablement un peu des deux.

Il pourra être inventé à partir de sites historiques, légendaires ou romanesques. Vous visiterez ainsi le pays des merveilles d'Alice, le palais de Marie-Antoinette ou les jardins suspendus de Babylone.

Votre sanctuaire doit comporter certaines caractéristiques. Il faut d'abord que ce soit un endroit calme. Évitez les vagues déferlantes si vous choisissez un décor de plage et n'introduisez pas de cascade bruyante près d'une rivière. Votre sanctuaire doit être confortable, ni trop chaud, ni trop froid, ni trop venteux, ni trop lumineux, ni trop sombre, etc. Si vous choisissez un désert, veillez à ce qu'il soit tiède et non caniculaire. Si vous voulez être au sommet d'une montagne, n'y allez pas trop fort sur la neige et le vent. Comme c'est vous qui décidez tout, vous pourrez vous débarrasser des coups de soleil et des moustiques auxquels il est impossible d'échapper dans un vrai décor naturel.

Votre sanctuaire doit être un lieu sûr et propice à la détente. S'il est dans les bois, il n'est pas nécessaire qu'il y ait des ours ou des lions. Même s'il est accidenté et pittoresque, il faut un endroit où vous pourrez vous asseoir et un autre pour vous allonger.

Donnez-vous les moyens de faire apparaître une autre personne, un animal ou un objet. Plantez un arbre ou un rocher derrière lesquels il est possible de se cacher ; dessinez un chemin que l'on peut emprunter, une porte à ouvrir ou à fermer, ou un coffre dans lequel vous pourrez trouver quelque chose. C'est grâce à cela que votre inconscient pourra vous envoyer des messages.

Votre sanctuaire doit offrir une perspective et comprendre une foule de détails si vous voulez qu'il ait l'air le plus réel possible. Veillez à ce qu'il comporte un premier et un deuxième plan et un fond. Mettez-y des fleurs, des plantes, des rochers, des meubles et tout ce qui vous semble approprié. Insérez en particulier vos objets préférés ou ceux que vous aimeriez posséder. Il n'y a pas d'obstacle logique. Vous pouvez très bien avoir une télévision couleur en plein Moyen Age ou un grand lit à baldaquin dans un bosquet de séquoias.

Ayez à proximité un miroir ou une pièce d'eau pour vous regarder, de la peinture et des toiles, du papier et des crayons, des instruments de musique, de la terre pour sculpter des statues et tout ce qui peut vous être utile pour vous exprimer et aller à la découverte de vous-même. Pour imaginer le futur ou pour visualiser vos objectifs depuis votre sanctuaire, plantez une scène de théâtre dans la nature, introduisez un téléviseur, un écran de cinéma ou une boule de cristal.

COMMENT CRÉER VOTRE SANCTUAIRE DANS UN CADRE NATUREL

Allongez-vous, fermez les yeux et détendez-vous. Vous allez vous créer progressivement un sanctuaire dans la nature. La marche à suivre sera nécessairement vague parce que c'est à vous d'apporter les éléments qui revêtent un sens particulier à vos yeux.

Imaginez un chemin dans les bois, au bord de la mer, dans le désert ou dans la montagne. Cela peut être un endroit que vous connaissez ou que vous souhaiteriez connaître. Voyez-vous sur le chemin, en train de l'observer. Examinez sa surface : terre ou sable, cailloux, couleur et texture. Commencez à marcher et notez les sensations que vos pieds vous transmettent. Vous pouvez être pieds nus ou porter des chaussures, des bottes ou des sandales confortables.

En marchant le long du chemin, portez votre attention sur la campagne alentour. Regardez la couleur et la forme des arbres, des rochers, des montagnes, etc. Écoutez les oiseaux, le bruit de l'eau, du vent et celui de vos pas. Voyez combien ce sanctuaire est calme et tranquille. Respirez profondément et sentez l'air frais. Humez l'odeur de la terre, de l'eau et de la verdure. Sentez le soleil rayonner et une petite brise vous caresser le visage.

Continuez à descendre le chemin jusqu'à ce que vous aperceviez une sorte d'endroit clos. Ce sera votre sanctuaire. S'il ne vous semble pas engageant, changez ce qui vous déplaît ou poursuivez votre route jusqu'à ce que vous arriviez dans un lieu qui vous satisfasse davantage.

Attardez-vous sur ce sanctuaire. Cela peut être une prairie, une clairière, une petite baie, un creux, un pic, etc. — ce qui vous plaît le plus. Observez sa forme et sa disposition générale. Embrassez les images, les sons et les odeurs. Regardez le sol, les cailloux, l'herbe, les buissons, etc. Y a-t-il de petits animaux tels que des oiseaux ou des écureuils ? Pouvez-vous entendre ou voir de l'eau à proximité ?

Ceci est votre sanctuaire, pour vous seul. Vous avez la possibilité de vous y rendre quand vous le désirez. Personne d'autre ne peut y venir à moins d'y être invité. C'est un endroit sûr, un lieu de détente et de paix.

Promenez-vous dans votre sanctuaire et observez la qualité de la lumière. Il faut que ce soit un lieu agréable, ni trop clair, ni trop sombre. C'est vous qui décidez de tout. Vous pouvez augmenter ou abaisser la température, faire souffler le vent ou le faire tomber. Soyez attentif aux vêtements que vous portez, à leur couleur, à leur style et à l'effet que vous ressentez à leur contact. Changez-vous si vous le souhaitez. Vous pouvez vous habiller comme vous le voulez.

Trouvez un endroit confortable pour vous allonger. Cela peut être un lit de mousse séchée, un coin de sable chaud ou même un véritable lit avec des draps, des couvertures et tout et tout. Il sera exactement comme vous le désirez. Étendez-vous pour l'essayer. Il faut que ce soit un lieu très confortable. Que voyez-vous quand vous levez les yeux ?

Placez-vous au centre de votre sanctuaire. Faites un tour sur vous-même et voyez ce qui se trouve juste devant vous. Redressez un peu la tête et remplissez le second plan. Regardez ensuite le plus loin possible. Veillez à ce qu'il y ait des choses à voir à proximité et à distance.

Promenez les yeux autour de vous et trouvez un endroit où une autre personne pourrait se tenir tout en demeurant cachée de vous. C'est là que vous ferez apparaître votre guide intérieur et vos invités. Cela peut être un rocher, un gros arbre, un tournant sur le chemin ou même une grotte ou un trou dans le sol.

Aménagez un emplacement où vous conserverez des choses : un arbre creux, un placard, un trou sous un rocher, un coffre ou une niche dans une falaise. Mettez-y du papier, un crayon ou un stylo. Choisissez le papier que vous adoriez enfant et votre stylo ou crayon préféré. Placez-y aussi de la peinture et de la terre glaise. Si vous jouez d'un instrument ou si vous aimeriez en jouer, ajoutez-le également. Rappelez-vous une chose : vous pouvez faire ce que vous voulez dans votre sanctuaire, y compris jouer d'un instrument que vous ne connaissez pas.

Examinez les alentours et trouvez une surface réfléchissante dans laquelle vous pourrez voir votre visage. Créez un miroir ou une pièce d'eau. Disposez d'un endroit pour regarder des spectacles imaginaires : une scène de théâtre, une boule de cristal sur un socle ou une télévision. Votre pièce d'eau peut aussi servir d'écran.

Faites le tour de votre sanctuaire pour éprouver et améliorer toutes les choses que vous avez imaginées. Observez-les, sentez-les, touchez-les, goûtez-les. Rajoutez des détails. Changez les couleurs ou les textures. Faites-vous le meilleur sanctuaire possible. Rappelez-vous que c'est votre sanctuaire. Vous pouvez vous y rendre quand vous le voulez. C'est un lieu de paix, un refuge sûr à l'abri des soucis de ce monde.

Jetez un dernier coup d'œil autour de vous puis sortez de votre sanctuaire en empruntant le même chemin que tout à l'heure. Gagner et quitter votre sanctuaire par la même route vous permettra de le rendre plus réel à vos yeux.

Arrêtez de marcher et commencez à vous rappeler l'endroit où vous êtes en ce moment. Quand vous serez prêt, ouvrez les yeux, levez-vous et étirez-vous. Repensez à votre sanctuaire pendant la journée. C'est votre endroit. Vous pouvez y aller n'importe quand.

COMMENT CRÉER VOTRE SANCTUAIRE À L'INTÉRIEUR D'UNE MAISON

Allongez-vous, fermez les yeux et détendez-vous à nouveau. Vous allez cette fois-ci créer un sanctuaire abrité. Il peut être inspiré d'une pièce que vous connaissez, du décor d'un de vos livres, d'un de vos films préférés ou être le fruit de votre imagination. C'est vous l'architecte. Vous pouvez dessiner votre pièce comme vous le voulez.

Commencez par imaginer que vous vous trouvez dans votre sanctuaire naturel. Quittez-le en empruntant un chemin. Remarquez les images, les sons, les odeurs et la température de votre environnement. Quelle sorte de végétation et de terrain voyez-vous ? Quel temps fait-il ? Que portez-vous ?

Arrivez à un tournant du chemin et apercevez un édifice. Quel genre de construction est-ce ? Cela peut être une maison moderne faite en bois naturel et en verre, une demeure victorienne, une iourte, une maison de pierre avec un toit de chaume, un chapiteau de cirque, une palais de cristal, une tente d'Indien, une pyramide, etc.

Entrez dans cette bâtisse et trouvez votre sanctuaire à l'intérieur. Voyez de quoi est faite la porte. Vérifiez qu'il y a un verrou si vous en voulez un et un œilleton. Fermez la porte et allez au centre de la pièce.

Regardez autour de vous et observez les portes, les murs et les fenêtres (ou toutes les sortes d'ouvertures et de surfaces que possède votre espace). Si la disposition des choses n'est pas claire, prenez du temps pour changer l'emplacement des fenêtres, la nature de la couverture murale, etc. Vous pouvez tout modifier jusqu'à ce que vous obteniez ce que vous désirez. Reconstruisez l'espace pour avoir de nombreux coins et recoins.

Quelle sorte de plancher aimez-vous ? Moquette, tapis, parquet, carrelage, terre ou même herbe ? Choisissez un bon sol. Levez les yeux et réfléchissez à la hauteur de plafond que vous souhaitez. Peut-être le voulez-vous bas à certains endroits et plus haut dans d'autres.

Meublez-vous. Veillez à avoir une chaise confortable, une table ou un bureau pour travailler, un lit ou un canapé pour vous allonger, une bibliothèque où ranger votre matériel artistique et vos instruments de musique, etc. Les meubles doivent être à votre goût, tels que vous les avez toujours voulus. N'oubliez pas tout ce qui est purement décoratif comme les plantes, les fleurs, les sculptures, les peintures, les photographies ou les tableaux. Si vous aimez les petits animaux, ajoutez un aquarium ou un perroquet dans sa cage. Que cette pièce soit celle que vous avez toujours souhaitée.

Si la vue est importante pour vous, allez à chaque

fenêtre et regardez dehors. Créez ce que vous voulez voir : un océan, une forêt, la ville la nuit, des champs de blé, etc.

Soyez attentif à l'éclairage : lustres, lampes, rampes lumineuses, lucarnes, etc. Voyez où sont les interrupteurs.

Aménagez un petit cabinet muni d'une porte ou une niche avec un rideau où vous découvrirez des messages de votre inconscient. Vous devriez aussi avoir un téléviseur, un miroir, un écran de cinéma, une scène ou tout autre moyen vous permettant de regarder des représentations imaginaires.

Jetez un coup d'œil autour de vous et coordonnez le style de votre sanctuaire. Il peut être aussi simple et ascétique qu'une cellule de moine ou être splendide comme la salle du trône d'un sultan. Faites en sorte que les couleurs, les formes et les textures aillent bien ensemble d'une façon qui vous plaise.

Ajoutez maintenant du son. Créez une chaîne stéréo pour écouter votre musique favorite. Pensez au gazouillement des oiseaux, au tintement des fontaines, aux carillons, au bruit du vent ou de l'eau provenant de l'extérieur.

Ceci est votre sanctuaire. Il appartient à vous seul. Vous pouvez y faire ce que vous voulez. Nul ne s'en préoccupera. Rien ni personne ne peut vous ennuyer dans votre sanctuaire. Vous y êtes détendu, satisfait, créatif et en pleine forme. Vous pouvez y venir n'importe quand pour réfléchir ou pour vous reposer.

Faites le tour de votre sanctuaire et touchez les objets qui s'y trouvent. Caressez la texture unique du bois, des étoffes, du papier, du cuivre et du verre. Allumez et éteignez les lumières. Ouvrez et fermez fenêtres et portes. Essayez toutes les chaises et affalez-vous sur le lit. Captez l'atmosphère de la pièce.

Humez le parfum des fleurs coupées ou créez une coupe de fruits délicats et goûtez-les.

Continuez à marcher et à promener le regard sur votre sanctuaire. Modifiez et affinez les détails jusqu'à ce que vous en soyez satisfait. Vous reviendrez souvent dans ce lieu pour résoudre des problèmes, répondre à des questions ou simplement pour échapper au stress de tous les jours et vous détendre.

Quand vous serez prêt, rappelez-vous l'endroit où vous êtes et ouvrez les yeux. Levez-vous et reprenez vos activités habituelles en vous souvenant que vous possédez maintenant un sanctuaire où vous pouvez vous rendre quand vous le désirez.

6

Comment rencontrer
votre guide intérieur

Il est plus facile d'aller sur Mars ou sur la Lune que de voir clair en soi.

Carl Jung

Ceci est le dernier des chapitres « à lire et à appliquer ». Quand vous l'aurez terminé, vous posséderez les techniques de base nécessaires à la pratique de la visualisation. Vous connaîtrez les règles, vous saurez comment vous détendre, comment former, maintenir et manipuler des impressions sensorielles. Vous aurez deux sanctuaires où vous relaxer et mettre en scène une visualisation et vous disposerez d'un guide intérieur qui vous servira de multiples façons.

Votre guide intérieur est une personne, un animal ou un être imaginaire que vous inventerez pour vous aider à résoudre des problèmes et à répondre à des questions. Il est votre sagesse personnifiée. C'est une projection de votre inconscient, qui sait tout de vous, dotée d'une forme et d'une parole.

Les guides intérieurs peuvent revêtir des apparences différentes : celle d'un sorcier, d'une prêtresse, d'une vieille dame, d'un chef de piste dans un cirque, celle d'un ange, d'une déesse grecque, d'un extraterrestre, de votre grand-père, d'un ami d'enfance, d'une star de cinéma, etc.

Votre guide intérieur répond à vos questions et vous donne des conseils. Il peut vous être d'une grande aide pour résoudre des dilemmes. Il est utile parce qu'il véhicule les messages en provenance de votre inconscient. Le consulter vous permet de déceler des sentiments dont vous n'êtes peut-être pas tout à fait conscient et de savoir quels sont réellement vos besoins et vos souhaits.

CARACTÉRISTIQUES DE VOTRE GUIDE INTÉRIEUR

Un guide intérieur peut être quelqu'un que vous connaissez, une personne qui est morte, un personnage de roman, de théâtre ou de cinéma, une figure mythique ou légendaire ou un être totalement imaginaire. Peu importe s'il est ou non du même sexe que vous.

La caractéristique essentielle de votre guide est qu'il est plus sage et plus intelligent que votre esprit conscient. Il sait tout ce que vous avez traversé et pensé, y compris ce que vous n'avez pas remarqué sur le moment. Il n'est pas perturbé par les émotions ou par la difficulté. Il parvient à des conclusions et à des décisions correctes grâce à son intuition sans avoir besoin de recourir à de longs enchaînements logiques et à des rationalisations.

Vous pouvez communiquer avec lui de manière verbale ou non verbale. Si vous lui posez une question, il peut répondre par un oui, par un signe de tête affirmatif ou par un sourire. Si c'est un animal, il pourra ronronner, sourire, vous lécher la main, etc. C'est vous qui décidez du sens et des moyens de communication. Votre guide vous montrera parfois des images. Ce sont de petites visualisations à l'intérieur de votre visualisation qui vous apporteront des réponses pleines de clairvoyance. Il vous donnera quelquefois un objet, un cadeau symbolique représentant la réponse que vous recherchez. Un exemple : vous vous demandez si vous allez retourner à l'université pour finir vos études. Votre guide peut vous donner un diplôme ou une trousse comme celle que vous aviez la première fois que vous êtes allé à l'école. Il peut aussi vous tendre un outil ou un autre objet qui signifie : « Mieux vaut continuer à travailler à ce que tu fais. »

Votre guide pourra parfois, comme l'oracle de Delphes, être hermétique ou silencieux. Cela veut dire que l'information qui vous intéresse ne vous est pas encore accessible. Vous essayez, par exemple, de connaître vos véritables sentiments à l'endroit d'une personne mais il est trop tôt pour vous dire ce que vous ressentez. Une réponse cryptique peut aussi signifier que vous n'êtes pas réellement disposé à apprendre la vérité que vous recherchez parce que vous n'êtes pas prêt à y faire face. Une étudiante des Beaux-Arts songeait à quitter son école. Elle demanda à son guide : « Suis-je douée ? Suis-je vraiment une artiste ou est-ce que je fais mine de l'être ? » Son guide, un très vieux chef indien qui ressemblait à Picasso, haussa les épaules, l'air perplexe. Elle décida quelques mois plus tard que l'art ne l'intéressait pas autant que cela. Elle n'était pas, auparavant, en état de faire face à cette réalité.

Votre guide intérieur peut apparaître n'importe où au cours de votre visualisation. Vous pouvez l'inviter à vous rejoindre dans votre sanctuaire pour une consultation, l'emmener dans une sorte d'exploration imaginaire ou le rencontrer sur votre chemin de manière fortuite ou calculée.

Traitez votre guide intérieur comme un ami de confiance. Vos intérêts lui tiennent à cœur. Ne lui promettez rien si vous n'avez pas l'intention de tenir vos engagements. Soyez honnête avec lui. Rappelez-vous que votre guide est votre moi le plus sage. Si vous essayez de le duper, c'est vous-même que vous duperez. Tenir son guide intérieur pour son meilleur ami est un moyen pour développer confiance en soi et estime de soi.

Il est vraiment une partie de vous, c'est pourquoi il reflète votre personnalité. Sa timidité représente votre peur. Ses sarcasmes symbolisent votre propre cynisme. Ses mises en garde excessives renvoient à votre négativité.

Votre guide changera au cours du temps à mesure que

vous-même changerez. Il peut devenir plus vieux, plus grand, plus sociable, reflétant ainsi les transformations de votre existence. Votre premier guide peut disparaître et être remplacé par un autre qui conviendra mieux à votre style de vie et à vos sentiments. Si vous remarquez des modifications chez votre guide, posez des questions à leur sujet. Vous obtiendrez ainsi des informations précieuses sur votre propre développement.

Vous pouvez décider d'avoir plusieurs guides. C'est une bonne idée d'avoir un guide enfant, un guide homme et un guide femme. Ceci est recommandé par David Bresler, spécialiste de la maîtrise de la douleur. Il considère que l'on a trois éléments dans sa personnalité : un enfant, un homme et une femme. Posséder trois guides offre ainsi à ces trois éléments un canal d'expression.

Vous pouvez aussi avoir un guide qui a différentes manières d'être. Créez, par exemple, un moine Zen qui se montre sérieux, drôle, décontracté ou mystérieux selon le moment et les circonstances.

Au fait, l'humour est très important. Consulter votre inconscient a l'air d'une affaire grave et solennelle, mais les résultats en sont souvent amusants. Votre guide peut prendre la forme d'un clown ou celle d'un comédien. L'humour a fréquemment sa source dans des désirs inconscients trop puissants ou trop dangereux pour qu'aucune autre forme d'expression ne leur soit autorisée. Vous verrez que votre guide communiquera peut-être avec vous à l'aide de calembours ou d'énigmes. Exprimer des souhaits inconscients de façon codée ou déguisée est encore un moyen de vous protéger. Essayer de comprendre ce que votre guide veut vous dire ressemble beaucoup à l'interprétation d'un rêve un peu fou.

Enfin, il faut que vous soyez attentif à cette règle de visualisation : « Prenez ce que vous obtenez. » Votre guide peut ne pas être conforme à vos attentes. Peut-être commencerez-vous l'exercice suivant en imaginant trouver une ravissante jeune Indienne ou un devin pour finalement ne tomber que sur celui qui a cassé votre vélo en cinquième ou sur un nain fumant un cigare. C'est votre inconscient qui fera son choix dans cet exercice. Il n'est pas prévisible, ni raisonnable, ni terre à terre dans ses créations. Alors, ne soyez pas surpris et prenez ce que vous obtenez.

À LA RENCONTRE DE VOTRE GUIDE INTÉRIEUR

Avant de commencer cet exercice pour découvrir votre guide intérieur, préparez une question à lui poser. La meilleure, pour cette première expérience, est : « Êtes-vous mon guide ? »

Elle est simple, sans négation qui pourrait troubler votre inconscient. Les règles pour construire de bonnes questions à poser à votre guide sont les mêmes que celles utilisées pour élaborer de bonnes affirmations : veillez à ce qu'elles soient courtes, simples, positives, riches en affects et au présent autant que possible.

Commencez par vous allonger, fermez les yeux et détendez-vous. Allez dans votre sanctuaire extérieur et installez-vous. Remarquez tous les détails visuels, les bruits, les sensations tactiles, les goûts et les odeurs qui définissent cet endroit et le rendent réel à vos yeux.

Regardez au loin. Voyez une petite silhouette. Elle est tellement éloignée que vous ne distinguez qu'une tache dans la brume. Imaginez que cette silhouette est votre guide intérieur, approchant lentement et grandissant petit à petit. Vous serez bientôt en mesure de discerner certains détails.

Vous pouvez maintenant en voir la forme. Est-ce une personne ou un animal ? Attendez de pouvoir le constater. Essayez ensuite de dire si c'est un homme ou une femme. Précisez de quelle espèce il s'agit si c'est un animal.

A mesure que cette silhouette se dirige vers vous, vous observez de plus en plus de détails. Comment est-elle habillée ? Avec des vêtements ordinaires, en robe de cérémonie ou bien est-elle complètement nue ? Porte-t-elle un chapeau, un bâton ou des sacs ? Quelles couleurs et quelles textures voyez-vous ?

Vous discernez maintenant de petits détails : la couleur des yeux, le grain de la peau, la forme du nez, du menton et des sourcils. Vous entendez les pas de cette silhouette. Laissez ce guide possible s'approcher du seuil de votre sanctuaire mais ne le laissez pas entrer.

A-t-il l'air sympathique ? Ceci est une question importante. S'il vous donne l'impression d'être dangereux ou en colère, ce n'est pas la peine de l'inviter à vous rejoindre. Faites-lui faire demi-tour, reprendre son chemin et disparaître.

Si vous avez affaire à un animal, il peut vous être difficile de dire s'il a l'air sympathique. Si vous en avez peur, congédiez-le. Si vous avez des doutes, offrez-lui de la nourriture et voyez si vous vous sentez en confiance avec lui.

Les chamans déconseillent très nettement à leurs élèves d'avoir des contacts avec des créatures ayant la forme d'un serpent, d'un lézard, d'un poisson ou d'un dragon ou avec des êtres qui leur ressemblent par leurs écailles ou leur sang froid. Alors, si vous avez évoqué une espèce de reptile, vous pouvez préférer la renvoyer et recommencer. D'un autre côté, vous conservez peut-être de bons souvenirs d'un dragon de dessin animé auquel vous vous identifiez. Un ami à écailles sera alors un bon guide pour vous bien qu'il ait le sang froid et une forme de reptile. En fin de compte, choisissez ce qui vous semble le mieux.

Vous pouvez faire venir différentes créatures à la suite les unes des autres et continuer à éconduire celles qui ne vous sont pas sympathiques jusqu'à ce que vous en rencontriez une qui vous plaise. Mais ne repoussez pas un guide simplement parce qu'il ne répond pas à vos attentes. Il se peut que le même être saugrenu revienne encore et encore. Cela indique que c'est le bon, même si votre esprit conscient et critique le trouve bizarre.

Lorsque vous aurez rencontré un guide sympathique, invitez-le dans votre sanctuaire. Vous pouvez parler à voix haute et lui dire « Entrez », faire un geste ou communiquer par télépathie pour lui faire connaître votre souhait. Accueillez-le de manière appropriée : dites-lui bonjour, tendez-lui la main ou étreignez-le.

Serrez sa main ou regardez-le droit dans les yeux et posez-lui votre question : « Êtes-vous mon guide ? » Il répondra oui, fera un signe de tête affirmatif ou vous montrera par un autre moyen qu'il est bien votre guide. Si sa réponse est ambiguë, reposez votre question jusqu'à ce que vous obteniez une réponse claire.

Si vous ne recevez pas de réponse explicite ou s'il vous dit non, donnez-lui congé avec l'instruction suivante : « Envoyez-moi mon guide, s'il vous plaît. » Puis réessayez avec la nouvelle silhouette qui s'approche au loin.

Lorsque vous serez convaincu d'être en présence de votre guide, communiquez un peu avec lui. Promenez-vous ensemble et observez ce que vous voyez. Tenez-lui la main si cela vous semble bien. Revenez à votre sanctuaire et faites-le-lui visiter, comme si vous montriez un nouvel appartement ou un jardin.

Si votre guide est un animal, caressez-le ou soignez-le. Demandez-lui un cadeau ou offrez-lui quelque chose. Si une question simple surgit dans votre tête, posez-la. Dites à votre guide que vous lui faites confiance et que vous êtes heureux de l'avoir dans votre sanctuaire.

Puis dites-lui au revoir. Promettez-lui de rester en contact avec lui. Faites-le s'engager à venir vous voir à chaque fois qu'il sera invité dans une de vos visualisations. Suggérez-lui d'apparaître s'il y a une chose importante qu'il faut que vous sachiez.

Reposez-vous un moment seul dans votre sanctuaire. Sachez que vous avez désormais un guide intérieur en qui vous pouvez avoir confiance. Il vient à vous chaque fois que vous en avez besoin. Il est sage, il sait tout de vous et vos intérêts lui tiennent à cœur.

Quand vous serez prêt, rappelez-vous l'endroit où vous êtes. Ouvrez les yeux et terminez la séance.

Refaites cet exercice dans les jours qui suivent. Cette fois-ci, faites venir votre guide dans votre sanctuaire intérieur. Il peut se présenter à la porte ou apparaître dans l'un des endroits que vous avez prévus pour ces visites. Répétez la question : « Êtes-vous mon guide ? » et communiquez comme vous l'avez fait dehors.

Lorsque vous réfléchissez à des questions particulièrement compliquées et perturbantes, essayez de rencontrer votre guide au fond d'une grotte ou d'un labyrinthe. Imaginez que vous trouvez l'extrémité d'un fil à l'entrée d'une caverne. Ramassez-le et suivez-le à l'intérieur de la grotte. Pénétrez de plus en plus profond, en vous laissant conduire à travers différents tunnels, des passages étroits, de vastes chambres, etc. Vous allez parvenir à une cavité sombre tout au fond de la caverne. Votre guide est là. Il tient une petite lampe. Dans ce lieu particulier, demandez-lui un éclaircissement. L'image de la grotte symbolise la descente au cœur de votre inconscient et l'exploration en profondeur de votre situation. Si l'idée de vous enfoncer dans une grotte vous met mal à l'aise, imaginez que vous marchez dans un labyrinthe ou dans un immeuble qui possède nombre de couloirs et de portes.

EXEMPLES

Sarah avait un guide peu ordinaire. C'était une panthère noire. Elle la regardait droit dans les yeux et communiquait avec elle par télépathie. La panthère devint de plus en plus grande avec le temps. Puis elle se transforma en une femme-chat qui pouvait parler. Sarah préférait la femme-chat à la panthère parce qu'elle était plus humaine et qu'il était plus facile de converser avec elle.

Jeanne avait trois guides. Le premier était une petite fille qui ressemblait à Dorothy dans *Le Magicien d'Oz*. Jeanne l'appelait d'ailleurs ainsi. Elle était très courageuse et elle avait beaucoup de bon sens. C'était des trois la plus proche de ce que Jeanne recherchait dans la vie. Son guide féminin était assez âgé. Elle portait une robe longue bleue et une couronne de laurier. Elle se montrait très compatissante et elle conseillait souvent à Jeanne de ne pas se culpabiliser quand elle échouait. Son guide masculin était jeune, fort et vêtu comme un garde du corps. Il lui remontait le moral lorsqu'elle était déprimée et il l'encourageait à prendre un peu de plaisir dans la vie.

TROISIÈME PARTIE

APPLICATIONS THÉRAPEUTIQUES

7

Maîtriser son poids

> *Toutes les choses que j'aime vraiment faire sont immorales, illégales ou nourrissantes.*
>
> Alexander Woollcott

Il y a plus d'une chance sur deux pour que vous ayez acheté ce livre dans l'intention d'utiliser la visualisation pour maigrir. Il se vend plus d'ouvrages consacrés aux régimes que n'importe quel autre type de guide.

Et pourtant des recherches physiologiques récentes ont prouvé ce que vous soupçonniez peut-être depuis longtemps : les régimes ne marchent pas. Vous comptez les calories, vous mangez des choses bizarres que vous n'aimez pas vraiment, vous résistez à de terribles fringales et vous souffrez généralement pendant des semaines, pour ne perdre que quelques kilos. Puis, quand vous cessez votre régime et recommencez à vous nourrir « normalement », vous les reprenez tous !

Les années 80 ont vu l'émergence de l'approche « anti-régime ». Elle est fondée sur une théorie qui considère que votre corps possède un poids d'ancrage qu'il tient à conserver. Chacun a une certaine quantité de graisse qu'il doit garder. Certains sont naturellement très maigres, d'autres très gros et la plupart d'entre nous se situent quelque part entre les deux.

L'objectif de ce chapitre et des spécialistes modernes en maîtrise du poids est de vous permettre d'atteindre votre poids d'ancrage et d'y vivre heureux sans régime et sans obsession concernant votre ligne.

Ce chapitre s'inspire de nombreuses idées présentées dans le livre « antirégime » de Susan Kano et de notions plus traditionnelles concernant les causes psychologiques de la suralimentation. Il vous aidera. Il ne peut cependant remplacer un programme de rééducation de la nutrition ni vous enseigner la diététique.

VOTRE POIDS D'ANCRAGE

Votre poids d'ancrage est une fourchette étroite prédéterminée par votre hérédité et votre métabolisme basal. Au cours de votre jeunesse et tant que vous prendrez suffisamment d'exercice, vous aurez tendance à rester dans la partie inférieure de cette fourchette. En vieillissant ou si vous devenez plus sédentaire, vous atteindrez sa partie supérieure. Mais rien, pas même l'exercice ne changera votre poids d'ancrage. Vous pouvez mourir de faim et être constamment malheureux pour rester à un poids inférieur à votre poids d'ancrage, vous ne pouvez modifier ce dernier. A la minute où vous cesserez votre régime et mangerez ce que vous voulez, vous y reviendrez automatiquement. C'est la raison pour laquelle tant de cures d'amaigrissement échouent.

Votre corps défend votre poids d'ancrage avec vigueur. Avez-vous déjà suivi un régime, perdu deux kilos rapidement et éprouvé ensuite des difficultés à maigrir davantage alors que vous vous en teniez scrupuleusement à votre programme? Lorsque vous descendez en dessous de votre poids d'ancrage, votre corps devient de plus en plus efficace et utilise chaque calorie du mieux qu'il le peut pour conserver son poids. Plus vous vous laissez mourir de faim, moins vous maigrissez.

Voici une mauvaise nouvelle pour ceux qui s'adonnent à ces régimes. Quand vous les interromprez et commencerez à manger ce qui vous fait envie, vous dépasserez probablement votre poids d'ancrage parce que votre organisme cherchera des compensations pour le temps que vous aurez passé à l'affamer. De nombreux scientifiques pensent désormais que ces prises et pertes de poids répétées sont la cause de maladies cardiaques, d'hypertension et de morts prématurées imputées au départ à l'obésité. Il semble que les variations pondérales sont pires qu'un poids fixe légèrement élevé.

Comment déterminer votre poids d'ancrage ? En cherchant de vieux comptes rendus médicaux faisant état de votre poids à différents âges. Regardez ceux de l'époque où vous aviez atteint votre taille adulte et où vous vous nourrissiez sans vous soucier de votre ligne. Ce que vous pesiez alors constituait votre poids d'ancrage correspondant à la quantité d'exercice que vous preniez.

Si vous êtes obsédé par votre poids et par les régimes depuis votre adolescence, vous ne pouvez peut-être pas déterminer avec précision votre poids d'ancrage. Dans ce cas, vous devrez simplement commencer par vous nourrir normalement et par vous débarrasser de vos préoccupations habituelles concernant votre ligne. Avec le temps, vous atteindrez votre poids d'ancrage.

Comment faire ? Voici quelques suggestions émises par les nouvelles générations de spécialistes « anti-régime » :

● Cessez de vous peser et de compter les calories.

● Donnez vos vêtements trop étroits et ne portez que ceux dans lesquels vous êtes à l'aise et qui vous mettent en valeur tel que vous êtes.

● Arrêtez de passer votre temps à vous examiner dans les miroirs ou dans les vitrines de magasins. (Si, au contraire, vous évitez de vous regarder, commencez à prendre l'habitude de vous admirer dans la glace et de relever les traits qui vous plaisent en vous.)

● Soyez attentif à l'équilibre de votre alimentation plutôt qu'au nombre de calories ou au fait que certaines nourritures font ou ne font pas grossir. Tournez-vous progressivement vers une cuisine moins grasse, moins sucrée et moins salée. Mangez davantage de céréales, de fruits crus et de légumes. Préférez la santé à la minceur.

Cela va être difficile mais ne vous souciez pas de ce qui se produira quand vous arrêterez tous vos régimes. Vous avez peur de dévorer tout ce qui vous tombera sous la main ? Vous mourrez effectivement d'envie de vous gaver de tous ces aliments que vous vous êtes interdits jusqu'à ce jour. Allez-y, mangez-les.

« Mais, me direz-vous, je vais grossir. » C'est malheureusement possible. Vous prendrez probablement quelques kilos. Combien ? Cela dépend de votre poids d'ancrage, de votre poids au moment où vous avez interrompu votre régime et du temps passé en prises et pertes de poids répétées. Peu de gens reprendront plus de cinq kilos. Et considérez l'alternative suivante : si vous essayez de résister à vos fringales, vous replongerez tout droit dans la folie des régimes. Vous prendrez et reperdrez ces cinq kilos plusieurs fois, ce qui aura pour unique résultat d'user votre corps et votre esprit.

Maintenant, les bonnes nouvelles : ces cinq kilos ne resteront peut-être pas là éternellement. Avec le temps et si vous ne vous terrorisez plus avec des régimes de famine, votre corps commencera à se calmer et deviendra plus raisonnable dans ses demandes. Les fringales diminueront et vous verrez qu'il vous sera plus facile de vous alimenter de manière saine et équilibrée. Vous perdrez progressivement les kilos que vous aurez pris au-delà de votre poids d'ancrage.

Comment fonctionne ce processus ? Graduellement. Pour une reprogrammation efficace face à la nourriture, accordez-vous au moins un an. Si vous avez suivi des régimes pendant des années, il faudra peut-être deux ans à votre corps pour atteindre son équilibre.

C'est long de poursuivre un projet de développement personnel pendant un à deux ans, alors vous devez vous attendre à des défaites. Vous déciderez peut-être d'essayer un nouveau régime ou de jeûner. Si cela se produit et que votre cure ne marche pas, rappelez-vous ce paragraphe. Pardonnez-vous d'être humain, reprenez confiance en votre corps et attachez-vous à manger ce qui vous fait plaisir au sein d'une alimentation saine et équilibrée. Il vous a fallu des années pour contracter toutes ces vieilles idées au sujet du poids, alors il vous faudra du temps pour parvenir à des changements durables dans vos attitudes et dans votre comportement.

Vous atteindrez votre poids d'ancrage plus rapidement si vous faites de l'exercice. La pratique régulière d'un sport tonifie le corps, réduit les fringales, diminue l'ennui et la dépression et permet de parvenir plus vite à son poids d'ancrage. Choisissez une forme d'exercice qui vous plaît et faites-la entrer dans votre vie.

Pour rester à votre poids d'ancrage, il faut que vous vous débarrassiez de toutes les dépendances que vous pouvez avoir envers des drogues susceptibles de perturber votre appétit : l'alcool, la caféine, la nicotine, les amphétamines, les tranquillisants, etc. L'alcool stimule l'appétit et vous apporte bon nombre de calories inutiles. Il peut vous entraîner vers la borne supérieure de votre poids d'ancrage et vous y faire demeurer. Si vous buvez trop, vous risquez de perdre complètement l'appétit. Il peut aussi être diminué par la caféine, la nicotine, les stimulants, les anorexigènes vendus comme des pilules de régime ou les tranquillisants. Si vous n'arrivez pas à arrêter ces drogues seul, faites-vous aider.

Travaillez à changer vos attitudes : remarquez ce qui est beau chez vous et qui n'a rien à voir avec votre poids. Cessez d'évaluer systématiquement les autres en termes de gros ou de mince. Pensez qu'autrefois les personnes filiformes étaient jugées affreuses et les grosses, superbes. Préférer la minceur n'est qu'une question de mode et non une affaire de santé ou une vérité universelle. Ayez de la compassion pour les gens forts et pour vous-même. Apprenez à reconnaître l'humanité qui réside en chacun, y compris en vous, quelle que soit la forme des personnes.

Résistez aux messages des médias. La télévision et les magazines présentent, comme un idéal que nous devons imiter, des mannequins adolescentes squelettiques maquillées pour ressembler à des adultes. Vous devez considérer que c'est une propagande vicieuse et déshumanisante qui risque de saper vos efforts pour adopter une attitude plus saine et plus compatissante vis-à-vis du poids. Il faudra que vous soyez constamment vigilant pour contrecarrer le bourrage de crâne des médias.

POURQUOI S'ALIMENTER ET SE SURALIMENTER ?

Des facteurs psychologiques peuvent gêner vos efforts en vue d'atteindre votre poids idéal et de vous y maintenir. Vous avez faim alors qu'en fait votre corps n'a pas besoin de nourriture.

Votre corps

Sur le plan purement biologique, vous mangez pour vivre, pour vous mouvoir et vous maintenir en bonne santé. Vous mangez parce que vous avez faim. Par la faim, votre corps vous signale qu'il est temps de commencer à chercher de la nourriture. La faim est une sensation forte parce que trouver des aliments constitue une tâche indispensable à la survie de l'animal sauvage. Votre corps a été créé pour vivre dans des conditions préhistoriques. A l'état sauvage, la nourriture est rare et vous mangez ce que vous trouvez.

Votre corps est aussi conçu pour que manger soit un plaisir. Ce plaisir se poursuit un peu après que vous êtes rassasié. Ceci vous permet de vous nourrrir un peu plus que ce dont vous avez besoin pour vivre, pour vous mouvoir et vous maintenir en bonne santé. Si un animal tombe sur un petit extra, son corps le stockera sous forme de graisse en prévision de périodes de disette.

Le problème est que vous ne vivez pas dans des temps préhistoriques. La nourriture est abondante, du moins dans nos régions. Et ce ne sont pas que des racines ou des baies. L'environnement alimentaire n'est pas seulement plus riche, il comporte aussi une proportion plus élevée de graisses et de sucres.

La race humaine évoluera peut-être d'ici quelques millions d'années et sa pulsion de faim sera plus adaptée à la civilisation. Mais, vous ne pouvez attendre. Vous êtes coincé, vous essayez de maîtriser un appétit préhistorique avec un esprit moderne.

Votre esprit

Si votre esprit marchait toujours parfaitement, il dirait à votre corps : « Tiens, mange ces pousses, c'est bon pour toi... Ça suffit maintenant, arrête de manger. »

Malheureusement, votre esprit a 300 raisons pour vous pousser à vous suralimenter, et celles-ci sont aussi irrésistibles qu'un appétit préhistorique. Et comme votre esprit est en grande partie inconscient, il vous est difficile de découvrir et de réfuter toutes ces raisons.

UNE VISUALISATION RÉCEPTIVE POUR COMPRENDRE LES RAISONS QUI VOUS POUSSENT À MANGER

La visualisation est un excellent moyen pour découvrir, réfuter et changer les raisons pour lesquelles vous mangez trop et pour vous aider à reprendre les rênes de votre appétit. Pour commencer, faites cette visualisation réceptive :

Allongez-vous, fermez les yeux et détendez-vous.

Rappelez-vous la dernière fois que vous avez trop mangé. Qu'avez-vous mangé ? Quel moment de la journée était-ce ? Imaginez que vous remangez la même chose. Goûtez et sentez réellement cette nourriture. Est-elle délicieuse ? Éprouvez-vous beaucoup de plaisir ?

Revenez en arrière jusqu'au moment qui précède le début de votre repas. Que se passe-t-il ? Que ressentez-vous ? Êtes-vous anxieux ou avez-vous peur de quelque chose ? Est-ce que vous vous ennuyez tout simplement ? Vous êtes-vous disputé avec quelqu'un ? Êtes-vous déprimé ? Vous sentez-vous seul ? Avez-vous été soumis à beaucoup de stress ? Êtes-vous en train de fêter une réussite ou essayez-vous de vous consoler d'un échec ? Ressentez-vous une vague de plaisir à l'idée de manger ?

Y a-t-il quelqu'un près de vous lorsque vous imaginez que vous vous préparez à manger et que vous mangez ? Cette personne souffre-t-elle de votre problème de poids ? Est-ce une sorte de punition pour elle ? Ou bien, recevez-vous la sympathie de quelqu'un grâce à votre poids ? Attend-on de vous que vous finissiez tout ce qu'il y a dans votre assiette ? Le fait que vous mangiez trop plaît-il à certaines personnes de votre entourage ?

Si ces scènes de suralimentation ne vous inspirent pas, consultez votre guide intérieur. Promenez-vous le long d'un chemin imaginaire ou allez dans votre sanctuaire. Rencontrez votre guide et posez-lui des questions au sujet de votre poids. Demandez-lui « Pourquoi est-ce que je mange trop ? » et « Pourquoi est-ce que je reste lourd ? » Voyez quelle réponse vous obtenez.

Quand vous serez prêt, achevez la visualisation et passez au questionnaire ci-dessous.

PETIT QUESTIONNAIRE

Examinez les raisons fréquentes pour lesquelles certaines personnes mangent trop et voyez quels bénéfices elles tirent de leur excès pondéral. Réfléchissez honnêtement et pointez les phrases qui pourraient s'appliquer à votre cas :

- ☐ 1. Je mange quand je suis angoissé ou quand j'ai peur de quelque chose.
- ☐ 2. Je mange quand je m'ennuie.
- ☐ 3. Je mange lorsque je suis en colère et en particulier quand je ne peux ou ne veux pas l'exprimer.
- ☐ 4. Je mange souvent quand je suis déprimé.
- ☐ 5. Lorsque je me sens seul, je mange trop.
- ☐ 6. Je mange toujours beaucoup quand je suis stressé.
- ☐ 7. Je ressens un vide intérieur et manger remplit ce vide.
- ☐ 8. Je mange pour fêter mes réussites.
- ☐ 9. Je mange pour me consoler de mes échecs.

☐ 10. J'aime manger tout simplement. C'est mon plus grand plaisir dans la vie.

☐ 11. Bien manger me permet de retrouver l'amour de ma mère. Elle me récompensait et me réconfortait toujours avec de la nourriture.

☐ 12. Je déteste gaspiller la nourriture. Je veux en avoir pour mon argent.

☐ 13. Je mange pour des raisons sociales : c'est poli, c'est ce que l'on attend de moi.

☐ 14. Je mange pour me punir ou pour punir quelqu'un d'autre.

☐ 15. Être trop gros signifie que je suis fort au lieu d'être décharné et faible

☐ 16. Être fort me protège. C'est comme une armure. Les autres sont tenus en échec par mes formes amples.

☐ 17. Mon problème de poids m'attire des sympathies.

☐ 18. Si je résolvais mon problème de poids, je serais obligé de faire quelque chose au sujet de mon travail, de ma famille, du tabac ou de toute autre difficulté.

☐ 19. Mon problème de poids m'occupe. Si je n'avais pas à penser à la nourriture et à mon régime, je m'ennuierais peut-être ou je me sentirais vide.

☐ 20. Comme je suis trop gros, je n'ai pas à m'inquiéter de ma sexualité. Si je maigrissais, je pourrais recevoir des avances non désirées.

☐ 21. Être trop gros signifie que je n'ai pas besoin de me mesurer aux autres dans le domaine du sport, de la popularité ou de la sexualité.

☐ 22. Je suis trop gros pour me montrer en public, ainsi je peux éviter toutes sortes d'invitations angoissantes.

Si vous voyez d'autres raisons pour lesquelles vous mangez trop et ne maigrissez pas, ajoutez-les à la liste ci-dessus.

Examinez les raisons que vous avez pointées. Peut-être y verrez-vous un schéma. Il est probable qu'elles soient en relation avec le soulagement d'émotions douloureuses, avec des expériences précoces concernant la nourriture ou avec une crainte des situations sociales.

Il se peut d'un autre côté qu'aucune de ces raisons psychologiques ne vous semble convaincante. Vous avez peut-être suivi des régimes pendant des années sans perdre de poids de manière durable. Vos excès alimentaires ne sont alors que le résultat de votre interférence avec votre appétit naturel et votre poids d'ancrage. Vous mangez trop à cause des fringales que votre corps déclenche pour obtenir la nourriture dont il a besoin afin de vous maintenir à votre poids d'ancrage.

Vos visualisations en vue de maîtriser votre poids seront conçues pour contrer les raisons qui vous poussent à manger en vous en proposant de nouvelles, plus sages et plus puissantes. Elles auront pour objectif de vous amener à prendre de meilleures habitudes alimentaires. Votre but n'est plus d'avoir un corps « hypermince » mais plutôt d'arriver à un poids stable et sain que vous conserverez grâce à une cuisine équilibrée et à de l'exercice. La première étape consiste à formuler quatre ou cinq affirmations concernant la nourriture et le poids qui s'appliqueront à vous tout particulièrement.

Examinez les raisons pour lesquelles vous mangez trop et ne maigrissez pas. Relisez les paragraphes traitant du poids d'ancrage. Choisissez les quatre ou cinq thèmes qui se rapprochent le plus de vos préoccupations au sujet de votre ligne. Élaborez une affirmation pour combattre chaque raison qui vous entraîne à vous suralimenter ou pour appuyer chaque idée encourageant des habitudes alimentaires saines.

Rappelez-vous ceci : une affirmation est un énoncé positif, énergique, riche en affects qui déclare que quelque chose existe déjà. Voici des exemples d'affirmations qui ont marché pour les autres :

1. Quand je suis angoissé, j'aime mieux faire des exercices de relaxation que de manger.
2. Quand je m'ennuie, j'aime mieux faire un tour que de manger.
3. Lorsque je suis en colère, je préfère en parler à quelqu'un plutôt que de manger.
4. Quand je suis déprimé, je préfère courir ou nager plutôt que de manger.

5. Lorsque je me sens seul, je préfère téléphoner à un ami plutôt que de manger.

6. Quand je suis stressé, je préfère respirer profondément plutôt que de manger.

7. Je suis une personne valable.
   Je suis rempli d'amour.

8. Lorsque je fais quelque chose de bien, je me félicite.

9. Lorsque je commets une erreur, je me pardonne.

10. La nourriture est pour moi un plaisir parmi d'autres.
    Je l'apprécie mais elle n'a qu'une importance relative à mes yeux.
    Quand j'ai assez mangé, je pose ma fourchette et je débarrasse la table.
    Je mange juste ce qu'il faut pour rester en bonne santé, actif et en forme.

11. Je suis un adulte, maintenant.
    Je suis intelligent et sensible.
    Je pense rarement à la nourriture en dehors des repas.

12. Au restaurant, je m'arrête de manger quand je n'ai plus faim et je laisse le reste.
    Je sais toujours quand je n'ai plus faim.
    Je choisis la qualité plutôt que la quantité quand je cuisine.

13. Lorsque je vais chez des amis, je préfère discuter plutôt que de manger.

14. Je peux me pardonner et pardonner les autres.
    Je suis le seul responsable de ma vie.

15. Je peux peser moins et être toujours solide.

16. Je peux me protéger.
    Je peux être en sécurité sans mon armure de graisse.

17. J'inspire désormais le respect et non la pitié.

18. Je dirige ma vie.
    Je résous mes problèmes pas à pas.

19. Je suis trop occupé par la couture pour penser à manger.
    J'ai beaucoup de choses intéressantes à faire.

20. J'ai confiance en moi lorsque je suis plus mince.

Je peux apprendre à m'affirmer.
Je sais faire face aux avances.
J'accepte ma sexualité.

21. Je choisis quand et comment je veux me mesurer aux autres.
Je pèse ce que j'ai décidé de peser.
Je peux choisir de peser plus ou moins.

22. Être plus mince me donne confiance en moi.
Je peux maigrir et rester à la maison quand même si je le désire.

Voici des affirmations concernant votre poids d'ancrage :

Je suis heureux à mon poids d'ancrage.
Je préfère être en bonne santé plutôt que décharné.
Je fais confiance à mon corps.
Mon corps connaît mes besoins.
La nourriture est mon amie.
Je mange ce que je veux.
Je veille à mon équilibre alimentaire et non au nombre de calories.
Dans la glace, je vois mon beau _____ et mon joli _____ :
(Remplissez les espaces en précisant ce qui vous plaît chez vous sur le plan physique.)
Je suis beau tel que je suis.
La télévision n'est qu'une comédie.
Les magazines de mode racontent des mensonges.
Les mannequins sont des adolescentes squelettiques.
Il existe une multitude de formes humaines splendides.
J'aime les formes pleines comme les silhouettes minces.

VISUALISATION POUR MAIGRIR

La visualisation suivante vous entraînera à travers une journée idéale avec de nombreuses images de repas raisonnables et une attitude positive envers le poids. Choisissez et élaborez les images et les expériences qui s'appliquent à votre cas et sautez le reste. Utilisez cette description pour vous aider à créer de petites visualisations adaptées à vos besoins. Vous pouvez, par exemple, vous servir de la première partie concernant le lever du matin dans la visualisation que vous ferez au moment de vous endormir. Vous pourriez employer la séquence du restaurant avant de sortir ou la scène du dîner avant d'aller acheter des vêtements. Enregistrez cette visualisation pour en suivre les différentes étapes plus facilement.

Allongez-vous et mettez-vous à l'aise. Fermez les yeux et détendez-vous. Imaginez que vous vous réveillez le matin. Glissez de vos rêveries au sentiment que c'est le petit jour et l'heure de vous lever. Sentez le poids et la chaleur des couvertures. Frottez-vous les yeux. Imaginez que vous les ouvrez et que vous voyez votre chambre à coucher. Regardez la pendule et voyez l'heure qu'il est. Étirez-vous et bâillez. Levez-vous. Allez à la salle de bains pour prendre un bain ou une douche. Vous vous sentez reposé, bien éveillé, léger et en bonne santé. Vous êtes heureux d'être vivant et vous êtes bien dans votre peau.

Passez la main sur votre corps en vous lavant. Remarquez la douceur de votre peau et voyez combien elle a l'air pleine de vitalité. Notez que votre corps semble plus ferme et plus svelte que d'habitude. Si une pensée négative surgit dans votre esprit, dites-vous : « Stop ! J'aime mon corps exactement tel qu'il est. » Sortez de la baignoire et regardez-vous dans le miroir embué de la salle de bains. Écrivez dessus : « Je t'aime. » Ressentez réellement le contact avec la glace lisse et fraîche et le mouvement des muscles de votre main et de votre bras à mesure que vous écrivez. Voyez les traits de votre visage se préciser lorsque vous essuyez la condensation.

Maintenant, habillez-vous. Mettez des vêtements neufs et séduisants qui sont exactement à votre taille — et non à la taille que vous souhaiteriez avoir. Sentez la douceur et la sensualité du tissu sur votre peau propre et ferme. Sentez l'odeur d'apprêt de vos vêtements, cette odeur de grand magasin que dégagent les habits neufs. Regardez-vous dans une grande glace et remarquez combien vous avez belle allure dans des vêtements à votre taille, qui ne vous pincent pas et ne vous serrent pas. Appréciez réellement l'impression de liberté et d'espace que donnent les vêtements qui vous vont.

Allez dans la cuisine et préparez votre petit déjeuner. Prenez un fruit, des céréales, des toasts, un jus de fruits ou tout autre aliment léger et nourrissant. Ne vous pressez pas et goûtez votre repas. Savourez-le et veillez à manger suffisamment. Dites-vous : « J'aime la nourriture. C'est mon amie. Je mange juste ce qu'il faut pour rester en bonne santé, actif et bien dans ma peau. »

Sortez de chez vous, la démarche élastique. Vous vous sentez reposé, satisfait et plein d'énergie. Balancez les bras, les épaules et les hanches un peu plus que d'habitude en prenant un véritable plaisir à bouger dans votre corps sain et bien nourri.

Rendez-vous à votre travail, à l'école ou dans un endroit où vous avez des choses à faire en compagnie d'autres personnes. Regardez-les et remarquez que ce sont tous des êtres humains, qu'ils soient gros ou maigres ou « juste comme il faut ». Ils ont tous des besoins, des désirs et une dignité. Élargissez vos normes jusqu'à ce que tout le monde ait l'air « juste comme il faut », humain tout simplement.

Imaginez que vous travaillez ou que vous assistez à vos cours. Autorisez-vous à ressentir différentes émotions. D'abord, ennuyez-vous. Rien ne vous intéresse, vous n'avez pas d'occupation. Laissez cette pensée vous traverser l'esprit : « Et si je mangeais quelque chose ? » Mais, au lieu de cela, voyez-vous en train de vous lever pour partir en promenade. Prenez l'air et un peu d'exercice. Éprouvez un intérêt nouveau pour votre travail ou vos études. Dites-vous : « J'ai beaucoup de choses passionnantes à faire. Je suis bien trop occupé pour penser à la nourriture. »

Soyez maintenant angoissé. Éprouvez ce que ressent quelqu'un qui va être jugé ou qui va devoir passer un examen dans une matière qu'il connaît mal. Permettez-vous de penser à la nourriture comme à un moyen de calmer l'angoisse. Mais au lieu de vous diriger vers la cafétéria ou vers le réfrigérateur, voyez-vous en train d'aller dans un endroit calme pour faire un exercice de relaxation : respirez profondément et rendez-vous dans votre sanctuaire. Sentez votre angoisse diminuer. Dites-vous : « Je suis une personne valable. Je fais toujours de mon mieux. Si je commets une erreur, je me pardonne. Si je fais quelque chose de bien, je me félicite. »

Ensuite, soyez déprimé. Laissez-vous glisser. Rien n'en vaut la peine. Il n'y a aucun espoir. Alors que la pensée de la nourriture vous traverse l'esprit, criez : « Non ! Manger ne fera qu'empirer les choses. Je peux aller courir ou nager. Je peux sortir pour me promener d'un bon pas ou faire de l'aérobic. Après tout, je dirige ma vie. Je peux résoudre mes problèmes un à un. »

Ressentez de la colère. Imaginez-vous être l'objet d'une insulte, d'un affront ou d'une injustice. Faites comme s'il était trop dangereux de montrer votre colère. Étouffez-la. Réfléchissez à un moyen de la réprimer ou de vous consoler. Manger une glace, par exemple. Mais au lieu de vous diriger vers le réfrigérateur, téléphonez à un ami ou à un membre de votre famille. Parlez-lui de votre colère. Dites-lui : « Il fallait que je raconte cela à quelqu'un, je suis tellement fâché ! » Sentez votre colère et votre fausse faim se dissiper à mesure que vous contez votre histoire. Pensez : « Je suis le seul responsable de ma vie et de mes sentiments. Je peux exprimer ma colère. Je peux me pardonner et pardonner aux autres. »

Enfin, ayez l'impression d'être complètement débordé. Imaginez que vous avez des centaines de travaux urgents et que vous êtes très pris. Laissez la pression s'accumuler. Vous avez très envie de vous arrêter un moment pour prendre un café et un croissant. Mais au lieu de cela, voyez-vous en train d'inspirer profondément et d'expirer doucement. Observez vos yeux se fermer. Sentez votre respiration calmer votre corps et balayer cette impression de tension. Sentez vos muscles se détendre à mesure que vous vous relaxez. Voyez-vous ouvrant les yeux et commençant à organiser tranquillement votre temps, toute pensée de croissant s'étant évanouie. Dites les affirmations suivantes : « Je suis un adulte intelligent et sensible. Je pense rarement à la nourriture en dehors des repas. »

Remarquez maintenant qu'il est temps d'aller déjeuner. Marchez jusqu'à un restaurant que vous appréciez. En chemin, regardez-vous dans des vitrines de magasins. Imaginez pour vous amuser que vous êtes devenu maigre comme un clou. Vous êtes une petite chose de quarante-cinq kilos. Cela vous effraie-t-il ? Avez-vous soudain l'impression de ne plus être protégé comme si vous aviez perdu l'armure qui vous préservait du monde ? Répétez-vous : « Je peux peser moins et être toujours solide. Je peux me protéger. Je peux être en sécurité sans mon armure de graisse. »

Reprenez votre forme normale et entrez dans le restaurant. Remarquez ce que vous voyez mais aussi les sons et les odeurs. Prenez un moment pour intensifier la scène et pour approfondir votre relaxation.

Consultez la carte. Cherchez ce que vous avez réellement envie de manger. Dites-vous : « Je fais confiance à mon corps. Il connaît mes besoins. » Voyez-vous en train de commander exactement ce que vous désirez et non ce que vous pensez être pauvre en calories ou ce que vous estimez être convenable. Si vous voulez des frites et un milk-shake, allez-y. Si vous voulez des pâtes au lieu d'une salade, allez-y. Si vous voulez un cocktail, du vin, une bière ou un café, allez-y, commandez-les. Si vous éprouvez des difficultés à consommer ceux-ci modérément, refusez-les ou n'en prenez qu'un seul.

Appréciez votre déjeuner. Goûtez et humez votre nourriture. Sentez sa température et sa texture dans votre bouche. Sentez votre estomac se remplir et votre faim s'assouvir. Lorsque vous serez rassasié, posez votre fourchette et repoussez votre assiette. Parlez à la personne qui vous accompagne si vous n'êtes pas seul ou imaginez que vous lisez un livre jusqu'à ce que la note arrive. Dites-vous : « Je sais quand je n'ai plus faim. Je préfère en laisser dans mon assiette plutôt que de trop manger et de me sentir gavé. »

En sortant du restaurant, passez devant un pèse-personne payant en tenant des pièces dans la main. Mettez-les dans votre poche ou dans votre porte-monnaie et continuez votre chemin. Dites-vous que vous n'êtes pas intéressé par votre poids. Ce que vous ressentez est plus important.

Promenez-vous jusque chez vous. Appréciez d'être rassasié tout en n'étant pas gavé. Remarquez le temps qu'il fait, la circulation et les immeubles. Passez devant un cinéma où sont projetés des films interdits au moins de seize ans. Regardez les affiches et pensez au sexe. Si cela vous fait peur, dites-vous : « J'accepte ma sexualité. Je sais faire face aux avances. J'ai de plus en plus confiance en moi à mesure que je deviens plus ferme et plus séduisant. Je m'affirme chaque jour davantage. »

Passez devant des courts de tennis. Arrêtez-vous et observez un bon joueur en train de faire une volée. En pensant au sport et à la compétition, dites-vous : « Je choisis quand et comment je veux me mesurer aux autres. Je pèse ce que j'ai décidé de peser. Je peux choisir de peser plus ou moins. Je dirige ma vie. »

Rentrez chez vous et traînez un peu. Passez un moment sans compagnie jusqu'à ce que vous vous sentiez seul. Il n'y a personne. Vous commencez à vous plaindre. Vous devriez peut-être manger quelques friandises pour vous sentir mieux. Mais non, au lieu de cela, vous téléphonez à un ami. Imaginez qu'il vous remonte le moral et qu'il vous invite à passer chez lui après dîner.

Sortez pour prendre un peu d'exercice. Allez marcher, courir, nager, faire de la gymnastique ou vous promener à bicyclette... Voyez-vous en train de prendre du plaisir à cette activité, non pas parce qu'elle fait partie d'un programme d'amaigrissement mais parce qu'elle vous est agréable tout simplement. Dites-vous : « Je fais de l'exercice régulièrement parce que j'aime cela. »

Allumez la télévision ou feuilletez un magazine. Regardez les mannequins décharnés des publicités. Secouez la tête en signe d'incrédulité ou d'amusement. Dites-vous : « Ce ne sont que des adolescentes habillées pour ressembler à des adultes. Les plus âgées ont un poids d'ancrage particulièrement bas ou bien elles souffrent le martyre pour rester aussi minces. »

Préparez un dîner léger et équilibré, quelque chose que vous aimez vraiment. Si c'est quelqu'un d'autre qui s'en occupe, suggérez un menu sain. Prenez votre temps et savourez votre repas. Lorsque vous serez rassasié, levez-vous et débarrassez la table. Dites-vous : « Je m'occupe bien de moi. Je mange des produits sains et bons et je suis heureux à mon poids d'ancrage. »

Rendez-vous chez un ami. Rencontrez là-bas quelques relations pour une soirée impromptue. Prenez un verre ou deux et goûtez au buffet copieux. Dites-vous : « Dans les soirées, j'aime mieux parler ou danser que de manger. Je peux passer un bon moment sans être obligé de constamment me restaurer. »

Voyez-vous en meilleure forme, un peu plus léger, bougeant avec grâce et souriant. Sentez-vous à l'aise dans vos vêtements qui sont à votre taille. Appréciez l'impression de santé et de vitalité de votre corps. Aimez-le tel qu'il est. Voyez vos amis sourire et se réjouir en vous parlant.

Allez en avant dans le temps. Voyez-vous au même poids d'ancrage année après année. Vous vous sentez bien dans votre peau et vous ne pensez même plus à ces histoires de régime et d'amaigrissement.

Achevez cette visualisation en répétant les quatre ou cinq affirmations que vous avez créées spécialement pour vous.

QUELS CHANGEMENTS POUVEZ-VOUS EN ATTENDRE ?

Utilisez vos propres adaptations de cette visualisation trois fois par jour, en particulier avant les repas et les fêtes ou simplement à votre réveil et au moment de vous endormir. Attendez-vous au début à penser plus souvent à la nourriture et au poids, parce que votre tournure d'esprit habituelle se rebellera contre ces nouvelles idées d'alimentation non restrictive.

Certaines de vos affirmations deviendront moins puissantes et devront être remplacées par d'autres. Quelques scènes perdront de leur intensité et vous devrez alors ajouter de nouveaux détails pour les raviver. Relisez le chapitre des règles pour une visualisation efficace. Vous y trouverez des conseils pour que vos visualisations conservent toute leur vivacité et leur force.

Avec le temps, vos fringales devraient diminuer et vous devriez commencer à vous nourrir de manière plus équilibrée. Si vous vous êtes beaucoup privé pour rester très mince, vous grossirez. Vous atteindrez probablement un poids supérieur à votre poids d'ancrage, puis vous redescendrez vers ce poids de référence. Si vous étiez plus lourd au départ, vous grossirez peut-être un peu puis vous vous installerez à votre poids d'ancrage.

Si vous faites davantage d'exercice, vous l'atteindrez plus rapidement et vous vous situerez plutôt dans sa limite inférieure. Mais attention : ne vous engagez pas dans un programme d'entraînement intensif dans le seul but de perdre du poids. Ceci fait partie de la vieille « mentalité-régime » et vous n'arriverez pas à soutenir ce rythme longtemps. Choisissez une activité qui vous plaît vraiment et pratiquez-la deux à trois fois par semaine. Adopter une attitude calme et décontractée vis-à-vis de l'exercice est plus important que d'en faire un certain nombre d'heures chaque semaine.

Vos rapports avec l'alimentation et le poids évolueront doucement. Vous serez enfin capable de prendre plaisir à manger, de rester à votre poids d'ancrage et de ne plus penser aux calories et à la graisse. Vous connaîtrez sûrement des échecs et des rechutes. Vous aurez le sentiment que l'approche « antirégime » ne marche pas, qu'elle vous empêche de maigrir et que vous êtes simplement faible et paresseux. C'est normal. Notre société, obsédée par le poids, vous a bourré la cervelle toute votre vie. Changer d'attitude prendra du temps.

Continuez à lire des livres comme celui-ci ou comme celui de Susan Kano. Consultez des articles et des ouvrages qui traitent de la bonne nutrition. Poursuivez vos visualisations et adaptez vos images et vos affirmations à mesure que votre situation et que vos préoccupations évoluent.

8

S'arrêter de fumer

Plus on est malheureux, plus on fume et plus on fume, plus on est malheureux.

George du Maurier

Il est difficile de s'arrêter de fumer même quand on sait intellectuellement qu'on le devrait. C'est parce que l'habitude de fumer ne provient pas d'une décision de l'esprit. La cigarette est une habitude et une dépendance. Une habitude qui remplit des besoins dont vous n'êtes peut-être pas conscient. Une dépendance à la nicotine, qui incite votre corps à réclamer le puissant stimulant auquel il a été accoutumé.

La visualisation peut vous aider à cesser de fumer de quatre façons : 1. en vous permettant de découvrir les besoins inconscients que la cigarette satisfait chez vous ; 2. en vous encourageant à les combler par d'autres moyens ; 3. en créant une représentation solide de vous en non fumeur, et 4. en vous servant de la méthode de relaxation lors des accès de nervosité dus à la privation de nicotine.

POURQUOI FUMEZ-VOUS ?

Le réconfort. Peut-être fumez-vous pour vous réconforter. La première cigarette du matin est une consolation lorsque vous pensez à la nouvelle journée de labeur qui vous attend. Une cigarette en allant à votre travail vous remonte le moral. Fumer peut vous aider quand vous vous sentez seul ou lorsque vous vous ennuyez. Une cigarette peut être une récompense pour une tâche bien faite ou pour l'accomplissement d'un travail déplaisant. Avoir un paquet de cigarettes dans votre poche ou votre sac peut vous donner l'impression d'avoir un ami qui vous escorte partout. C'est un groupe de soutien de vingt membres tenant dans la paume de votre main qui vous promet une compagnie immédiate au seul claquement de votre briquet. Les fumeurs qui soulignent les points communs entre tirer sur une Marlboro et téter le sein de sa mère ne sont pas très loin de la vérité.

L'aisance en société. Dans une soirée ou lorsque vous vous trouvez au milieu d'inconnus, une cigarette occupe vos mains. C'est un lien avec les autres fumeurs, un geste rassurant et un objet de conversation lorsque vous rencontrez une personne nouvelle et que vous êtes mal à l'aise. Dans les lieux où il est interdit de fumer, sortir pour prendre une cigarette est un moyen légitime d'échapper à la cohue pendant quelques instants.

Fumer vous donne confiance en vous. Vous vous sentez un homme ou une femme de ce monde. Il se peut que vous admiriez quelqu'un qui fume et l'habitude que vous partagez avec cette personne est une façon de lui ressembler.

Le soulagement du stress. Allumer une cigarette peut être un rituel détendant (même si en réalité la nicotine est un stimulant). D'abord, les impressions familières sont rassurantes : la vision et la sensation de la cigarette et de la flamme, le goût et l'odeur du tabac, la vue de la fumée qui flotte dans l'air, le geste pour éteindre l'allumette ou le rangement du briquet dans votre poche. Vous maîtrisez tout. Vous savez exactement ce qui va se produire et il est impossible que vous échouiez.

Lorsque vous prenez votre première bouffée, l'inhalation profonde et la longue expiration constituent des relaxants naturels. Cela fait un moment que avez fumé votre dernière cigarette et votre corps vous réclame de la nicotine. Les premières inspirations soulagent l'anxiété provoquée par ce manque.

Quand vous allumez votre cigarette, vous ne pouvez rien faire d'autre. C'est l'occasion d'une pause dans ce que vous étiez en train de faire. Et peu importe si vous êtes déprimé ou fatigué. Prendre une cigarette vous met dans un certain état d'esprit : quelque chose d'agréable va se produire.

La maîtrise du poids. Fumer diminue l'appétit. Vous continuez à fumer peut-être parce que vous souhaitez réprimer un appétit normal ou mettre un frein à votre tendance boulimique. Vous craignez de finir par peser une tonne si vous cessez de fumer.

Un complément à d'autres plaisirs. Les cigarettes sont agréables avec le café et l'alcool, après les relations sexuelles, dans un bar sympathique, au cours de conversations avec des amis, etc. Il vous semble probablement impossible de savourer des plaisirs sans fumer en même temps.

L'autodestruction. Certaines personnes fument en partie *parce que* c'est mauvais pour elles. Elles pensent qu'elles ne méritent pas d'être en bonne santé. Leur estime de soi est si faible qu'elles trouvent naturelle une habitude autodestructrice telle que la cigarette.

Les raisons énoncées plus haut, en dehors des élans autodestructeurs, ont un sens. Elles ne sont ni stupides, ni mauvaises, ni sottes. Elles ont une fonction positive. C'est bien de vouloir vous réconforter et prendre soin de vous-même. Il est logique que vous ayez envie d'être à votre aise au cours d'une soirée ou que vous souhaitiez imiter une personne que vous admirez. Il est intelligent de tenter de soulager son stress et d'essayer de conserver un poids sain. Il est parfaitement naturel que vous recherchiez le plaisir et que vous évitiez la douleur.

Le tout est de reconnaître les bénéfices positifs que vous retirez de la cigarette, de les accepter et de trouver des moyens pour les conserver... sans fumer.

UNE VISUALISATION RÉCEPTIVE

La première étape consiste à découvrir, à l'aide d'une visualisation réceptive, toutes les raisons pour lesquelles vous fumez. Vous pouvez enregistrer les instructions suivantes.

Commencez par vous allonger, fermez les yeux et détendez-vous. Imaginez que vous vous levez un matin. Voyez, entendez et sentez tous les détails. Allumez votre première cigarette de la journée et remarquez ce que cela vous fait. Vous sentez-vous réconforté, relaxé ? Prenez une tasse de thé ou de café et une autre cigarette. Voyez combien vous aimez fumer en buvant quelque chose de chaud.

Sortez et allez à votre travail ou à l'école ou rendez-vous chez un ami. Fumez pendant le trajet. Notez si cela diminue votre ennui, vous remonte le moral ou vous rassure d'une quelconque façon. Imaginez que vous travaillez à une tâche compliquée. Faites une pause pour prendre une cigarette. Voyez combien vous vous détendez en fumant.

Maintenant, entrez dans l'un de vos restaurants favoris. Imaginez que vous êtes avec un ami qui fume. Vous attendez d'être servis. Vous allumez votre cigarette ensemble et vous discutez en souriant et en blaguant. Voyez combien fumer fait partie de ce moment agréable. Après votre repas, jetez un coup d'œil sur les desserts et décidez de prendre un café et une cigarette à la place. Laissez vos préoccupations habituelles concernant votre poids, les calories et la cigarette vous traverser l'esprit.

Retournez à l'école, à votre travail ou chez vous. C'est un long après-midi et vous vous ennuyez. Prenez une cigarette et voyez si cela atténue votre ennui. Vous remarquez que c'est la dernière et vous sortez pour en acheter. Au bureau de tabac, notez combien vous vous sentez assuré une fois que vous avez un paquet entier sur vous. Vous avez vos cigarettes, vos allumettes, votre briquet. Vous êtes paré.

C'est maintenant le début de la soirée. Dans un bar ou chez vous, préparez-vous une boisson : une bière, un verre de vin, un cocktail, un café ou ce que vous prenez d'habitude. Allumez une cigarette, lisez un livre, regardez la télévision, parlez à quelqu'un, etc. Faites ce que vous accomplissez généralement le soir pour vous détendre et qui inclut la cigarette. Voyez combien c'est familier et rassurant.

Maintenant, imaginez que vous allez à une fête. Vérifiez que vous avez beaucoup de cigarettes sur vous. Remarquez en quoi fumer vous est utile. Est-ce que cela vous donne quelque chose à faire de vos mains ? Est-ce que vous vous dirigez vers les fumeurs dans la pièce ? Proposez-vous des cigarettes ou en demandez-vous afin de rompre la glace ? Regardez autour de vous. Y a-t-il un fumeur que vous admirez particulièrement ? Voyez si pour vous, fumer égale avoir confiance en soi, être mondain et adulte. Réfléchissez pour savoir si la cigarette vous rappelle une personne que vous estimez.

Laissez votre pensée vagabonder un instant. Transportez-vous à un moment de la journée ou de la nuit où vous aimez spécialement fumer. Où êtes-vous ? Que faites-vous ? Que ressentez-vous ? Pourquoi est-il important pour vous de fumer à ce moment précis ? Est-ce pour éprouver un plaisir particulier ou au contraire pour éviter une souffrance ?

De retour chez vous très tard, prenez votre dernière cigarette. Allez à la salle de bains et observez-vous en train de fumer. S'il vous arrive d'être mécontent de vous, laissez maintenant ces sentiments poindre dans votre esprit. Si vous avez peur du cancer des poumons ou de l'emphysème, entretenez ces craintes sciemment. Regardez-vous dans la glace et voyez si vous ressemblez à quelqu'un qui mérite d'être non fumeur. Avez-vous l'air plein d'espoir ou au contraire désespéré ? Demandez-vous honnêtement si vous vous punissez d'une certaine façon en fumant.

Vous pouvez aussi vous rendre dans votre sanctuaire et interroger votre guide intérieur pour savoir pourquoi vous fumez. Si sa réponse n'est pas claire ou si elle se fait attendre, essayez des questions auxquelles il pourra répondre par oui ou par non : est-ce que je fume pour me réconforter ? pour atténuer mon ennui ? pour être à l'aise en société ? pour maîtriser mon poids ? pour me détendre ? pour avoir l'air sûr de moi ?

Quand vous serez prêt, rappelez-vous l'endroit où vous

êtes et ouvrez les yeux doucement. Avant de vous relever, réfléchissez à la visualisation que vous venez de faire. Choisissez trois ou quatre des besoins les plus importants que la cigarette satisfait pour vous. Décidez dès maintenant de trouver d'autres moyens de les combler.

AFFIRMATIONS

Il vous faut trois sortes d'affirmations :

Inspirant de l'aversion. Composez quelque chose comme : « Fumer est une habitude sale, répugnante et mortelle. » Vous l'associerez à des images de mégots flottant au fond d'une tasse de café, d'odeurs de tabac froid au petit matin après une soirée passée à fumer, de dents jaunies, de poumons noircis, etc.

Donnant une image de soi positive. Vous aurez besoin d'une bonne affirmation du style : « Je suis un non fumeur en bonne santé. » Ceci vous aidera à construire une image de vous en tant que *non*-fumeur et non en tant qu'*ex*-fumeur. Lorsque vous êtes non fumeur, vous *choisissez*, vous *préférez* ne pas fumer. Les ex-fumeurs, eux, doivent se *forcer* pour ne pas fumer. Formulez cette affirmation de manière à souligner cette différence pour vous. Voici des exemples :

Je suis un non fumeur sain et actif.
Mes poumons deviennent propres et purs.
Je choisis d'être solide et en bonne santé.
Je suis rempli d'énergie propre et vitale.

Proposant des alternatives. Les affirmations les plus importantes pour vous seront en fait celles qui encourageront d'autres moyens que la cigarette pour satisfaire vos besoins. De la créativité vous sera nécessaire pour les composer. Vous devrez les transformer à chaque fois que vous découvrirez de nouvelles et de meilleures méthodes pour combler ces désirs.

Imaginez un moyen différent de contenter chaque exigence que la cigarette remplit pour vous. Créez des affirmations qui dépeignent rapidement la situation, le besoin et la manière dont vous entendez le satisfaire. Voici des exemples pour vous aider à vous lancer :

Quand je me sens seul, je téléphone à un ami.
J'écris des lettres lorsque je me sens isolé.
Lorsque j'ai l'impression d'être ignoré à une soirée, je commence à poser des questions.
Quand je suis triste, je vais me promener.
Je respire profondément lorsque je suis très stressé.
Lorsque je manque d'assurance, je peux en parler dans mon journal.
Quand je suis mal à l'aise, je fais face !
En voiture, j'écoute des cassettes au lieu de fumer.
Je fais du crochet au lieu de fumer lorsque je regarde la télévision.
Je peux lire ou faire des listes quand j'attends au restaurant.
Après le repas, je me concentre sur la conversation.
J'aide à débarrasser la table au lieu de fumer.
A mon bureau, je suce des pastilles au citron au lieu de cigarettes.
Je m'assois dans le coin non-fumeur à la cantine.
Dans les soirées, je reste loin des fumeurs et des cendriers.
J'ai pour compagnie mon chien et ma musique.
Lors des pauses à mon travail, je vais faire le tour du pâté de maisons.
Si j'ai besoin d'être réconforté, je serre quelqu'un dans mes bras ou je me prépare une tasse de thé.
Si je commence à grossir, je lirai le chapitre consacré à la maîtrise du poids.
On peut avoir l'air désœuvré.
Je peux m'occuper les mains en tricotant, en me limant les ongles, en nettoyant mes lunettes ou en croquant des carottes.
Lorsque je m'ennuie, je fais des abdominaux ou je lis.
Quand j'ai besoin d'une pause, je passe à autre chose.

VISUALISATIONS POUR CESSER DE FUMER

Il est important, quand on change une habitude fortement ancrée comme la cigarette, de faire de fréquentes et courtes visualisations. Chaque séance doit comprendre trois éléments : un exemple où vous parvenez à satisfaire vos besoins sans fumer, une image de vous en non fumeur et en bonne santé et une représentation relative au tabac et inspirant de l'aversion. Certaines de ces visualisations peuvent être très brèves : cinq secondes seulement, les yeux fermés, à chaque fois que vous avez très envie de fumer une cigarette.

Vous devrez prendre le temps de faire une visualisation plus longue trois fois par jour. Introduisez deux ou trois scènes où vous arrivez à combler vos besoins sans fumer. Passez un moment plus long à voir votre nouveau moi non fumeur. Il est préférable d'enregistrer les instructions suivantes et d'en écouter certains passages à chaque visualisation.

Allongez-vous, fermez les yeux et détendez-vous.

Imaginez que vous êtes en train de vous réveiller un matin. La première chose que vous remarquez est la fraîcheur de votre haleine. Puis, vous vous apercevez que vos bronches sont dégagées, vous ne toussez pas. Vous sortez du lit en vous sentant reposé, frais et dispos.

Vous prenez un merveilleux petit déjeuner. Ajoutez des détails : la lumière brillante, des couleurs gaies, une nappe propre sans cendrier ni odeurs de tabac froid. Inspirez profondément et sentez l'air frais et propre du matin emplir vos poumons. Commencez à manger et remarquez combien votre nourriture a bon goût. Buvez une tasse de thé ou de café ou un jus de fruits. Vous appréciez pleinement ce repas sans cigarette en vue. Dites-vous : « Je peux me faire du bien sans fumer » ou utilisez l'une des affirmations que vous avez préparées.

Vous êtes maintenant à votre travail. Voyez-vous sous pression, essayant de finir un rapport à temps, de préparer des produits ou de réparer une machine. Sentez la tension s'accumuler dans votre corps jusqu'à ce que vous ayez vraiment besoin d'une pause. Levez-vous et étirez-vous. Respirez profondément trois fois et touchez vos orteils ou accroupissez-vous. Faites le tour de la pièce ou allez discuter ou manger quelque chose avec un collègue.

Maintenant, vous déjeunez. C'est très bon. Vous appréciez les personnes qui se trouvent près de vous. Après le repas, vous vous attardez un peu pour bavarder avec elles. Certaines allument une cigarette mais vous n'éprouvez pas le besoin irrésistible d'en prendre une. En fait, l'odeur du tabac vous donne mal au cœur. Quelqu'un écrase une cigarette dans une assiette de purée. C'est tellement répugnant que vous êtes obligé de tourner la tête.

C'est assez pour une séance. Terminez la visualisation lorsque vous serez prêt.

Cette visualisation s'est attachée aux besoins de réconfort, au soulagement du stress et au plaisir pris avec la nourriture sans fumer. Choisissez d'abord deux ou trois des besoins les plus importants pour vous et focalisez-vous dessus. Entraînez-vous à visualiser différentes scènes dans lesquelles vous les éprouvez et voyez-vous en train de les combler sans recourir à la cigarette. Rappelez-vous de souligner les bénéfices positifs retirés de l'arrêt du tabac — santé et estime de soi — et d'introduire des images négatives de la cigarette, des images inspirant de l'aversion.

Étendez vos activités à d'autres secteurs à mesure que vous apprenez à satisfaire vos désirs les plus impérieux. Vous pouvez, par exemple, vous imaginer en train de pratiquer un sport. Remarquez le souffle et l'endurance que vous avez, maintenant que vous êtes non fumeur. Vous vous sentez léger et fort, infatigable.

Imaginez que vous vous regardez dans la glace. Vous vous apercevez que vos dents brillent et qu'elles sont blanches désormais. Votre haleine est fraîche et vous respirez aisément.

Visualisez-vous dans des soirées ou dans d'autres situations sociales. Voyez combien vous pouvez converser et vous amuser sans le soutien d'une cigarette. Exercez-vous à visionner des images de personnes que vous admirez et remarquez ce que vous pouvez imiter chez elles en dehors de leur habitude de fumer. Mettez-vous en scène dans une situation ennuyeuse ou inconfortable et regardez-vous en train d'y faire face sans fumer.

CONSIDÉRATIONS PARTICULIÈRES

Fumer est une assuétude qui implique une demande irrésistible de la part de l'organisme, sans parler des complications psychologiques dont nous avons parlé. Beaucoup de gens arrêtent de fumer et reprennent plusieurs fois avant de cesser pour de bon. Certains trouvent qu'avant de pouvoir s'arrêter, ils doivent commencer par réduire leur consommation, fumer des cigarettes de plus en plus légères, ou les deux à la fois.

Ne vous découragez pas si vous avez des rechutes. Continuez vos visualisations en les incluant dans vos scènes imaginaires. Voyez-vous arrêter véritablement. Si vous essayez de réduire votre consommation, visualisez-vous fumant de moins en moins, prenant des cigarettes légères et diminuant leur nombre progressivement. Continuez à vous visualiser en non-fumeur et à projeter cette image dans le futur.

Lorsque votre corps sera en manque, vous aurez besoin de toute l'aide possible. Demandez à votre famille et à vos amis de vous aider dans votre détermination. Dites-leur pour qu'ils soient indulgents à votre égard, que vous serez probablement énervé et grincheux pendant un moment. Si vous avez de la famille ou des amis qui fument et qui ne vous soutiennent pas dans votre effort, évitez-les au maximum. S'arrêter en même temps qu'une autre personne peut être source d'entraide, en particulier s'il s'agit de votre conjoint, d'un ami intime ou d'un compagnon de chambre. En revanche, si vous cessez de fumer et que votre conjoint, lui, continue, ce sera plus difficile.

Si vous êtes trop gros ou si vous craignez de le devenir en arrêtant de fumer, lisez le chapitre consacré à la maîtrise du poids.

EXEMPLE

Oscar, âgé de trente-cinq ans, travaillait comme directeur chez un éditeur de manuels. Il fumait depuis l'adolescence et consommait environ un paquet et demi de Camel sans filtre par jour. Il a décidé de s'arrêter de fumer après avoir essayé de courir avec sa nouvelle femme, Karen. Après seulement cinq cents mètres, Oscar a eu le souffle coupé et a éprouvé une douleur intense dans la poitrine. Il avait déjà tenté de cesser de fumer deux fois, en général sous l'impulsion du moment. Son record était de cinq jours sans toucher à une cigarette.

Cette fois-ci, Oscar était sérieux. Il savait que cela serait difficile, alors il s'est fait épauler. Sa femme fumait occasionnellement et voulait s'arrêter aussi. C'est pourquoi, ils ont fait un pacte et pris de bonnes résolutions. Ils ont fixé un jour J. Oscar s'est débarrassé de toutes ses cigarettes, de ses allumettes et de ses briquets, à la maison comme à son travail. Il a dit à ses collègues qu'il s'arrêtait. Il leur a demandé de ne pas fumer dans son bureau et de ne plus lui proposer de cigarettes.

Trois jours avant la date fatidique, Oscar a fait des visualisations réceptives. Il a découvert qu'il fumait surtout pour se détendre à son travail pendant les pauses et pour se relaxer à la maison, le soir, avec un verre de cognac en regardant les nouvelles à la télévision. Plus tard, il s'est rendu compte que la cigarette du matin après sa tasse de café lui manquait beaucoup. Karen aussi a essayé la visualisation. Sans surprise, elle a vu qu'elle fumait en société pour atténuer son anxiété ou pour faire comme les autres.

Les affirmations d'Oscar étaient les suivantes :

La cigarette était en train de me tuer.
Je peux être un non-fumeur sain et créatif.
Quand j'ai besoin d'une pause, je me lève et je m'étire.
Je peux me détendre en respirant profondément.
Je préfère l'air à la fumée.

Les affirmations de Karen étaient celles-ci :

Fumer est une habitude idiote et écœurante.
Je suis une non-fumeuse invétérée.
Je garde mon corps pur et propre.
Je peux voir les autres fumer sans éprouver le besoin
    de me joindre à eux.

Ils ont tous deux fait de longues visualisations en vue de cesser de fumer, le soir avant de s'endormir, le matin après le petit déjeuner et à midi à leur bureau. Oscar s'appliquait à se voir en train de travailler sur un manuscrit avec rapidité ; quand il fatiguait, il se levait pour s'étirer et bâiller, puis retournait à son ouvrage, reposé. Il s'imaginait aussi partant faire un jogging le soir au lieu de prendre un cognac et une cigarette. Il courait vite et librement, le souffle régulier, la foulée élastique.

La longue visualisation de Karen comportait toujours une image d'une radiographie montrant des poumons envahis de taches blanchâtres. Elle se rendait dans son sanctuaire et repassait le film de l'anniversaire d'une amie où elle avait beaucoup fumé. Dans sa nouvelle version, elle ne fumait pas et racontait des histoires drôles à tel point que tout le monde était suspendu à ses lèvres.

Souvent au cours de la journée, Oscar et Karen fermaient les yeux brièvement et s'en faisaient « une petite » : c'était une vision fugitive d'un bout de cigarette humide immédiatement remplacée par une image romantique de leur couple s'enlaçant dans une prairie fleurie. Ceci devint leur petite plaisanterie : Oscar disait à Karen « Hé ! Karen ! » et lorsqu'elle le regardait, il fermait les yeux et inspirait profondément de manière théâtrale. C'était leur code qui signifiait : « Comme j'aimerais une cigarette ! » Karen se coulait parfois auprès d'Oscar et lui disait : « Que dirais-tu d'une petite, mon grand ? » Oscar prenait l'air offensé et répondait : « Non, merci, madame. Je ne fume pas. » Cela n'avait pas beaucoup de sens mais ils avaient besoin de rire de quelque chose. Oscar souffrait du manque de nicotine. Il se montrait par moments énervé, déprimé, sarcastique, ou bien il cherchait la petite bête.

Tout s'est bien passé pendant deux semaines, jusqu'au Nouvel An. Ils sont allés à une soirée où le champagne coulait à flots. A minuit, ils fumaient tous les deux après avoir clamé que « la vie est trop courte pour se priver, que diable! » Ils ont soigné, le lendemain, leur gueule de bois à coups de café et de cigarettes. Ils se sentaient provocants et un peu coupables.

Dès le 3 janvier, Karen a cessé de fumer pour de bon. Oscar a changé de tactique et a adopté un programme de « diminution puis d'arrêt de la consommation de tabac » qu'il avait lu quelque part. Il est passé aux Camel avec filtre pendant deux semaines, puis a acheté des marques de plus en plus légères. Il a continué ses visualisations où il se voyait en non fumeur. En mai, il s'est vraiment arrêté.

9

Diminuer son stress

> *Il vaut mieux mener une existence
> simple et paisible que de nager
> dans les délices en souffrant de la
> peur.*
>
> Esope

La visualisation est tout indiquée pour la diminution du stress en raison des liens qu'elle entretient avec la relaxation. Pour bien visualiser, il faut que vous soyez détendu, et la visualisation est en elle-même très détendante. Plus vous visualiserez, plus vous vous relaxerez. Et plus vous vous relaxerez, plus vos visualisations seront efficaces.

Mais comment débuter si vous êtes soumis à un stress important et si vous n'avez pas encore beaucoup pratiqué la visualisation ? Il faut d'abord comprendre ce que l'on entend par ce mot « stress » dont on a largement abusé.

LA NATURE DU STRESS

Les gens disent, par exemple, au sujet du stress :

« Je suis soumis à un stress considérable. »
« Je ne gère pas bien le stress. »
« Le stress me vide de mon énergie. »
« C'est une situation stressante. »

Le mot « stress » prête à confusion parce qu'il a différentes acceptions. Ceci est en partie dû à l'origine du mot. Jusque dans les années 50, il n'a été utilisé que dans l'ingénierie et la physique. Le stress était alors une force, en général la force de gravité, appliquée à un objet ou à une structure qui lui résistait. C'est la connotation métaphorique que l'on retrouve dans une expression telle que : « Je suis soumis à un stress considérable. » Elle veut dire : « *J'ai l'impression* d'être sous une tonne de béton. »

La fuite ou le combat

Le fondement du sens moderne du mot « stress » en tant que problème psychologique est l'œuvre de Walter B. Cannon, physiologiste à Harvard au tournant du siècle. Il n'employa pas ce terme directement, mais il fut le premier à décrire la réponse par « la fuite ou le combat ». Celle-ci est un processus en quatre étapes :

1. Le niveau conscient de votre cerveau se rend compte qu'une situation est dangereuse.
2. Il envoie un message à votre tronc cérébral.
3. Celui-ci excite votre système orthosympathique [1].
4. Le système orthosympathique accélère la respira-

---

1. *N.d.T. :* Le système nerveux végétatif contrôle le fonctionnement des organes de notre vie végétative, c'est-à-dire des viscères (cœur, estomac, foie, intestin, poumon, rein, etc.). Il comprend deux systèmes : le système orthosympathique et le système parasympathique. Le premier met l'organisme en état de dépense énergétique pour permettre une meilleure réponse aux exigences de l'environnement. Le second est le système de la diminution des dépenses énergétiques et de l'orientation vers l'accumulation de réserves. Ils ont des actions antagonistes : le premier provoque, par exemple, l'accélération du cœur et le second, son ralentissement.

tion et le rythme cardiaque. Le foie libère le sucre qu'il a stocké pour nourrir les muscles. La tension artérielle augmente. Le sang quitte les extrémités et le système digestif pour s'accumuler dans le cœur et dans les vaisseaux irriguant les muscles striés larges et le système nerveux central. Les glandes surrénales sécrètent de l'adrénaline et de la noradrénaline, hormones qui préparent l'organisme à réagir rapidement. L'hypophyse libère des endorphines. Ce sont des substances produites par le cerveau qui bloquent les signaux de la douleur et qui abaissent légèrement les défenses immunitaires.

Autrement dit, lorsque vous percevez un danger, une réaction automatique, compliquée et très rapide se produit pour que vous soyez prêt à fuir ou à combattre. Dès que vous voyez l'ours, le voleur à main armée ou le feu, votre corps s'active pour vous sauver.

Étudier les quatre étapes de la réponse par la fuite ou par le combat peut fournir des informations précieuses pour lutter contre le stress : votre réaction dépend en fait totalement de votre évaluation consciente du danger. Dès que vous décidez qu'une situation n'est pas périlleuse, votre cerveau cesse d'envoyer des messages de panique à votre tronc cérébral qui arrête à son tour d'en expédier à votre système nerveux. L'adrénaline et les autres substances hormonales et chimiques mettant votre organisme en état d'alerte sont rapidement transformées par métabolisme. Trois minutes après que vous avez cessé d'envoyer vos messages de panique, la réponse par la fuite ou par le combat s'interrompt et vous retournez à la normale.

Événements stressants

Dans les années 50, Hans Selye a utilisé pour la première fois le mot « stress » pour décrire ce qui se produit lorsque vous êtes confronté à des situations qui ne sont pas précisément dangereuses mais qui évoquent quand même une réponse par la fuite ou par le combat : faire un discours, rencontrer de nouvelles personnes, être critiqué, conduire dans une circulation dense, etc. Dans de telles situations, ni la fuite, ni le combat ne sont des réponses adaptées.

Plus tard, Thomas Holmes, médecin à Seattle, a montré que les événements positifs, comme les négatifs, peuvent être source de stress. Tomber amoureux peut susciter un changement et donc un stress tout aussi important que celui provoqué par la perte de l'amour de quelqu'un et la rupture.

Holmes a imaginé « l'inventaire des expériences récentes ». C'est une liste d'événements stressants, positifs et négatifs, qu'il a employée pour prédire vos risques de contracter une maladie liée au stress. Dans cet inventaire, les événements importants tels que se marier, perdre son travail, divorcer, un deuil donnent un nombre de points élevé. Des épisodes moins perturbants, comme un changement dans votre quantité d'exercice quotidien, un départ en vacances vous vaudront un score plus bas. Vous cochez sur la liste tous les incidents qui vous sont arrivés dans les deux dernières années et vous additionnez ensuite vos points. Plus votre total est élevé, plus vous êtes soumis au stress et plus vous risquez de tomber malade.

Au cours des dernières années, des chercheurs tels que Richard Lazarus à Berkeley ont étudié des difficultés plus banales. Ils ont montré que les effets cumulés des petits stress de tous les jours sont plus pernicieux que les changements importants présentés dans l'inventaire de Holmes. Le terme généralement utilisé dans la langue courante pour désigner ces irritations mineures est le mot « contrariété ». Ce sont les rebuffades, les reproches, les mauvaises conditions météorologiques, les problèmes de voiture, les déceptions, un emploi du temps trop serré, les feux rouges, le lait renversé et les ongles cassés, contrariétés que nous rencontrons tous et auxquelles nous ne pouvons complètement échapper si sain, si riche et si sage que nous soyons.

Quelle que soit sa source, le stress rend malade de deux façons. Il met d'abord directement à l'épreuve les nerfs, les muscles et les organes. Par exemple, une tension musculaire constante due à un déclenchement trop fréquent de la réponse par la fuite ou par le combat provoque des douleurs dans les épaules et le dos. De même, une hypertension artérielle permanente fatigue le cœur. Le stress est ensuite cause de maladies et d'infections parce qu'il abaisse les défenses immunitaires.

TECHNIQUES DE RELAXATION

Il existe différentes manières de combattre le stress. Les premières à essayer sont celles dont l'objectif principal est la relaxation : la relaxation musculaire progressive, la conscience corporelle et la respiration profonde sont présentées dans le chapitre consacré à la relaxation. Le bio-feedback dans lequel vous êtes relié à des machines qui vous informent sur la progression de votre détente et le training autogène, programme simple et efficace d'imagerie et de suggestion comparable à l'auto hypnose, constituent d'autres techniques essentielles.

La visualisation, l'auto-hypnose et la méditation pourraient être décrites comme des techniques de relaxation secondaires. En effet, celle-ci n'est pas leur principal but. Elles demeurent cependant très utiles pour lutter contre le stress.

Puis, il y a les techniques que l'on pourrait qualifier de tertiaires. Elles ont différents objectifs en matière de développement personnel et peuvent aussi avoir la relaxation pour effet secondaire. La thérapie cognitive dans laquelle vos habituelles suppositions irrationnelles sont découvertes et réfutées peut vous aider si vous avez tendance à surestimer les dangers et les contrariétés quotidiens. Un stage destiné à vous donner de l'assurance vous serait utile si votre principale source de stress est la confrontation aux autres. La désensibilisation systématique ou l'inoculation de stress vous serait profitable si votre inquiétude est déclenchée par certaines sortes d'objets, d'événements ou d'expériences. Apprendre à gérer votre temps vous aidera si des horaires trop contraignants sont cause de tension chez vous. Améliorer votre alimentation ou prendre plus d'exercice vous permettra d'être en meilleure forme, prêt pour affronter le stress.

Pour de plus amples informations concernant les méthodes de relaxation, consultez l'ouvrage de Davis, Eshelman et McKay intitulé *The Relaxation & Stress Reduction Workbook*. La combinaison des techniques que vous choisirez dépendra de votre personnalité, de vos croyances et de ce qui est généralement source de stress dans votre vie. Quelles que soient celles auxquelles vous ferez appel, associez-les à la visualisation pour en tirer le maximum.

VISUALISATIONS POUR DIMINUER SON STRESS

Les visualisations et les affirmations qui suivent ont bénéficié de toutes les techniques de relaxation déjà expérimentées. Certaines vous séduiront plus que d'autres. Choisissez ce qui marche le mieux pour vous et partez de là.

Sélectionnez des images de stress et des images de relaxation

Les meilleures images de stress et de relaxation seront celles qui émergeront spontanément de votre inconscient. Prenez maintenant un moment pour faire une courte visualisation réceptive et voyez ce qui vous vient à l'esprit.

Ne vous allongez pas. Fermez simplement les yeux à la fin de la lecture de ce paragraphe, là où vous êtes et recherchez les zones de tension dans votre corps. Quelles sont les parties nécessairement contractées pour vous maintenir dans votre position ? Est-ce que ce sont vos muscles du dos qui font le travail ? Les muscles de vos mains et de vos doigts sont probablement un peu fléchis pour tenir votre livre. Fermez maintenant les yeux et vérifiez-le.

Gardez ensuite les yeux clos pendant un moment et recherchez les tensions chroniques et inutiles. Votre cou est-il raide ? Avez-vous inconsciemment serré les dents et accumulé de la tension dans les muscles de votre mâchoire ? Quels autres muscles sont ainsi raidis sans raison ?

Après avoir identifié certaines tensions musculaires, faites le vide dans votre tête. Focalisez-vous sur la tension. Voyez quelles images elle suscite en vous. Que représente la tension musculaire pour vous ? Est-ce une image visuelle ? Est-ce une couleur ? Est-ce froid ou chaud ? Doux ou rugueux ? Y a-t-il un son ? Une odeur ? Un goût ? Une texture sur votre palais ou sur votre peau ?

L'idéal serait que vous obteniez au moins une impression représentant la tension, dans chaque sens : la vue, l'audition, le goût, l'odorat et toutes les variétés de toucher. Un médecin associait, par exemple, la tension musculaire à des draps blancs entortillés et noués, à la couleur bleu turquoise, à des chaussures de travail en acier, à des gongs chinois, à un sifflet aigu, à un goût métallique comme celui du papier d'argent passé sur des plombages, à l'odeur de l'éther, au toucher d'une brosse à cheveux en fer et à la sensation provoquée par un vent froid sur une peau mouillée. Vous ne recueillerez peut-être pas autant d'impressions. Ce n'est pas grave. L'important est que vous ayez quelques images ou quelques sensations que vous associez fortement à la tension musculaire dans votre corps.

Si vous éprouvez des difficultés à identifier des images spontanées, choisissez-en deux dans la liste ci-dessous pour vous entraîner ensuite :

Des cordes nouées très serrées.
De la cire froide et dure.
Le bruit des marteaux piqueurs.
Des gonds qui grincent.
Le goût du citron.
L'odeur du métal chaud.
Le toucher du papier de verre.
La sensation produite par un vent froid.
Des muscles rouges.

Fermez ensuite les yeux et imaginez que vous êtes complètement détendu. Quelles images vous viennent à l'esprit ? Elles peuvent soit être le prolongement logique ou une transformation de vos images de tension, soit être nouvelles et sans relation avec celles-ci.

Le médecin voyait, par exemple, les draps se dénouer et devenir doux et lisses. La couleur bleu turquoise pâlissait et laissait la place à un jaune pêche. Les chaussures de travail se transformaient en pantoufles fourrées. Le gong chinois se muait en une douce sonate pour piano. Le sifflet aigu se taisait. Le goût métallique et l'odeur d'éther étaient remplacés par le goût et l'odeur du thé au jasmin. Les sensations produites par la brosse en fer et par le vent froid disparaissaient au profit de l'impression provoquée par le soleil et le sable chaud sur la peau. Il associait également la relaxation à la vision de lions en train de dormir, au son d'un harmonium au loin et à un massage.

Si vous n'obtenez aucune sensation spontanée pour représenter la relaxation, utilisez les transformations logiques des images de tension choisies précédemment :

Les cordes nouées se dénouent.
La cire ramollit et fond.
Les marteaux piqueurs se transforment en piverts dans le lointain.
Les gonds sont huilés et deviennent silencieux.
Le goût du citron se métamorphose en votre dessert favori.
L'odeur du métal chaud est remplacée par celle du pain grillé.
Le papier de verre se change en soie.
Le vent froid devient un soleil chaud.
Les muscles rouges tournent au bleu.

Les images que vous choisirez pour vos premières visualisations ne sont pas capitales. Lorsque vous visualiserez, vous serez attiré par celles qui vous correspondent. Plus vous vous entraînerez, plus vous en obtiendrez de nouvelles.

Les affirmations

Tout comme les meilleures images sont celles que vous créez vous-même, les meilleures affirmations seront celles que vous composerez à votre intention. Rappelez-vous qu'une affirmation est un énoncé court, positif, énergique, riche en affects qui déclare que quelque chose existe déjà. Il vous faudra trois ou quatre affirmations, l'une pour affirmer que vous savez faire face au stress, les autres pour vous persuader que vous pouvez vous détendre à volonté, évacuer les contrariétés, apprécier convenablement les dangers, etc. Tenez compte des endroits, des personnes, des moments, des situations et des circonstances qui, pour vous, sont sources de stress et composez vos affirmations en conséquence. Formulez-en deux à utiliser lors de vos visualisations profondes et rédigez-en d'autres que vous emploierez à chaque fois que vous vous sentirez tendu.

Voici pour commencer des affirmations qui ont marché pour les autres. Leur variété indique qu'il existe de nombreuses bonnes approches pour diminuer le stress :

Détends-toi.
Respire lentement et profondément.
Je suis calme et détendu, prêt à tout.
Laisse la tension flotter au loin.
Je peux me détendre à volonté.
Je peux faire face à cela.
Je suis en sécurité.
Je suis paisible, calme et serein.
Les autres sont aussi tendus que moi.
Je souris et je respire bien.
C'est la pression du moment.
J'ai tout mon temps.
Qu'est-ce que cela me fera dans dix ans ?
Je m'en tirerai.
Je m'applique à être ici et maintenant.
Je peux me retirer pendant un moment dans mon sanctuaire.
Des ondes alpha emplissent mon esprit.
Je peux simplement penser à l'océan et devenir calme.
Détends ta mâchoire et laisse tomber tes épaules.
Aaaahhhh (un étirement et un bâillement lents et voluptueux).
Ceci est parfaitement normal.
Mon corps se prépare à la fuite ou au combat.
Ce malaise aura disparu dans trois minutes.
Attends que cela passe.
Calme dans la tête, calme dans le cœur et calme dans le corps.
Laisse la colère se dissiper et s'envoler.

Préparer votre propre cassette de relaxation peut grandement vous aider. Enregistrez cette scène de base pour commencer, puis réenregistrez-la à mesure que vous découvrirez les images qui marchent le mieux pour vous.

Scène de base

Allongez-vous et détendez-vous. Passez un peu plus de temps sur votre respiration et sur votre relaxation musculaire progressive.

Rendez-vous dans votre sanctuaire intérieur. Allongez-vous là aussi et fermez vos yeux imaginaires. Ceci approfondira et intensifiera votre relaxation.

Rappelez-vous vos images de tension et de relaxation et concentrez-vous sur les détails. Si vous voyez un câble raide en acier en train de prendre du mou, remarquez bien chaque toron métallique qui le compose. Sentez le câble vibrer et entendez-le frémir de tension. Imaginez que vos muscles sont tout aussi contractés, à la limite du claquage. Puis, relâchez la tension. Voyez les vibrations diminuer et s'arrêter. Observez les torons qui se détendent et le câble qui s'affaisse en décrivant une courbe gracieuse à mesure que la tension l'abandonne.

Quelles que soient vos images de tension et de relaxation, repassez-les dans votre tête l'une après l'autre. Associez-les constamment à des parties de votre corps. Si vous utilisez des lumières colorées, voyez par exemple une intense lumière rouge envahir chaque parcelle de votre corps. Voyez chaque fibre musculaire s'enflammer. Transformez ensuite cette couleur en bleu, en blanc ou en toute autre teinte représentant la détente pour vous. Remarquez comment chaque fibre musculaire se décontracte quand elle baigne dans une lumière pure et relaxante. Recommencez en illuminant seulement les endroits particulièrement tendus tels que les épaules, le cou et la mâchoire.

Dites-vous une de vos affirmations, à chaque fois que vous répétez une image ou que vous en changez.

Lorsque vous serez très détendu, visualisez-vous dans une situation stressante. Vous êtes calme et souriant. Vous respirez profondément et vous vous dites vos affirmations. Levez-vous dans votre sanctuaire, toujours très détendu et allumez votre téléviseur, déroulez votre écran de cinéma, sortez votre boule de cristal ou tout autre dispositif en votre possession. Voyez-vous dans la situation stressante comme s'il s'agissait d'un film. Remarquez combien vous êtes adroit. Observez-vous éprouvant des difficultés au début. Vous avez chaud et vous êtes inquiet. Puis, vous marquez un temps d'arrêt et vous utilisez une technique de relaxation rapide comme la respiration profonde ou une affirmation. Vous revenez à la situation stressante, régénéré et capable d'y faire face.

Sortez ensuite de votre sanctuaire et entrez dans la situation stressante que vous venez de visionner. Prenez un moment pour créer et intensifier les détails de la scène. Incluez toutes les personnes et les choses qui s'y trouveraient normalement. Réalisez-la et ressentez tout comme si cela vous arrivait réellement. Autorisez-vous à être tendu et anxieux. Reprenez ensuite le contrôle de vous-même et utilisez des affirmations et des techniques de relaxation rapides.

Quittez la situation stressante et poursuivez votre chemin jusqu'à votre sanctuaire extérieur. Allongez-vous et réitérez vos images de tension et de relaxation. Cette fois-ci, votre relaxation sera encore plus profonde. Continuez la scène comme précédemment : visionnez-vous dans la situation stressante, puis quittez votre sanctuaire pour vivre cette scène comme si elle vous arrivait vraiment.

Vous pouvez prolonger cette scène de base autant que vous le souhaitez : passez d'un sanctuaire à l'autre, en visionnant des situations puis en les éprouvant comme si elles se produisaient dans la réalité.

Invitez votre guide intérieur dans vos sanctuaires, si vous le désirez, pour qu'il vous récite vos affirmations ou pour que vous les disiez ensemble. Donnez-lui l'occasion de commenter votre réaction au stress et vos résistances à la relaxation. Vous apprendrez peut-être quelque chose qui changera votre façon d'aborder le stress, vous poussera à modifier vos techniques de relaxation ou vous donnera de bonnes idées pour modifier vos affirmations.

Applications spéciales

Comment prendre de l'assurance. Si rencontrer des gens ou demander ce que vous voulez vous angoisse, il vous faudra composer de nombreuses affirmations pour renforcer et vous rappeler vos capacités à gérer les situations sociales. Soyez particulièrement attentif à toutes les prédictions catastrophiques que vous vous faites habituellement. Formulez vos affirmations de manière à les réfuter.

Lorsque vous visualiserez des scènes stressantes, la première devra être choisie pour ne provoquer qu'une légère tension en vous : demander, par exemple, à un vendeur de chaussures de vous montrer une autre paire. Continuez à travailler à cette scène jusqu'à ce que vous vous sentiez complètement détendu tout du long. Passez ensuite à une autre un peu plus stressante et entraînez-vous à nouveau jusqu'à ce que vous vous sentiez détendu du début jusqu'à la fin.

Asseyez-vous pour noter toutes les situations stressantes qui vous viennent à l'esprit, puis rangez-les par ordre croissant. Héler un taxi pourrait être en bas de la liste, parler de votre passé médical avec un médecin pourrait se trouver quelque part au milieu et appeler une personne inconnue pour obtenir un rendez-vous pourrait être placé au sommet de votre liste.

Mini-séances au cours de la journée. Lorsque vous ferez votre scène de relaxation de base, remarquez quelles sont les images et les affirmations qui vous semblent les plus puissantes. Utilisez-les au cours de la journée à chaque fois que vous serez tendu. Fermez simplement les yeux pendant une seconde, voyez la cire fondre ou sentez les rayons du soleil à la plage et dites-vous : « Détends-toi. Je suis calme et en paix » ou employez une autre affirmation vous convenant mieux.

QUE POUVEZ-VOUS EN ATTENDRE ?

Le stress n'est pas un problème que vous résoudrez une fois pour toutes. Lorsque vous essaierez sérieusement les techniques de diminution du stress et la visualisation, vous obtiendrez probablement tout de suite de bons résultats. Vous aurez peut-être l'impression que votre vie est totalement transformée. Mais le stress reviendra. Alors, tout le temps que vous passerez à maîtriser ces techniques de visualisation ne sera pas gaspillé. Vous aurez besoin de ces compétences toute votre vie.

La seule manière de venir à bout du stress définitivement est de modifier vos croyances et votre style de vie : cessez d'être obsédé par l'injustice, par les échecs, les catastrophes, la crainte de ne pas être parfait, etc. Changez de job et de relations pour ne plus subir des emplois du temps éreintants et pour n'être plus obligé de satisfaire les demandes de personnes trop exigeantes. Laissez tomber le tabac, l'alcool, les drogues, le sucre, etc., pour être dans la meilleure forme possible.

Malheureusement, peu de gens ont le pouvoir et la possibilité d'opérer de tels remaniements. Ne pouvant se débarrasser du stress, ils doivent vivre avec lui. C'est la raison pour laquelle les techniques destinées à faire face au stress, telles que la visualisation, sont si importantes.

A mesure que les circonstances et que vos expériences de visualisation évolueront, il vous faudra probablement créer de nouvelles images de relaxation. Vous devrez aussi composer des affirmations qui correspondront à vos croyances et à votre style de vie nouveaux.

Contre-indications

Si vous avez une maladie grave liée au stress, telle que l'hypertension artérielle, des maux de tête, des douleurs dorsales chroniques, un ulcère, une inflammation des intestins, des spasmes musculaires ou si vous êtes très fatigué, consultez votre médecin. Rappelez-vous que la visualisation marche mieux si elle est *associée* à d'autres moyens plus traditionnels. Elle ne remplacera jamais les médicaments contre l'hypertension, un régime alimentaire équilibré, le biofeed-back ou des soins médicaux compétents.

La visualisation ne remplacera pas non plus le soutien d'un conseiller spécialisé ou d'un thérapeute. Si vos troubles psychologiques liés au stress sont sérieux, comme l'anxiété, la dépression, les phobies ou les obsessions, faites-vous aider.

10

Guérir l'insomnie

Et si vous dormiez ? Et si dans votre sommeil, vous rêviez ? Et si dans votre rêve, vous alliez au paradis et cueilliez une fleur étrange et belle ? Et si en vous réveillant, vous teniez la fleur dans la main ? Ah ! Ce serait autre chose !

Samuel Taylor Coleridge

Plus de la moitié des adultes souffrent d'insomnie occasionnelle. Pour trente pour cent d'entre eux, l'insomnie est un problème chronique auquel ils sont confrontés presque chaque soir.

L'insomnie revêt différentes formes. Vous pouvez avoir du mal à vous endormir rapidement mais bien dormir ensuite. Ou bien, vous tombez assez vite dans les bras de Morphée mais vous vous réveillez trop tôt et êtes incapable de vous rendormir. Ou bien encore, vous avez un sommeil perturbé tout au long de la nuit, émaillé de fréquents réveils. Vous somnolez sans vous reposer et vous êtes encore fatigué le matin.

DIRECTIVES SUR LE PLAN PRATIQUE

L'insomnie peut avoir différentes causes, physiques et mentales. Si vous suivez les directives énoncées plus bas, vous vous débarrasserez probablement de quatre-vingt-dix pour cent de vos difficultés. La visualisation s'occupera des dix pour cent restants.

Éliminez les problèmes médicaux

Si vous êtes esclave des tranquillisants ou de l'alcool, aucune visualisation au monde ne vous aidera à régulariser votre rythme de sommeil. Votre insomnie n'est qu'un symptôme secondaire d'un problème plus grave : la drogue ou l'alcool. Voyez votre médecin ou allez chez les Alcooliques anonymes.

De même, si vous êtes constamment déprimé, votre insomnie est le signe d'un problème plus profond. Songez sérieusement à consulter un spécialiste.

Si votre insomnie est causée par des mouvements compulsifs ou des douleurs dans les jambes, faites-vous faire un check-up pour éliminer tout trouble musculaire ou nerveux. Si vous vous éveillez parce que vous ronflez et que vous avez le souffle coupé, vous devriez également voir votre médecin. Vous souffrez peut-être d'*apnée du sommeil,* maladie où l'on cesse de respirer pendant un moment au cours du sommeil. Tout symptôme physique vous empêchant de dormir ou vous réveillant doit être rapporté à votre médecin

Pas d'excitants

Ne buvez ni café, ni thé, ni boissons non alcoolisées contenant de la caféine. Diminuez considérablement votre prise de sucre sous toutes ses formes. Évitez pilules de régime et stimulants divers. Tous peuvent désorganiser votre sommeil.

Ne faites pas la sieste et ne vous couchez pas trop tôt

C'est un cercle vicieux : vous passez une nuit épouvantable au cours de laquelle vous ne dormez que quelques heures. Le lendemain, vous traînez et quand arrive l'après-midi, *il vous faut une sieste*.

Ne la faites pas. Elle ne ferait que perturber le rythme de sommeil naturel que vous essayez d'établir. Vous dormirez et vous subirez probablement une nouvelle nuit d'insomnie. Forcez-vous à rester éveillé jusqu'à l'heure où vous vous couchez habituellement.

Ne vous couchez jamais avant. Vous risqueriez sinon de vous réveiller en pleine nuit et de ne pas pouvoir vous rendormir.

Pas d'activité stimulante avant le coucher

Cela vaut pour l'activité mentale aussi bien que pour l'activité physique. Faire un jogging, une séance d'entraînement ou secouer les tapis avant de vous coucher plongera votre corps dans un état d'éveil qui vous empêchera de vous endormir ensuite.

Une intense activité intellectuelle produira les mêmes effets. Projeter un week-end excitant, calculer vos impôts ou écrire un poème mettra votre esprit en ébullition et votre corps en éveil.

Une heure ou deux avant de vous coucher, essayez de maintenir votre corps et votre esprit au calme. Une activité sédentaire et ennuyeuse est ce qu'il y a de mieux : plier du linge, regarder la télévision, lire un livre médiocre, etc.

Utilisez votre lit uniquement pour dormir

Ne pas manger au lit, ne pas lire au lit, ne pas téléphoner au lit, ne pas regarder la télévision au lit, ne pas écrire de lettres au lit, ne pas payer ses factures au lit, ne pas corriger de copies au lit, ne pas coudre au lit, etc. Vous m'avez compris.

Si vous réservez votre lit au sommeil, vous n'associerez plus celui-ci à des activités liées à l'éveil. Le simple fait de vous coucher enverra un message à votre corps et à votre esprit, disant : « Il est temps de dormir. »

La seule exception est l'amour. Vous pouvez tout à fait avoir des rapports sexuels au lit sans perturber un rythme de sommeil normal.

Améliorez le confort de votre chambre à coucher

La température doit y être agréable, ni trop chaude ni trop froide, avec une bonne circulation d'air. La chambre doit être calme et noire. Votre matelas, votre pyjama ou votre chemise de nuit, vos draps et vos couvertures doivent être confortables. Cela paraît évident, mais il est important que vous modifiiez dans votre chambre tout ce qui pourrait vous empêcher de dormir.

Relevez-vous si vous ne vous êtes pas endormi au bout d'un quart d'heure

Si vous vous couchez et que vous restez allongé un quart d'heure sans vous endormir, relevez-vous. Lisez ou faites quelque chose de calme et de constructif jusqu'à ce que vous soyez somnolent. Recouchez-vous alors. Si dans le quart d'heure qui suit, vous ne dormez toujours pas, relevez-vous à nouveau. Recommencez cela jusqu'à ce que vous réussissiez à vous endormir en un quart d'heure.

De nombreuses études ont montré que c'est la méthode la *plus efficace* pour s'endormir rapidement. C'est le prolongement logique de la règle selon laquelle vous ne devez utiliser votre lit que pour dormir : vous ne devez pas vous en servir même pour essayer de vous endormir sans succès.

Arrêtez de penser et comptez vos respirations

Si vous vous surprenez en train de ruminer les mêmes soucis pendant des heures au lieu de tomber dans les bras de Morphée, criez mentalement « Stop! », pincez-vous et concentrez-vous sur votre respiration. Respirez lentement et doucement en comptant chaque inspiration et chaque expiration : « Inspiration un, expiration deux, inspiration trois, expiration quatre », etc.

A chaque fois que votre souci vous dérangera dans votre calcul, répétez le « Stop! » et le pincement puis recommencez à compter vos inspirations et vos expirations.

VOS AFFIRMATIONS POUR DORMIR

Vos devoirs dans ce chapitre consisteront à reconnaître les pensées qui vous tiennent éveillé habituellement et à composer des affirmations pour les contrer et pour les remplacer.

A quoi pensez-vous lorsque vous êtes étendu dans votre lit sans dormir ? Vous suivez probablement l'un de ces trois schémas :

1. « Il se fait tard. » Vous vous tourmentez en pensant qu'il est tard, que vous serez épuisé le lendemain matin, qu'il est terrible que vous ne dormiez pas encore et vous calculez le nombre d'heures de sommeil que vous aurez si vous vous endormez sur-le-champ, etc. Le seul moyen de vous en sortir est de penser que vous ferez quelque chose d'agréable et de productif si vous n'arrivez pas à vous endormir. Voici des exemples d'affirmations qui vont dans ce sens :

Je m'endormirai lorsque je serai prêt.
Je ferai quelque chose de productif jusqu'à ce que je sois prêt à m'endormir.
Je m'amuserai jusqu'à ce que je sois suffisamment fatigué pour aller me recoucher

2. « C'est la journée des pépins! » Pour un esprit négatif, l'insomnie est un nouveau coup de pied dans une vie de chien. Vos troubles du sommeil vous font voir votre existence sous un mauvais jour. Vos affirmations doivent

combattre cela en insistant sur les bonnes choses qui vous sont arrivées aujourd'hui et sur celles qui se produiront demain :

Plusieurs bonnes choses me sont arrivées aujourd'hui... (les égrener).
Demain, je vais... (faire une liste).

3. « Il faut que je trouve la solution. » Vous inquiéter ou réfléchir à la manière dont vous accomplirez une tâche est un des meilleurs moyens pour ne pas vous endormir. Que vous soyez absorbé par des soucis ou excité à l'idée d'un projet, votre corps et votre esprit seront éveillés de la même façon. Composez des affirmations pour vous rappeler de mettre ces pensées de côté jusqu'au moment où vous pourrez vous en occuper :

Je dépose mes soucis et mes projets au pied de mon lit.
Demain, je me pencherai sur mes problèmes.
Je règle mes problèmes au moment opportun.

Il vous faudrait une affirmation plus générale correspondant à votre problème d'insomnie, en plus de celles-ci. Si vous avez tendance à prendre beaucoup de temps pour vous endormir, formulez une affirmation du style : « Dans un lit, je m'endors rapidement. » Si votre sommeil est trop léger, dites : « Je dors paisiblement tout au long de la nuit. » Si vous vous réveillez trop tôt, essayez quelque chose du genre : « Je me réveille quand mon corps est frais et dispos. »

Votre visualisation

La relaxation vous fera parcourir plus de la moitié du chemin dans votre lutte contre l'insomnie. Relisez les chapitres traitant de la relaxation et du stress pour améliorer votre relaxation musculaire progressive et votre respiration profonde. Entraînez-vous pendant la journée pour être prêt à les utiliser le soir.

Répétez vos affirmations générales en vous préparant à vous coucher : « Dans un lit, je m'endors rapidement. Je dors paisiblement tout au long de la nuit. Je me réveille quand mon corps est frais et dispos. »

Allongez-vous et fermez les yeux. Laissez votre attention se balader dans votre corps et voyez comment vous vous sentez. Si vous êtes énervé et crispé, faites une relaxation musculaire progressive pour vous calmer. Commencez par les pieds. Contractez-les doucement. Maintenez la tension l'espace d'un souffle, puis relâchez en expirant. Faites la même chose avec vos mollets. Puis, remontez : les cuisses, les fesses, le ventre, le bas du dos, la poitrine, le haut du dos, les bras et les mains, les épaules, le cou, la mâchoire et les muscles faciaux. Parfois, lorsque vous n'avez pas pris beaucoup d'exercice, votre esprit est fatigué mais votre corps, lui, est agité. Contracter vos muscles puis les détendre peut vous débarrasser de cette sensation de tension qui vous fait vous tourner et vous retourner dans votre lit. Dites-vous : « Je peux me détendre à volonté. »

Si vous ne vous sentez pas particulièrement tendu, balayez mentalement votre corps et relâchez la tension sans contracter vos muscles. Concentrez-vous sur votre respiration. Elle doit être lente, douce et régulière. Faites comme si vous étiez déjà endormi et respirez comme quelqu'un qui dort. Vous êtes allongé, immobile détendu et vous respirez lentement et profondément.

Essayez de compter vos respirations. Efforcez-vous de respirer vingt fois comme une personne endormie. Si vous perdez le fil ou si votre pensée vagabonde, recommencez à zéro. Cela sera souvent suffisant pour vous précipiter dans les bras de Morphée. Cette activité vous détache de vos préoccupations pour vous focaliser sur une tâche ennuyeuse. Elle associe la respiration relaxante à une technique semblable au comptage des moutons.

Si des soucis ou des projets font intrusion dans votre tête, utilisez vos affirmations pour les repousser. Imaginez que vous êtes assis au bord d'une rivière. L'eau est profonde et rapide. Regardez-la couler. Si une pensée fait surface dans votre esprit, observez-la un moment puis laissez la rivière l'emporter au loin. Si elle réapparaît, laissez à nouveau les flots la charrier loin de vous. Faites cela avec toutes les pensées qui pourraient surgir. Ne vous inquiétez pas si l'une d'elles vous piège un instant. Reprenez l'image de la rivière et laissez-la emporter toutes ces pensées qui vous tiennent éveillé.

Vous pouvez aussi essayer de régresser en âge. Revenez en arrière le plus loin possible. Imaginez que vous êtes dans votre chambre d'enfant. Voyez vos jouets, vos vêtements et les meubles dans la pénombre. Votre mère et votre père viennent vous embrasser et vous dire : « Bonne nuit. Dors bien. » Imaginez cela même si vos parents ne le faisaient pas. Inventez un parent idéal, aimant, qui vous borde dans votre lit et vous souhaite de beaux rêves. Blottissez-vous dans votre petit lit. Vous vous sentez en sécurité, bien au chaud, sans soucis. Fredonnez une berceuse dans votre tête. Voyez votre veilleuse et embrassez votre ours. Rappelez-vous ce que c'était de « dormir comme un bébé ».

Allez dans votre sanctuaire intérieur et imaginez que vous vous préparez à faire la sieste, là, dans ce lieu où vous êtes en sécurité et où aucun problème extérieur ne peut vous atteindre. Allongez-vous et installez-vous confortablement. Mettez de la musique si vous le voulez. Baissez la lumière et veillez à ce que tout soit comme vous le souhaitez dans votre sanctuaire.

Si des pensées obsédantes vous empêchent de vous détendre, essayez d'occuper votre esprit avec une visualisation élaborée et agréable : vous dirigez un orchestre interprétant l'un de vos morceaux de musique préférés, vous regardez votre équipe favorite en train de pratiquer son sport, vous composez la chorégraphie d'une troupe de ballet, vous préparez un dîner raffiné ou vous réparez une voiture. Choisissez n'importe quelle longue activité attrayante qui vous distraira de vos pensées et vous détendra pour que vous puissiez vous endormir.

Si quinze minutes de visualisation ne font pas l'affaire, levez-vous et pliez du linge, lisez un magazine ou époussetez votre collection de chouettes jusqu'à ce que vous ayez envie de dormir. Retournez ensuite au lit et poursuivez votre visualisation.

EXEMPLE

Alice était mère de trois enfants d'âge scolaire. Elle tombait dans son lit aux alentours de onze heures et s'endormait sur-le-champ. Elle se réveillait ensuite entre deux et trois heures du matin, encore fatiguée, mais l'esprit agité. Elle s'inquiétait en pensant que Suzy avait besoin d'un appareil dentaire et que David détestait un de ses professeurs. Elle se demandait si la famille pourrait rendre visite à ses parents l'été suivant. Elle se faisait du souci au sujet du problème de poids de son mari, etc. Elle sombrait dans un profond sommeil entre quatre et cinq heures et elle avait toutes les peines du monde à se lever à six heures et demie. Deux tasses de café lui étaient nécessaires pour démarrer la journée et il lui en fallait davantage pour tenir jusqu'au déjeuner. Elle disposait de temps libre ensuite et pouvait grappiller une heure de sommeil.

La première chose qu'a faite Alice pour lutter contre l'insomnie a été de pratiquer des exercices de relaxation avant le déjeuner. Elle employait la relaxation progressive et la respiration profonde jusqu'à ce que son corps soit complètement détendu. Ensuite, elle s'est limitée à une tasse de café au petit déjeuner et elle a cessé de prendre des sucreries à déjeuner. Ceci a fait disparaître les pics et les chutes d'énergie qu'elle vivait auparavant tout au long de la journée.

Le plus dur pour elle a été d'abandonner sa sieste. Pour ne pas s'endormir entre une heure et deux heures de l'après-midi, il lui fallait sortir dans le jardin ou faire le tour du pâté de maisons.

Avant de se coucher, Alice faisait la liste de ce qu'elle avait à faire le lendemain. Elle s'est aperçue que cela lui évitait de se réveiller en sursaut en pensant : « Il faut que je me souvienne de cela demain. » En se mettant au lit, elle se disait : « Je dors profondément tout au long de la nuit. »

Malgré toutes ces précautions, Alice se réveillait de temps en temps très tôt. Lorsqu'elle restait éveillée plus d'un quart d'heure, elle se disait : « Je peux faire quelque chose d'amusant ou de productif. » Elle se relevait jusqu'à

ce qu'elle soit somnolente. Après s'être recouchée, elle pra-
tiquait souvent la relaxation progressive et elle comptait ses
respirations pour calmer son corps. Elle imaginait que tous
ses soucis et ses projets étaient entraînés au loin dans les
airs à l'intérieur de bulles roses.

Alice se jouait parfois des tours. Elle se disait : « Je
compte mes respirations jusqu'à trente et si je ne suis pas
endormie d'ici là, je me lèverai pour astiquer l'argenterie de
grand-mère. » Elle détestait cela. Elle s'endormait généralement avant d'arriver à trente.

11

Vaincre la timidité

L'île lumineuse du soi tremble et attend.

Lawrence George Durrell

La timidité est un vaste domaine. Le timide se tient en retrait. Le timide vit sa vie en spectateur et non en participant. Le timide n'ose pas demander ce qu'il veut; il pense qu'il ne mérite pas ou qu'il ne supporte pas l'attention des autres; il souffre des critiques en silence sans faire valoir ses droits. La timidité, c'est le sentiment d'être privé d'amour et d'égards tout en éprouvant une gêne terrible lorsqu'on fait un pas en direction des autres. La timidité et le manque d'estime de soi vont ensemble.

Si vous avez toujours été timide, vous faites sûrement des suppositions erronées. Lisez la liste ci-dessous et voyez si l'une ou l'autre de ces phrases vous rappelle quelque chose. Si c'est le cas, il vous faudra de nouvelles affirmations pour combattre vos préjugés. Les affirmations proposées se trouvent dans la seconde colonne.

Suppositions erronées	*Affirmations*
Il est égoïste de faire passer mes besoins avant ceux des autres.	Je peux passer en premier de temps en temps.
Il est honteux de commettre des erreurs.	J'ai le droit de commettre des erreurs.
Si les autres ne sont pas d'accord avec mes sentiments, c'est que mes sentiments sont mauvais.	Je suis seul juge de mes sentiments.
Je devrais respecter l'opinion des autres, en particulier s'ils sont en position de supériorité.	Mon opinion personnelle est valable et importante.
Je dois toujours être logique et cohérent.	Je peux changer d'avis si je veux.
Je suis ennuyeux. Personne ne va s'intéresser à moi.	Je vaux la peine d'être connu.
Il est impoli de contester les actions des autres.	J'ai le droit de contester toute action ou toute critique qui me semble mauvaise.
Il est mal élevé d'interrompre les gens. Poser des questions montre combien je suis stupide.	Je peux interrompre les autres lorsque j'ai besoin d'un éclaircissement.
Les choses pourraient encore empirer. Ne fais pas de remous.	Je peux négocier un changement.
Je n'ai rien à dire qui vaille la peine d'être entendu.	Je peux contribuer à la conversation.
Je ne devrais pas faire perdre aux autres leur temps précieux avec mes problèmes.	Je peux demander aide et soutien psychologique lorsque j'en ai besoin.

Suppositions erronées	Affirmations
Tout le monde peut voir combien je suis faible et maladroit.	Les autres se préoccupent de leur image et non de la mienne.
Personne n'a envie de m'entendre dire combien je me sens déprimé. Je dois garder cela pour moi.	J'ai le droit de me sentir triste et de l'exprimer.
Je devrais prendre à cœur tous les conseils des autres.	On peut ignorer les conseils des autres.
Je ne trouverai rien à dire.	Je peux toujours parler de ma timidité.
Savoir que j'ai fait quelque chose de bien est en soi une récompense. Personne n'aime la frime.	Je célèbre mes succès. J'accepte les compliments avec plaisir.
Je devrais toujours rendre service aux autres.	J'ai le droit de dire non.
Je ne vaux rien.	J'existe, donc j'ai une valeur.
Je dois être ouvert et disponible pour les autres. Personne ne doit penser que je suis asocial.	Je peux choisir d'être seul, même si les autres désirent ma compagnie.
Je devrais toujours avoir une bonne raison pour justifier mes actions.	Je n'ai pas à me justifier devant les autres.
Ils vont me rejeter.	Pas de lecture de pensées! Pas de prédictions!
Lorsque quelqu'un a des ennuis, je devrais toujours essayer de lui venir en aide.	Je peux refuser d'être responsable des problèmes des autres.

Suppositions erronées	*Affirmations*
Ceux que j'aime ne m'aimeront pas.	Je suis disposé à tenter ma chance.
J'essaie d'être sensible aux besoins et aux souhaits des autres même lorsqu'ils ne peuvent les exprimer.	Je n'ai pas à anticiper les besoins et les souhaits des autres. Je refuse la lecture de pensées.
Ce n'est pas gentil de repousser les autres.	Je peux choisir de ne pas répondre à une situation.

VOS DEVOIRS

Regarder la liste des suppositions vous a sûrement rappelé différentes situations au cours desquelles vous vous êtes montré timide et où vous auriez souhaité agir avec plus de fermeté. Choisissez-en une à laquelle vous travaillerez en premier durant votre visualisation.

Visualisation réceptive

Allongez-vous, fermez les yeux et détendez-vous. Allez dans votre sanctuaire et installez votre écran. Mettez une cassette ou projetez un film de la scène que vous avez sélectionnée.

Observez le cadre, vous-même et les autres personnes avec un certain détachement, comme dans un film. Regardez et écoutez la scène qui se déroule. Remarquez ce que vous dites, votre posture et la manière dont les autres répondent.

Imaginez que vous êtes un présentateur qui commente la scène. Complétez ces phrases :

Cette personne se montre timide parce que _____
_____

Il est plus sage d'être timide parce que _____

_____

Les avantages d'être timide sont _____

_____

Si vous ne voyez aucun avantage à être timide, invitez votre guide intérieur et demandez-lui : « Qu'est-ce que je retire de ma timidité ? » Attendez patiemment une réponse.

Repassez la scène maintenant et changez-en la fin cette fois-ci pour obtenir ce que vous souhaitez recueillir de cette situation. En quoi parlez-vous et bougez-vous différemment ? A quoi ressemblez-vous lorsque vous ne vous comportez pas de manière timide ? Arrivé à ce point, vous ne savez peut-être pas exactement comment vous provoquez l'issue désirée. Ce n'est pas grave. Essayez simplement d'avoir une image claire de ce que vous voulez obtenir de la situation : un rendez-vous, l'attention complète de votre chef, que quelqu'un vous laisse seul, des félicitations pour vos idées, etc.

Achevez la visualisation lorsque vous serez prêt.

Identifiez et surmontez vos bénéfices secondaires

Un bénéfice secondaire est ce que vous retirez de bon d'une mauvaise situation. La timidité n'est pas complètement négative. Si vous n'étiez pas timide, vous devriez laisser tomber les bénéfices que votre timidité vous procure. Être timide signifie que vous n'avez pas à prendre de risque. Vous pouvez rester en sécurité. Vous avez moins de chance d'échouer si vous demeurez en retrait et si vous n'attirez pas l'attention sur vous. Être timide vous permet de considérer les autres avec un secret détachement hautain. Voilà des exemples de bénéfices secondaires.

Repensez à votre visualisation réceptive et à votre commentaire imaginaire. Prenez un moment pour noter les choses positives que vous obtenez en étant timide. Puis, composez une affirmation pour chacune d'elles, montrant comment vous comptez dépasser ces bénéfices secondaires à court terme en vous focalisant sur les gains à long terme si vous étiez plus sociable et plus ferme.

Voici quelques exemples :

L'amour est plus important pour moi que la sécurité.
Les autres me respectent parce que je dis ce que je pense.
Qui n'ose rien ne gagne rien.
Le respect de soi en vaut le risque.
Dire non égale deux minutes désagréables ; dire oui égale des heures de ressentiments.

Composez des messages à la première personne

Considérez la scène corrigée où vous obtenez ce que vous voulez. Si vos tactiques « antitimidité » vous ont semblé un peu obscures, il est temps de les clarifier. Composer un message à la première personne est un bon point de départ.

Un message à la première personne commence évidemment par « Je ». Il communique vos pensées, vos sentiments et vos désirs sans blâmer ni dénigrer les autres. Déclarer quelque chose en débutant par « Je » est moins menaçant pour eux que de les mettre en cause directement par l'emploi de « Tu » » ou de « Vous ».

Voici un message en « Tu » typique : « Tu accapares la discussion. Tu ne me prêtes pas attention, tu ne me laisses pas l'occasion de parler. » Toutes ces critiques ne vous donneront pas ce que vous voulez.

Les messages en « Je » sont plus faciles à dire et plus efficaces : « Je pense que cette discussion devient trop partisane. Je me sens frustré parce que je n'arrive pas à me faire comprendre. Je voudrais que tu écoutes attentivement ce que j'ai à dire sans m'interrompre avant que j'en aie terminé. »

Pour la scène vous posant des difficultés, composez un message en « Je » selon le modèle suivant :

Je pense _____

Je sens _____

Je voudrais _____

La partie commençant par « Je pense » devrait donner votre évaluation rationnelle de la situation. Il faut qu'elle soit froide et objective, sans critique ni blâme.

La partie débutant par « Je sens » rend compte de vos émotions au sujet de la situation. C'est là que vous pouvez vous montrer un peu plus subjectif. Soyez honnête tout en conservant votre tact. Dites ce que vous ressentez mais évitez de blâmer ou de juger votre interlocuteur.

La déclaration commençant par « Je voudrais » est une demande d'action faite à l'autre personne. Cette demande doit avoir pour objet une action particulière ou un changement de comportement et non une transformation d'attitude ou un accord pur et simple. En voici un exemple :

Je pense que nous avons beaucoup en commun.
Je me sens attiré par vous et j'aimerais apprendre à vous connaître.
Je voudrais vous inviter à dîner chez moi vendredi prochain.

Entraînez-vous à employer un langage corporel assuré

Placez-vous devant un miroir qui permet de se voir en pied. Écartez les pieds d'environ trente centimètres et mettez le même poids sur chaque jambe. Laissez vos bras pendre naturellement sur le côté ou mettez les mains sur les hanches. Faites face au miroir debout, bien campé. Redressez-vous et levez le menton pour vous regarder droit dans les yeux. Entraînez-vous à sourire et à rire. Tendez la main de temps en temps vers le miroir comme si vous vouliez vous toucher le bras. Entraînez-vous à dire votre message en « Je ».

Cet exercice vous paraîtra peut-être artificiel et effroyable au début mais continuez jusqu'à ce que vous vous sentiez plus à l'aise. Ce type de langage corporel assuré dit : « Je suis direct. Je suis ouvert. Je suis disponible pour vous. Je m'intéresse à vous. »

Pour comparer, avachissez-vous, croisez les bras sur la

poitrine, tournez-vous un peu en mettant votre poids sur votre jambe arrière. Baissez la tête et jetez des coups d'œil furtifs sur le côté puis en direction du miroir. Voyez combien ce langage corporel vous donne l'air timide, nerveux, réservé et sur la défensive.

Prenez une chaise maintenant et posez-la bien en face du miroir. Asseyez-vous en vous tenant droit, légèrement penché en avant. Mettez les mains sur les genoux. Gardez les deux pieds par terre, les jambes un peu écartées. Entraînez-vous à nouveau à sourire, à rire, à dire vos messages en « Je » et à tendre la main comme pour toucher le genou de votre image réfléchie sur la glace.

Cette posture et ce comportement vous sembleront aussi étranges. Continuez jusqu'à ce que vous vous détendiez un peu. C'est une façon de s'asseoir assurée. Elle dit : « Je suis intéressé par ce que vous avez à dire. Si on parlait. J'ai quelque chose d'important et d'intéressant à vous raconter. Soyons amis. »

Pour comparer, tirez votre chaise en arrière et tournez-la un peu sur le côté. Renversez-vous le plus possible, croisez les bras et les jambes. Rompez le contact oculaire avec votre image et détournez le regard. Ce langage corporel timide dit : « Je suis tendu. Je suis timide. J'ai peu de chose à vous dire. Gardez vos distances. »

Rappelez-vous à quoi ressemble ce langage corporel pour pouvoir l'utiliser dans les visualisations qui suivent.

VISUALISATIONS POUR PRENDRE DE L'ASSURANCE

Dans les visualisations ci-dessous, vous revivrez la même scène en employant le « Je » et en utilisant un langage corporel assuré. Puis vous vous visualiserez faisant face à des personnes difficiles, appelant votre guide intérieur dans les situations stressantes et répondant à la critique avec aplomb.

Allongez-vous, fermez les yeux et détendez-vous. Retournez dans votre sanctuaire et installez votre écran de cinéma.

Visualisez la scène à nouveau. Regardez-la avec intérêt et détachement. Cette fois-ci, vous agissez avec assurance et fermeté. Votre posture est droite et gracieuse. Vous employez un langage corporel sans ambiguïté, vous penchant en avant et regardant l'autre personne directement sans croiser ni les bras ni les jambes. Votre voix est forte et claire, sans hésitations ni tremblements. Vous vous entendez prononcer votre message en « Je » distinctement et sans détours. Dites-vous : « Je peux demander ce que je veux. »

Si vous éprouvez toujours des difficultés à endosser un rôle de personnage sûr de lui, empruntez la personnalité d'un ami qui a de l'assurance. Voyez-vous vous comportant comme il le ferait. Vous pouvez aussi imiter l'aisance de vos acteurs ou de vos héros préférés.

Continuez à visionner la scène à mesure que vous obtenez ce que vous désirez. Vous voudrez peut-être y inclure des balbutiements et des imperfections au début. Voyez-vous ensuite prenant confiance en vous et vous engageant sur la route du succès. Focalisez-vous bien sur les bénéfices positifs retirés de votre victoire sur la timidité. Répétez vos affirmations sur le risque qui en vaut la chandelle.

Repassez la scène autant de fois qu'il vous sera nécessaire pour que les actions et les mots soient clairs dans votre esprit. Il faut que vous soyez plus à l'aise avec l'idée d'agir avec assurance.

Lorsque vous serez prêt, abandonnez votre détachement et impliquez-vous. Imaginez la scène comme si elle vous arrivait réellement. Voyez, entendez et ressentez tout comme si cela se passait sur le moment. Incluez au début un sentiment d'angoisse et des erreurs. Puis, prenez confiance en vous et réussissez à dire ce que vous pensez, ce que vous ressentez et ce que vous voulez. Employez des affirmations adaptées : « Je peux négocier un changement », « Je peux dire non », « Je n'ai pas à me justifier », etc.

Utilisez cette visualisation pour vous préparer à n'importe quelle confrontation difficile. Visionnez la scène jusqu'à ce que vous sachiez précisément ce que vous direz et comment vous le direz. Avec de l'entraînement et de la persévérance, vous serez de moins en moins sujet à l'anxiété en société.

L'utilisation de messages en « Je » deviendra une habitude et votre assurance accrue vous permettra de formuler ce que vous pensez, ce que vous ressentez et ce que vous voulez, sur-le-champ, sans avoir à faire de nombreuses visualisations préparatoires.

Les personnes difficiles

Ceci est une visualisation conçue pour briser l'image que vous vous êtes faite de certaines personnes difficiles. Vous en créerez une nouvelle, moins inquiétante, plus humaine qui vous aidera à faire face à ces personnes.

Visualisez-vous passant un bon moment avec des personnes difficiles : vous riez à leurs plaisanteries ; vous patinez, dansez, déjeunez ensemble. Peu importe s'il y a peu de chances que cette activité se produise un jour. Faites-le quand même. Voyez-vous aussi en train de travailler avec elles : vous coopérez, vous faites du bon travail, vous vous complimentez mutuellement et vous appréciez votre collaboration.

Imaginez que vous leur parlez. Écoutez vraiment ce qu'elles ont à dire. Regardez-les dans les yeux. Comprenez réellement leur point de vue. Apprenez la nature de leur souffrance, de leurs craintes et de leurs espoirs. Abandonnez un instant tout jugement et toute défiance. Répondez-leur en leur disant ce qui vous viendra à l'esprit du plus profond de vous-même. Oubliez vos contrariétés, vos défenses et vos mises à distance habituelles.

Surtout, faites cette partie de la visualisation avant de rencontrer une personne difficile dans la vie et voyez comment cela modifie l'interaction réelle.

Enfin essayez l'humour. Imaginez que Robin Williams ou Bette Midler ou un autre comédien joue le rôle de la personne difficile. Imaginez que vous lui écrasez une tarte à la crème sur le visage. Tentez de voir quelque chose de léger et d'amusant dans cette situation. Mettez les personnes menaçantes en slip, faites-leur avoir une crise d'éternuement ou habillez-les en clown.

Votre guide intérieur

Vous êtes dans une situation délicate et vous faites une crise de timidité. Vous avez passé en revue toutes vos affirmations soigneusement préparées et elles font l'effet d'une souris couinant sous la patte d'un lion. Il est temps d'appeler votre guide intérieur.

Imaginez qu'il se tient à vos côtés, invisible comme un ange gardien. Expliquez-lui silencieusement ce qui vous arrive. Employez un message en « Je » à l'adresse de votre guide pour clarifier ce que vous pensez, ce que vous ressentez et ce que vous voulez dans cette situation.

Imaginez que votre guide puisse communiquer avec vous secrètement et vous donner des conseils pendant que vous faites face à la situation. Vous entretenir ainsi avec lui est un bon moyen pour vous calmer, pour prendre de la distance, atteindre une certaine objectivité et pour vous rappeler vos visualisations destinées à développer votre confiance en vous.

EXEMPLE

Gus, technicien de laboratoire, voulait une augmentation. Il travaillait dans un petit laboratoire médical où les augmentations n'étaient pas systématiques. Il fallait les demander et il se sentait trop timide pour le faire.

Gus a reconnu qu'il faisait deux suppositions erronées : qu'il ne devait jamais faire passer ses besoins avant ceux des autres et que ses erreurs occasionnelles étaient impardonnables. Ces deux croyances irrationnelles le bloquaient à un bas salaire. Il a commencé par adopter deux affirmations : « Je peux passer en premier de temps en temps » et « Tout le monde commet des erreurs. »

La visualisation réceptive a montré à Gus qu'il retirait de sa timidité au travail une certaine tranquillité : on ne le remarquait pas beaucoup. Il craignait que son chef commence à l'observer davantage s'il demandait une augmentation. Cela l'angoisserait et il ferait sûrement des erreurs. Ses visualisations lui ont fait découvrir une autre peur secrète plus profonde : son augmentation lui serait supprimée et il serait humilié. Gus savait intellectuellement que c'était peu probable, et confronter sa crainte à une analyse rationnelle lui a permis de la dissiper en partie.

Lorsque Gus essayait de se visionner en train de demander une augmentation, il ne voyait que du brouillard et il entendait la voix de son chef disant : « D'accord. Je vais demander pour vous une augmentation d'un dollar de l'heure. » Il était au clair sur l'issue désirée mais il ne savait pas comment s'y prendre pour qu'elle se produise.

Composer un message en « Je » a permis à Gus de se voir comme une personne solide, capable de demander une augmentation. Voici ce qu'il a écrit :

Je pense que j'apporte une contribution réelle au laboratoire. Je suis digne de confiance et dévoué même si je commets parfois des erreurs.

Je me sens gêné de faire cette demande mais je pense qu'il faut que j'aborde cette question, sinon je continuerai à avoir le moral à zéro.

Je voudrais une augmentation. Je voudrais gagner un dollar de plus par heure.

Gus s'est aussi entraîné devant un miroir. Il faisait comme s'il était assis devant son chef dans le bureau de celui-ci, le dos droit, les mains tenant ses papiers calmement sur ses genoux et les yeux regardant son interlocuteur bien en face. Il s'est exercé à dire ses messages en « Je » devant son miroir.

Gus se disait dans ses visualisations quotidiennes : « Je peux demander ce que je veux. » Il se voyait buvant un café avec son chef ou se penchant sur sa table de manipulation pendant que celui-ci s'approchait. Il s'entendait lui demander : « Pourriez-vous m'accorder une minute ? » Puis, il se voyait s'expliquant clairement et calmement : qu'il apportait une contribution réelle, qu'il se sentait gêné mais déterminé et qu'il voulait une augmentation.

Gus entendait toujours comme issue positive :

« D'accord. Je vais demander pour vous une augmentation d'un dollar de l'heure. » Il se voyait parfois avec davantage de billets dans son portefeuille. D'autres fois, il imaginait qu'il s'offrait un nouveau magnétoscope ou qu'il faisait repeindre sa voiture. Il se visionnait aussi marchant fièrement à son travail, se déplaçant avec assurance et riant aux plaisanteries des autres techniciens.

Après une semaine de visualisations quotidiennes, Gus a demandé une augmentation à son chef. Il a un peu bégayé mais il s'est accroché à la représentation qu'il s'était faite de la scène. Son chef lui a répondu : « Je pense que c'est quelque chose de raisonnable. Je vais en parler au Dr Dix. » Gus a effectivement obtenu son augmentation d'un dollar de l'heure.

Il s'est senti tellement encouragé par cette réussite qu'il a utilisé les mêmes techniques de visualisation lorsqu'il a dû se plaindre des gouttes et des coulées de peinture sur sa voiture repeinte à neuf et quand il a dit à son beau-frère qu'il n'était pas disponible pour l'aider à peindre sa maison.

Gus a souvent visualisé son beau-frère comme le grand méchant loup qui tourmentait les trois petits cochons. Il lui faisait se brûler la queue dans le foyer de la cheminée, tomber du toit et s'enfuir en hurlant dans la forêt. L'humour lui a permis de diminuer la peur que lui inspirait cette personne très difficile, coléreuse et manipulatrice.

Gus a aussi imaginé qu'il écoutait son beau-frère parler de ses sentiments d'abandon et d'échec. Il s'est rendu compte qu'une grande partie de l'agressivité de celui-ci n'était que rodomontades pour dissimuler un sentiment d'incapacité. Toutes ces visualisations ont aidé Gus à dire non à son beau-frère et à ne pas prêter attention aux accès de colère que son refus entraînait.

12

Guérir les blessures

> *Nos émotions et nos paroles font
> savoir à notre corps ce que nous
> attendons de lui et en visualisant
> certains changements nous pou-
> vons l'aider à les provoquer.*
>
> Bernie Siegel

Ce chapitre vous apprendra à utiliser la visualisation
pour accélérer la guérison de n'importe quelle blessure.
J'entends par « blessure » presque toutes les atteintes
corporelles entraînées par un élément mécanique extérieur : les os cassés, les entorses, les coupures, les
contusions, les écorchures, les incisions chirurgicales, les
élongations, les tendinites, les brûlures, etc.

Ce chapitre s'attachera à la guérison de votre blessure plutôt qu'au soulagement de votre douleur. Si vous
souffrez continuellement, consultez aussi le chapitre
consacré à la maîtrise de la douleur.

Il y a en gros deux étapes pour guérir des lésions à
l'aide de la visualisation. La première est l'étape réceptive
ou psychologique. Il faut vous détendre et apprendre à

connaître votre blessure et votre attitude vis-à-vis de celle-ci. Vous découvrirez, grâce à la visualisation réceptive, tous les obstacles qui vous empêchent d'aller mieux. Vous préparerez des images à utiliser dans un second temps.

La deuxième étape consiste à faire chaque jour des visualisations programmées au cours desquelles vous imaginerez le processus de guérison et où vous vous verrez dans le futur, complètement guéri.

VISUALISATION RÉCEPTIVE

Avant de vous lancer dans votre visualisation réceptive, il faut que vous sachiez quelques petites choses au sujet des aspects psychologiques des blessures. Tout d'abord, si vous vous reprochez de vous être fait mal et si vous vous sentez coupable, votre culpabilité risque d'entraver votre guérison. Il faut que vous vous pardonniez de vous être blessé.

Il se peut d'un autre côté que vous soyez secrètement content d'être malade ou en tout cas que vous profitiez de certains bénéfices secondaires : ne pas être obligé de se rendre à un travail pesant ou de terminer un cursus scolaire peu brillant ; recevoir des attentions inhabituelles de la part de ses proches ou éviter certains conflits grâce à la maladie. Ces avantages, que les psychologues appellent des « bénéfices secondaires », peuvent ralentir votre guérison de manière significative. Vous devez reconnaître les vôtres et décider de les abandonner pour aller mieux.

Les autres conséquences des blessures sont des émotions douloureuses comme la colère, l'anxiété et la dépression. Des études menées sur des athlètes blessés ont montré que leur réaction s'apparentait à un très profond chagrin. Une lésion grave ressemble, sur le plan psychologique, à la perte d'un être cher. Vous avez perdu votre condition physique et vous la pleurez.

Il faut que vous reconnaissiez et que vous exprimiez

les émotions déclenchées par votre blessure. Vous devez vous rendre compte qu'elles disparaîtront. Ceci est particulièrement important si vous avez tendance à faire des prévisions catastrophiques. Il est très facile de se dire : « Ce sera toujours ainsi. Je ne marcherai (ou ne courrai, ne soulèverai ou ne respirerai aisément, etc.) plus jamais. » Une partie de votre travail de visualisation consistera à composer des affirmations pour réfuter ces pensées irrationnelles qui abondent lorsque l'on est blessé.

S'il vous est difficile de demander de l'aide, vous pourrez aussi remédier à ce problème en utilisant la visualisation. Votre guérison rapide dépend de votre capacité à solliciter et à accepter tout le soutien dont vous avez besoin.

Il faut aussi que vous soyez capable de vous aider vous-même. Vous devez continuer à vous nourrir correctement, prendre vos médicaments, faire vos exercices et votre rééducation, tenir vos affaires en ordre, vous rendre aux consultations chez le médecin, etc. Prendre soin de soi a l'air d'une tâche monumentale lorsque l'on est blessé.

Il faut que vous vous demandiez en dernier lieu quel pourrait être le sens littéral de cette lésion. Cette approche est fondée sur les ouvrages de Louise L. Hay et d'autres auteurs qui sont convaincus que chaque problème physique est la conséquence, ou en tout cas le reflet, d'un conflit interne. Cette correspondance provient souvent du sens littéral des mots que les personnes emploient pour décrire des troubles somatiques et des conflits psychologiques. Hay dirait, par exemple, que les ulcères résultent d'une peur qui vous dévore. Le lien est parfois établi en analysant la fonction de la région atteinte. Puisque, par exemple, votre dos sert de soutien à votre corps, il est aussi considéré comme un soutien dans votre vie affective et comme le fondement de votre existence. Des douleurs dorsales pourraient donc refléter votre manque de soutien psychologique ou montrer que vous vous êtes retenu d'exprimer votre amour à ceux qui vous entourent. Certains auteurs sont même encore plus précis en disant que les douleurs dans le bas du dos expriment une tristesse réprimée et celles de la partie supérieure, une colère étouffée.

L'ouvrage de Louise Hay est une longue liste de problèmes physiques, de causes probables de ceux-ci et d'affirmations pour changer votre manière de penser et soulager ainsi les troubles en question. Certaines correspondances semblent plausibles comme de lier des problèmes oculaires à une réticence à faire face à la réalité et à voir les choses telles qu'elles sont. D'autres explications sont arbitraires ou tirées par les cheveux, comme son assertion selon laquelle la maladie appelée pied d'athlète résulterait d'une frustration.

La valeur de l'approche de Hay réside dans l'idée de base et non dans les correspondances particulières qu'elle soutient. Dans la visualisation réceptive qui suit, vous questionnerez votre guide intérieur pour savoir s'il existe une correspondance littérale entre votre lésion d'une part et vos pensées, vos sentiments, vos croyances et vos attitudes, d'autre part. Pour qu'il vous soit plus facile de suivre cette visualisation, je vous conseille d'enregistrer les instructions ci-dessous :

Préparez-vous à votre visualisation réceptive maintenant. Allongez-vous, fermez les yeux et détendez-vous.

Laissez votre attention se fixer sur la partie blessée. Concentrez-vous sur l'élément qui vous fait mal ou qui ne fonctionne plus. Ressentez l'étendue de la lésion. Imaginez combien elle pèse. Imaginez quelle quantité d'eau elle pourrait renfermer. Tracez une limite entre la partie blessée et le reste de votre corps.

Adressez-lui la parole comme si c'était une personne. Demandez-lui ce qu'elle ressent et ce qu'elle veut vous dire. Interrogez-la pour savoir de quoi vous avez besoin pour vous guérir. Posez ces questions à chaque fois que vous ferez une visualisation en vue de vous soigner. Donnez à votre blessure l'occasion de vous interpeller directement.

Voici ce qu'elle pourrait vous dire (n'enregistrez pas ces commentaires. Laissez un blanc de vingt secondes sur votre cassette) :

C'est ta faute.
Tu pourras te reposer, maintenant.
Je suis ce que tu as demandé.

Pardonne-toi.
Je suis ton amie.
Tu ne te débarrasseras jamais de moi.
Tu l'aggraves.
Tu n'iras jamais mieux.
Prends soin de toi.
On a le droit d'être triste.
On a le droit d'être en colère.
Tu es plus secoué que tu ne le croies.
On a le droit de demander de l'aide.

Votre blessure pourrait vous dire des choses très différentes. Soyez attentif à tout ce qu'elle vous apprendra pour vous en souvenir ensuite.

Ne vous inquiétez pas si vous n'obtenez aucune réponse. Vous aurez d'autres occasions de l'interroger.

Pendant que votre attention est focalisée sur votre blessure, remarquez toutes les images qui pourraient surgir spontanément : les lumières, les sons, les odeurs, les goûts ou les sentiments que vous associez à votre lésion. Vous pourriez voir une lumière colorée, une poupée brisée, un bâton rompu, une tasse en miettes, etc. Vous pourriez entendre la musique d'un orgue, des gémissements de douleur ou un grincement strident, sentir une odeur de putréfaction ou un goût métallique. Vous pourriez avoir le sentiment de toucher de gros cailloux ou du métal chaud. Prêtez attention à ces impressions sensorielles pour être ensuite en mesure de les utiliser dans votre visualisation programmée.

Allez dans votre sanctuaire. Regardez-vous dans votre miroir ou dans votre bassin. Voyez-vous avec votre blessure. Votre corps est-il déformé d'une quelconque façon ? Avez-vous l'air infirme ou changé ? Avez-vous l'apparence de quelqu'un qui souffre ?

Invitez votre guide à vous rejoindre dans cette scène. Priez-le d'endosser le rôle de votre blessure. Faites-le parler comme s'il était votre lésion ou laissez-le vous dire tout ce que vous avez besoin de savoir la concernant. Demandez-lui respectueusement : « Dis-moi, s'il te plaît, ce qu'il faut que je sache pour guérir. »

Si vous vous êtes senti en colère, triste ou irascible à cause de votre blessure, demandez à votre guide d'incarner votre émotion. Interrogez-le pour apprendre ce que votre colère, votre dépression ou votre anxiété essaient de vous communiquer.

Acceptez sans jugement tout ce que vous entendrez au sujet de votre blessure soit directement, soit au travers de votre guide. Ne vous inquiétez pas si ce n'est pas clair ou si cela semble n'avoir aucun sens en ce moment. Avec de la patience et de la pratique, ce dernier finira par vous apparaître.

Si vous avez l'impression d'opposer une résistance à l'une ou l'autre de ces instructions, demandez-vous quelle en est la raison. Donnez-lui une couleur ou un son. Réfléchissez à votre tendance systématique à écarter certaines informations. De quoi avez-vous peur ? Que refusez-vous d'entendre ou de reconnaître au sujet de votre blessure ? Vous ne voulez peut-être pas admettre l'éventualité de ne pas retrouver votre condition physique et votre niveau d'activité antérieurs. Si c'est le cas, passez plus de temps à visualiser un futur réaliste et acceptable dans vos prochaines séances.

Considérez, pour finir, votre blessure sous un autre jour. Regardez-la comme quelque chose que vous avez peut-être créé pour une bonne raison. Exprimez votre volonté de comprendre en quoi vous pouvez en être responsable. Demandez à votre guide quelle est la raison de cette lésion. Interrogez-le pour savoir quel est son sens littéral. Voyez quelles sont les bonnes choses qu'elle a provoquées dans votre vie, au cours de ces derniers jours. Reconnaissez qu'il existe des bénéfices secondaires.

Dites à votre guide que vous reviendrez pour parler à nouveau de tout cela une autre fois. Terminez la séance lorsque vous serez prêt. Faites cette visualisation une à deux fois par jour jusqu'à ce que vous obteniez des réponses. Vous pourrez ensuite composer des affirmations pertinentes et commencer à faire des visualisations plus programmées.

Les affirmations

Les affirmations que vous formulerez pour vous guérir lors de vos visualisations programmées devront avoir trois fonctions : 1. suggérer des solutions aux conflits psychologiques sous-jacents à votre blessure ; 2. renforcer l'idée d'une guérison rapide, indolore et complète et 3. prédire un retour à un niveau normal ou acceptable d'activité.

Vos affirmations seront courtes, positives et au présent. Voici des exemples pour vous aider :

Je me pardonne de m'être fait mal.

Je suis disposé à renoncer à ma blessure.

Je peux faire face en me concentrant sur chaque moment.

Je laisse ma colère et ma tristesse se dissiper.

Ma blessure guérira.

Je demande de l'aide dès que j'en ai besoin.

Je prends soin de moi.

Je fais mes exercices tous les jours.

Je garde le moral.

J'accepte de découvrir la signification de ma blessure.

Mon dos (ma jambe, mon incision, ma brûlure, etc.) est mon amie.

L'énergie curative m'entoure.

Je vais de mieux en mieux chaque jour.

Ma force revient.

Le pouvoir de guérison de Dieu est à l'œuvre en moi.

Je peux me guérir.

Je vais bientôt pouvoir marcher (courir, danser, soulever, etc.) de nouveau.

J'accepte la guérison à laquelle je peux parvenir.

Je peux vivre pleinement quelles que soient mes limitations.

Je suis disposé à accepter la responsabilité de ma blessure.

COMMENT SE PRODUIT LA GUÉRISON

Avant de commencer vos visualisations programmées, il est important que vous sachiez comment votre corps guérit ses blessures :

Les coupures et les incisions

Quand vous vous coupez, le sang s'écoule de la plaie pour la nettoyer. Les vaisseaux sanguins se contractent ensuite pour le conserver. Des cellules sanguines appelées plaquettes se concentrent aux extrémités des vaisseaux sectionnés pour les obturer partiellement. L'oxygène de l'air stimule la formation de fibrine, substance visqueuse qui forme des toiles autour des extrémités des vaisseaux rompus et les remet en contact. Les globules rouges et les globules blancs sont pris dans cette toile. Tout ceci se passe rapidement. C'est ce que l'on appelle communément la coagulation.

Pendant ce temps-là, de nombreux globules blancs ne se font pas prendre dans la fibrine. Ces cellules engloutissent et évacuent toutes les bactéries qui peuvent être entrées dans la plaie, évitant ainsi les infections.

Les toiles de fibrine ressemblent à un échafaudage ou à une charpente à partir desquels la guérison prend place. Les cellules qui constituent les parois des vaisseaux sanguins commencent à se multiplier et se rejoignent. Les cellules de graisse, celles de la peau et des muscles et les neurones font la même chose.

Les fractures

Dès qu'un os se fêle ou se fracture, des cellules osseuses appelées ostéoblastes s'activent. Elles se multiplient rapidement aux extrémités de la cassure et sécrètent une substance qui forme de longues fibres de collagène. Ces fibres, vues au microscope, ont l'air de gerbes de blé serrées reliant les deux extrémités de la cassure. Elles constituent la matrice organique permettant à l'os de se reconstituer.

Ces fibres attirent le calcium dissous dans le sang pour qu'il précipite en cristaux. Les cristaux de calcium se forment dans les coins et recoins des fibres de collagène, remplissant progressivement la cassure et réparant l'os. C'est une question de jours. Puis, au cours des semaines ou des mois qui suivent, les dépôts initiaux de calcium se transforment en une forme de calcium plus solide et plus stable.

La croissance de l'os est stimulée lorsque l'on exerce une force sur celui-ci. Les athlètes ont ainsi des os plus gros et plus solides que les personnes sédentaires parce qu'ils les soumettent à plus de tension. C'est pourquoi, votre médecin vous fera peut-être un plâtre de marche ou vous encouragera à mettre du poids sur vos os cassés dès que possible.

Les images à utiliser pour votre visualisation sont évidentes : voyez vos cellules osseuses se multiplier et sécréter le « jus » qui se durcit, se transformant ainsi en espèces de gerbes de blé. Voyez ensuite les cristaux brillants constituer votre nouvel os.

Entorses, élongations, contusions, inflammations

Lorsque vos muscles ou vos tendons sont lésés, une substance est libérée par les cellules endommagées. Elle augmente la perméabilité des capillaires, petits vaisseaux sanguins qui nourrissent les cellules. De grandes quantités de lymphe, de protéines et de fibrinogène s'écoulent rapidement dans la zone blessée, entraînant son gonflement.

Le fibrinogène provoque la coagulation d'une grande partie de ce liquide et donc un durcissement de la région lésée. Celle-ci est alors séparée du reste du corps par une paroi. Le sang circule très lentement à l'intérieur des tissus gonflés et coagulés empêchant ainsi la propagation des poisons émis par les cellules endommagées.

La guérison dépend des globules blancs. Ceux-ci dissolvent ou phagocytent les morceaux de muscles abîmés et nettoient les poisons rejetés par les cellules. A mesure que les débris sont évacués et que de nouvelles cellules musculaires sont produites pour remplacer celles qui ont été détruites, les caillots se désagrègent. Davantage de sang peut s'engouffrer dans la région atteinte, nourrissant les cellules et accélérant le retour à la normale.

Dans votre visualisation, voyez vos globules blancs phagocyter ou dissoudre les morceaux de cellules endommagées, aspirant les poisons pour les évacuer. Voyez les caillots se décomposer et le fluide en excès être entraîné à l'extérieur. Voyez vos nouvelles cellules baigner dans un sang rouge vif.

Les brûlures

Si vous êtes gravement brûlé, votre visualisation se focalisera sûrement sur la maîtrise de la douleur. Vous devriez cependant y inclure quelques images du processus de guérison : voyez-vous buvant beaucoup pour remplacer le plasma que vous perdez à travers la brûlure. Visualisez vos globules blancs sous un aspect particulièrement vigilant afin de vous protéger des infections (les régions brûlées, ne possédant plus leur barrière de peau, ne peuvent vous défendre contre les microbes). Concentrez-vous sur des images de cellules de peau saine se multipliant pour remplir et réparer la région lésée. Ceci est très important si vous devez recevoir des greffes de peau. Voyez-les en train de prendre racine et de croître comme un solide lierre rampant dans une terre riche.

VISUALISATION PROGRAMMÉE

Vous utiliserez dans cette visualisation deux sortes d'imageries : littérale d'une part, et métaphorique d'autre part. Dans la première, vous visionnez le processus de guérison au niveau cellulaire. Vous voyez les cellules se multiplier et se joindre pour constituer des tissus sains et entiers. Dans la seconde, vous employez des objets, des couleurs, des lumières ou des sons pour représenter votre blessure et le processus de guérison. Vous pourriez, par exemple, la voir comme une fissure dans un mur et la guérir en la remplissant de plâtre neuf. Vous combinerez aussi ces deux sortes d'imageries en imaginant, par exemple, que vos cellules sont des morceaux d'un puzzle que vous assemblez.

Comme toujours, les meilleures images sont celles que vous créerez à votre intention. Voici quelques métaphores pour vous aider à démarrer :

Réparer une fissure avec du plâtre.
Un papillon sortant de son cocon.
Reconstruire un mur de brique ou de pierre qui s'est effondré.

Coller des cellules ensemble avec de la glu.

Se débarrasser des cellules endommagées comme l'on arrache de mauvaises herbes.

Des cristaux se formant et se multipliant comme une image de kaléidoscope.

Faire un puzzle.

Un paysage dur et orageux devenant ensoleillé et doux.

Des tissus neufs construits comme une grande pyramide par de minuscules égyptiens.

Évacuer les cellules abîmées à l'aide d'un aspirateur.

Des pousses tendres grandissant pour devenir des plantes vigoureuses.

Chanter une berceuse à une inflammation.

Étaler de la peau nouvelle comme une lotion sur une brûlure.

Poser des cellules de peau neuves comme des carreaux sur un sol.

Étaler un onguent sur un tendon enflammé.

Changer une lumière rouge en une lumière bleue.

Le bruit assourdissant de la circulation se transformant en une mélodie agréable.

Retirer des cailloux d'un chemin pour l'aplanir.

Pétrir les fibres musculaires endommagées comme de la pâte pour les assouplir.

L'énergie divine de la guérison sous la forme d'une lumière dorée.

Percer une outre pleine pour diminuer le gonflement.

Cette visualisation comporte quatre parties : le processus littéral de guérison, le renforcement des traitements que vous suivez, les métaphores et le regard en direction du futur. Enregistrez ces instructions pour ne pas perdre le fil.

Allongez-vous, fermez les yeux et détendez-vous. Concentrez-vous sur votre blessure comme si vous l'observiez au microscope. Visualisez des tissus sains comme des rangées et des colonnes de cellules égales et bien rondes, telles des briques dans un mur. Voyez des cellules en désordre dans la région lésée. Des morceaux de cellules endommagées traînent là comme des décombres. Les globules blancs ramassent les morceaux et les emportent pour les évacuer. Vous pouvez les voir comme des taches irrégulières avec un point au milieu pour le noyau, comme des abeilles affairées, comme des robots, des gardiens, des soldats, etc. Choisissez l'image qui vous convient le mieux.

Voyez les cellules saines autour de la zone blessée, se multiplier. Le noyau se divise d'abord en deux. Les deux noyaux ainsi formés se séparent en tirant sur la cellule jusqu'à ce qu'elle se divise à son tour en deux pour constituer deux cellules plus petites qui grossiront ensuite rapidement pour atteindre une taille normale. Voyez cela se produire tout autour de votre blessure pour remplir la partie manquante et redonner ainsi son uniformité à votre peau. Imaginez des vaisseaux sanguins apportant de l'oxygène et des aliments à vos cellules en traversant directement la membrane cellulaire. Visionnez cela de telle manière que cela ait un sens pour vous.

Visualisez ce processus pendant un moment en ajoutant de la couleur et une bande sonore musicale. Éprouvez une sensation de chaleur, de douceur et de tranquillité. Entendez vos affirmations en voix off : « Je guéris tout le temps » ou « Mon corps sait se soigner » ou « Bientôt, je serai mieux que jamais. »

Visionnez maintenant les traitements que vous suivez. Si vous avez un plâtre, voyez combien il maintient vos os droits afin que la matrice de collagène ne soit pas perturbée et que le calcium se dépose pour réparer la cassure à la vitesse maximale. Si vous avez un pansement, voyez combien il vous protège des écorchures et repousse les bactéries. Si vous faites des exercices ou une rééducation, observez-vous en action puis rétrécissez pour atteindre le niveau cellulaire. Voyez combien l'exercice stimule la croissance des cellules musculaires. Créez un réseau de fibres nerveuses comme des branches entrelacées et voyez combien les exercices répétés rendent vos messages nerveux plus puissants et plus précis. Si vous prenez ou si vous appliquez des médicaments, créez une scène dans laquelle vous les voyez provoquer l'effet désiré.

Maintenant, faites marcher votre imagination. Visualisez des métaphores de votre lésion et du processus de guérison. Si vous sentez des picotements dans votre bras cassé, comme si vous aviez des aiguilles à l'intérieur, imaginez qu'elles y sont réellement. Voyez-vous en train de les sortir une à une et de les jeter jusqu'à ce que la sensation de picotement ait disparu et que votre bras soit de nouveau entier et solide. Si vous souffrez d'une élongation dans le dos, voyez votre muscle réellement déformé. Versez de l'eau chaude dessus pour qu'il rétrécisse et reprenne sa forme initiale comme un pull en laine. Si vous avez entendu votre chirurgien parler des « lèvres » de votre incision et si cette image vous a frappé, voyez votre blessure comme une bouche magique qui chante : « Je deviens de plus en plus petite. Je disparais. » Voyez la bouche diminuer, entendez la voix devenir grêle et s'apaiser progressivement jusqu'à ce qu'il n'y ait plus qu'un tout petit trou. Puis, fermez-le pour toujours avec une nouvelle peau fraîche et rose. Dites-vous : « Je crée et recrée le processus de guérison chaque jour » ou utilisez une autre affirmation qui vous plaît.

Achevez votre visualisation par une vision du futur. Employez le dispositif que vous possédez dans votre sanctuaire si vous le souhaitez. Visionnez-vous prenant soin de vous, vous nourrissant correctement, avalant vos médicaments, allant chez le médecin. Voyez-vous en train de faire de plus en plus de choses. Vous vous sentez mieux, vous gérez bien le stress, vous avez assez d'énergie, de temps et d'argent. Visualisez-vous enfin complètement guéri. Vous vaquez à vos activités habituelles librement, en pleine forme.

Si vous avez une blessure grave qui ne vous permettra pas de retrouver votre niveau d'activité d'avant, voyez-vous dans l'avenir, vous étant adapté à vos limites, menant une existence heureuse et accomplie en dépit de vos handicaps. Visionnez-vous dans une condition physique *meilleure* que les prédictions les plus optimistes de votre médecin. La visualisation peut être plus efficace que ne le croient les docteurs.

Terminez votre séance lorsque vous serez prêt. Pratiquez cette visualisation trois fois par jour.

QUE POUVEZ-VOUS EN ATTENDRE ?

A mesure que vous vous rétablirez, ajustez vos images à l'évolution de votre état. Vous pourriez vous concentrer sur des images visant à prévenir les infections, à diminuer le gonflement et à vous faire prendre du repos. Plus tard, vous vous focaliserez sur des scènes où vous vous verrez plus fort, retrouvant votre souplesse et reprenant vos activités normales.

Attendez-vous à des échecs. Une guérison procède toujours par étapes. Certaines vous sembleront peut-être durer une éternité à tel point que vous croirez ne jamais vous remettre. D'autres iront plus vite et vous deviendrez optimiste pour plonger ensuite dans le désespoir lorsque vous vous exercerez trop et que vous constaterez que vous n'êtes pas encore rétabli. Soyez patient et méditez sur le truisme suivant : « Le temps est médecin de tous les maux. »

Si vous disposez d'un peu de temps, lisez des documents traitant de votre maladie. En savoir plus sur votre corps et sur son fonctionnement peut vous aider à rendre vos visualisations littérales plus vivantes et plus intéressantes.

EXEMPLE

A dix-huit ans, Lorraine a eu un accident de voiture. Sa vertèbre T 12 a été écrasée. Des fragments d'os ont gravement endommagé sa moelle épinière et ses jambes sont devenues presque totalement paralysées. Les médecins lui ont dit que certains nerfs pourraient guérir ou repousser et qu'elle recouvrirait peut-être un peu de sensibilité et de mobilité, dans les dix-huit mois à venir. Mais elle ne remarcherait probablement jamais.

La première réaction de Lorraine a été le déni. Elle ne pouvait pas croire qu'elle ne se remettrait pas complètement. Dix-huit mois ont passé et elle n'a retrouvé qu'un peu de sensibilité mais aucune mobilité. Elle était à peine capable de bouger ses muscles de la cuisse et tout ce qui se trouvait en dessous était mort. Elle a finalement admis qu'elle était handicapée à vie et elle a abandonné tout espoir de guérison.

Elle a passé les trois années suivantes à apprendre à vivre dans un fauteuil roulant, à détester ses jambes et à prier Dieu de la guérir. Elle se réveillait la nuit, en pleurant, les pieds endoloris et elle les bourrait de coups de poing. Elle aurait voulu pouvoir couper ses jambes et s'en débarrasser.

Lorraine était une artiste de talent. Elle utilisait souvent la visualisation réceptive pour créer des gravures et des peintures. Elle était donc ouverte aux messages provenant de son inconscient. Durant les neuf années qui ont suivi, elle a terminé la faculté puis elle a continué ses études dans une école supérieure d'art. Alors qu'elle menait la vie d'une personne handicapée, bien équilibrée et active, une chose curieuse s'est produite. De temps en temps, une « fenêtre » s'ouvrait dans son esprit. Lorraine, en regardant par cette fenêtre, entrevoyait un espace illimité. Elle savait, pendant ce bref instant, qu'il n'y avait aucune limite et qu'elle pourrait marcher, courir et danser de nouveau.

L'expérience de la fenêtre était tentante mais effrayante. Au début, Lorraine claquait la fenêtre dès qu'elle s'entrebâillait. Puis, le temps passant, elle a réussi à la tenir ouverte de plus en plus longtemps. Douze ans après son accident, la fenêtre est restée ouverte.

Lorraine a décidé d'utiliser la visualisation et l'exercice pour recommencer à marcher. Elle est allée dans une salle de gymnastique pour développer les muscles de ses cuisses. C'étaient les seuls muscles des jambes qu'elle pouvait un peu contracter. Ils étaient très faibles et atrophiés. Elle était à peine capable de faire bouger le levier de la machine des quadriceps sans aucun poids au bout alors que d'autres femmes arrivaient facilement à soulever cinquante kilos. Mais Lorraine a fait des progrès. Elle est bientôt parvenue à hisser deux kilos, puis cinq. Sa coordination et son endurance semblaient aussi un peu meilleures.

Lorraine a accroché sur son réfrigérateur une planche médicale illustrée représentant le système nerveux. Il ressemblait à des branches d'arbre. Elle visualisait les nerfs de sa moelle épinière bourgeonnant et étendant leurs ramifications comme de nouvelles pousses. Elle imaginait que sa colonne vertébrale et ses jambes baignaient dans une lumière dorée emplie d'énergie curative. Elle voyait les nouveaux nerfs percer le tissu cicatriciel et s'allonger pour rejoindre les nerfs déconnectés de ses jambes.

Elle a rencontré un chercheur en physiologie et en rééducation nommé Roger. Il était très impressionné par sa détermination et par la force qu'elle avait pu recouvrer seule. Il a pensé qu'elle était probablement en train d'établir de nouvelles voies nerveuses pour envoyer des messages moteurs à ses jambes, en faisant de petits détours autour des nerfs endommagés.

Roger a attaché les muscles du pied de Lorraine à une machine de bio. feed-back et il lui a demandé de fléchir son pied vers le haut. La machine pouvait détecter la contraction musculaire la plus minime. Au début, il n'y avait aucun mouvement. Pendant des mois, Lorraine a visualisé ses nerfs atteignant ses pieds et transportant des messages moteurs. Elle a insufflé de l'énergie curative dans ses jambes. Elle s'est créé une image corporelle d'elle-même entière et non amputée de ses jambes. Enfin, la machine, réglée sur l'échelle la plus sensible, a détecté une contraction. Des semaines ont passé et la contraction est devenue visible à l'œil nu. Puis, Lorraine a réussi à bouger son pied par à-coups vers le haut. Cela ressemblait à l'un des nombreux mouvements nécessaires à la marche.

Pour se détendre et se concentrer avant ses séances de visualisation, Lorraine s'allongeait, fermait les yeux et imaginait qu'elle ne voyait que ses pieds, descendant un escalier en colimaçon. Arrivée au bas de l'escalier, elle traversait un hall et pénétrait dans une salle sombre. Il y avait un canapé. Elle s'asseyait dessus face à un écran de cinéma. Le film se déroulait et Lorraine visionnait ce qu'elle avait prévu de visualiser. Comme c'était une artiste graphique, la composante visuelle prédominait dans ses scènes imaginaires.

Lorraine a procédé ainsi pendant deux ans. Elle se focalisait sur un groupe de muscles et sur un mouvement à la fois : les pieds, les genoux, les cuisses, les hanches ; rotation, extension, équilibre, coordination, etc. Elle a fait une démonstration et elle a pris la parole devant un auditoire composé d'enseignants et d'étudiants à la faculté de médecine où Roger menait ses recherches. Ceux-ci lui ont dit que son cas était unique. Nulle part dans la littérature, il n'était fait mention d'un pareil cas de régénération spinale si long-temps après un accident.

Les muscles du haut de la jambe de Lorraine étaient désormais suffisamment puissants pour qu'elle puisse se tenir droite dans l'encadrement d'une porte pendant un moment. Elle était debout et maintenait son équilibre puis elle fermait les yeux. Regardant en elle, elle trouvait son centre d'énergie. Il était toujours situé dans les muscles bien développés de ses bras et de ses épaules. Elle s'appliquait ensuite à envoyer cette force vers le bas, dans ses jambes.

Lorraine introduisait aussi des affirmations, comme « Mes jambes sont fortes », « Mon équilibre s'améliore » et « Mes jambes sont plus minces » (par opposition à « trop maigres »). Une de ses visualisations favorites consistait à voir son corps comme un neurone, l'axone étant la tête et les dendrites, les pieds. Elle imaginait que des éclairs d'énergie partaient de sa tête, traversaient ses pieds puis allaient directement dans le sol. C'était littéralement un excercice de mise à la terre. Elle se voyait dans l'avenir, courant sur une plage, humant l'odeur du sol, sentant le sable et la brume et entendant les vagues.

Elle a commencé à se tenir debout à l'aide de béquilles. Elle a bientôt réussi à faire quelques pas. Elle est devenue plus assurée et elle est passée à des béquilles plus petites puis à une canne à quatre pieds. A chaque étape, elle se visualisait se déplaçant d'abord de son pas gauche et hésitant puis marchant d'une façon normale. Trois ans après sa décision de remarcher, Lorraine a fait toute seule ses premiers pas dans le salon.

Elle ne circule guère en fauteuil roulant désormais. Elle se déplace à l'aide d'une paire de béquilles légères. Elle est retournée à l'école et elle a passé son diplôme d'enseignant pour être professeur de dessin. Elle poursuit sa thérapie et a pour objectif d'arriver à marcher avec juste une canne. Mais elle est très occupée et ne fait plus ses visualisations et ses exercices avec autant d'assiduité. Elle dit qu'il est important de faire des pauses et de reprendre un travail dur, frais et dispos.

Lorsqu'elle regarde en arrière, Lorraine constate que l'obstacle le plus important qu'elle ait eu à surmonter est celui de sa propre image, de son attitude à l'égard d'elle-même. « Cela se ramène à moi, dit-elle. Tant que je suis restée assise au fond de ma chaise roulante et que j'ai attendu que Dieu répare ce truc épouvantable qui m'était arrivé, rien ne s'est produit. Il fallait que j'accepte d'être responsable de la blessure que *j'avais créée* dans ma vie. Puis, j'ai dû réapprendre à aimer mes jambes avant de pouvoir les guérir. Puis, il a fallu que je trouve qui pouvait m'aider, que je demande à ces personnes de le faire et qu'ensuite je les laisse partir lorsqu'il était temps pour moi de retravailler seule. Il y a eu tant de leçons à apprendre, tant de hauts et de bas sur ce chemin.

« Et je pourrais de nouveau glisser jusqu'en bas si je ne travaille pas constamment sur mon image. Si vous vous voyez comme une personne gravement handicapée, vous n'irez jamais mieux ou vous n'arriverez pas à maintenir les progrès que vous aurez accomplis. Il faut que vous changiez l'image que vous avez de vous-même. Il faut que vous vous considériez comme une personne temporairement limitée mais qui va de mieux en mieux. »

13

Lutter contre le cancer et les allergies

La dépression est une reddition partielle à la mort et il semble que le cancer soit le désespoir vécu au niveau cellulaire.

Arnold Hutschnecker

Les composants les plus importants du système immunitaire sont la moelle osseuse, la rate, le thymus et les ganglions lymphatiques. Ils communiquent entre eux et avec votre cerveau à l'aide de messages chimiques et électriques. Leur travail est de vous protéger contre les menaces extérieures telles que virus et bactéries et contre les dangers internes comme les cellules cancéreuses.

Les agents actifs du système immunitaire sont différentes sortes de globules blancs du sang. Ils circulent dans le corps, grâce aux systèmes sanguin et lymphatique, à la recherche de tout ce qui ne vous appartient pas. Lorsqu'ils trouvent des cellules anormales, par exemple, ils les attaquent, ils les phagocytent ou ils les brisent puis ils emportent les débris pour qu'ils soient évacués dans les urines et les selles. Parfois, au lieu de les tuer, ils les isolent du reste du corps pour qu'elles ne puissent s'étendre. D'une façon ou d'une autre, les globules blancs préservent les tissus sains et normaux et éliminent les autres.

C'est évidemment plus compliqué en réalité. Il y a des cellules auxiliaires, des cellules tueuses, des cellules qui phagocytent les bactéries, des cellules messagères, des antigènes et des anticorps et toutes sortes d'interactions chimiques complexes jusqu'au niveau moléculaire. Mais, il n'est pas nécessaire d'être immunologiste pour pratiquer la visualisation. Il vous faut simplement créer quelques images clés renvoyant aux processus de base.

Votre système immunitaire réagit aux stimuli extérieurs et aux états internes de votre corps. Il peut se déséquilibrer, soit en ne réagissant pas assez, soit, au contraire, en réagissant trop. Le tableau ci-contre représente les quatre principaux déséquilibres possibles de votre système immunitaire, déséquilibres qui peuvent vous conduire à la maladie.

STIMULI RÉACTIONS POSSIBLES DU SYSTÈME IMMUNITAIRE

Antigènes extérieurs	Réaction trop faible	Réaction efficace	Réaction trop forte
Bactéries, Virus	Infection, Maladie	Santé	
Pollen, moisi, poussière, produits chimiques		Santé	Allergie
Antigènes intérieurs	Réaction trop faible	Réaction efficace	Réaction trop forte
Cellules cancéreuses	Cancer	Santé	
Cellules normales ou produits cellulaires, ex. : le cartilage		Santé	Arthrite

Lorsque votre système immunitaire ne réagit pas suffisamment face à des bactéries ou des virus, vous attrapez une infection ou une maladie infectieuse comme la rougeole ou la grippe.

S'il ne réagit pas assez en présence de vos propres cellules anormales, celles-ci peuvent grossir et se développer sous forme de tumeurs cancéreuses. Si, au contraire, il réagit trop quand il est confronté à des substances relativement inoffensives provenant de l'extérieur telles que le pollen, les poils de chat ou le venin d'abeille, il en résulte une allergie, une crise d'asthme ou même un choc anaphylactique. S'il réagit trop en attaquant vos propres cellules saines, il entraîne des maladies dégénératives comme l'arthrite ou le lupus.

Les désordres immunitaires traités dans ce chapitre

sont le cancer et les allergies. Ces troubles constituent deux des quatre moyens par lesquels votre système auto-immunitaire peut se déséquilibrer.

LE CANCER

Le cancer commence par une seule cellule anormale dans votre corps. Cela peut être pratiquement n'importe quel type de cellule : des cellules des poumons, de la peau, du côlon, de l'estomac, des os, de la poitrine, etc. Si votre système immunitaire ne détecte pas ou ne détruit pas cette cellule anormale, celle-ci se divisera en deux pour former deux cellules anormales. Chacune d'elles grossira et se divisera à son tour. Cela donnera quatre cellules puis huit, etc. Si elles ne sont pas exterminées par votre système immunitaire, elles finiront par former une tumeur, c'est-à-dire une masse de cellules anormales. Cette tumeur stimulera les tissus alentour pour qu'ils produisent de nouveaux vaisseaux sanguins. L'apport de sang nourrira la tumeur qui pourra ainsi se développer plus vite.

La tumeur commencera à écraser les cellules normales qui l'entourent. Elle les affamera et les empêchera de fonctionner, entraînant des symptômes tels que douleurs, étourdissements, souffle court, toux, confusion mentale, fatigue, etc. Une autre étape du cancer est celle des métastases. Le cancer s'étend, soit parce que la tumeur grossit dans d'autres régions du corps, soit parce que des cellules cancéreuses se détachent de la tumeur, sont transportées par la circulation sanguine et prennent racine ailleurs.

Des cellules anormales se forment souvent dans votre organisme. Vos globules blancs en rencontrent tout le temps. Ils les reconnaissent comme anormales, les phagocytent, les détruisent et évacuent les restes dans les selles et les urines. « Des rémissions spontanées » de cellules cancéreuses et même de petites tumeurs se produisent fréquemment sans que vous en soyez conscient. Les cellules cancéreuses sont en fait plus faibles et plus désorganisées que les cellules normales et saines. Vos globules blancs n'ont donc pas de peine à maintenir l'ordre.

Pourquoi alors les gens ont-ils des cancers ?

LES CAUSES DES CANCERS

Différents facteurs peuvent provoquer une production de cellules anormales, plus importante chez vous que chez quelqu'un d'autre : les radiations, des substances cancérigènes comme l'amiante, le goudron des cigarettes et des produits chimiques polluants, certains virus, un défaut génétique ou une prédisposition héréditaire.

Vous pourriez vous faire peur et vous déprimer si vous dressiez la liste de toutes les substances cancérigènes présentes dans l'eau, la terre, la nourriture et l'air. Vous vous demandez peut-être pourquoi tout le monde n'attrape pas de cancer. En fait, relativement peu de gens font un cancer. Le système immunitaire de la plupart des individus est suffisamment sain pour empêcher le développement de tumeurs.

Des recherches et des observations menées par Lawrence LeShan, Carl Simonton, Stephanie Matthews-Simonton, Jeanne Achterberg, Lydia Temoshok et beaucoup d'autres ont montré à plusieurs reprises que le facteur clé est psychologique. Le système immunitaire s'affaiblit en raison de l'association des facteurs suivants :

Le manque d'estime de soi. Vous risquez davantage d'avoir un cancer si vous avez certaines caractéristiques liées à un manque d'estime de soi. Une enfance triste ou maltraitée suivie d'une vie pauvre en relations affectives durables constitue une combinaison particulièrement mortelle. Si votre estime de vous-même est faible, vous manquez probablement de confiance en vous, vous éprouvez des difficultés à faire face au stress, vous vous blâmez à chaque fois qu'il vous arrive une mésaventure et vous avez du mal à demander l'aide des autres. Ce sont là de sérieux obstacles à la prévention et à la guérison du cancer.

Une perte affective récente. La plupart des personnes atteintes du cancer rapportent avoir subi une perte importante au cours des six à dix-huit mois précédant le diagnostic de leur maladie. Elles ont perdu un conjoint ou un autre membre de leur famille, à cause d'une séparation ou d'un deuil. Elles ont perdu leur emploi, elles en ont changé ou elles ont pris leur retraite. Elles ont abandonné un objectif ou elles n'ont pas réussi à atteindre celui-ci. Elles ont subi un important revers de fortune ou une trahison de la part d'une personne en laquelle elles avaient confiance.

Les émotions négatives. Il arrive à tout le monde d'être en colère ou de se sentir triste de temps en temps. Le processus sain est de reconnaître, d'exprimer ces émotions négatives et de s'en libérer puis de les laisser derrière soi. Les cancéreux qui ne guérissent pas éprouvent souvent des difficultés avec ce processus. Ils veulent toujours se maîtriser. Ils ont beaucoup d'hostilité rentrée et de colère réprimée. Ils donnent l'impression d'être passifs et même assez « gentils » en surface mais ils sont en fait en proie à un vif ressentiment au sujet des torts qui leur ont été faits. Ils pleurent sur leur sort ou ils grillent sur le chevalet de leur propre martyre alors qu'ils essaient de prendre soin de tout le monde sauf d'eux-mêmes.

On ne connaît pas le mécanisme par lequel ces facteurs conduisent au cancer. Il est sûrement lié au stress, de nombreuses recherches ayant montré que les stress physiques et psychologiques affaiblissaient le système immunitaire. Une tension trop grande et des difficultés à faire face aux situations de la vie, auxquelles s'ajoute une perte affective importante, créent des changements dans le système limbique et dans le fonctionnement de l'hypophyse et de l'hypothalamus. Ceci conduit à une plus grande sensibilité aux substances cancérigènes et à une diminution des réactions immunitaires. Le nombre de cellules anormales se formant dans l'organisme s'accroît. Les globules blancs ne réagissant pas suffisamment, une tumeur cancéreuse peut alors se développer.

TRAITEMENTS MÉDICAUX

Les traitements médicaux standard du cancer comprennent la chirurgie, les rayons et la chimiothérapie.

La chirurgie marche souvent très bien parce qu'elle retire les tumeurs avant qu'elles ne génèrent des métastases et qu'elles s'étendent à d'autres parties du corps. Le chirurgien fait en quelque sorte le travail de vos globules blancs en enlevant les cellules anormales en *masse*[1].

Les rayons sont fréquemment utilisés avec ou à la place de la chirurgie. C'est une douche de particules d'énergie. Elles sont rapides et peuvent pénétrer la chair et les os. Ces particules font des trous microscopiques de la même façon dans les cellules normales et dans les cellules cancéreuses. Les radiations sont particulièrement dangereuses pour les cellules qui, comme les cellules cancéreuses, se divisent rapidement. Elles provoquent une liaison croisée de l'ADN des cellules se multipliant, entraînant la mort de ces dernières. Vos cellules saines se divisent généralement beaucoup moins vite que les cellules cancéreuses, aussi échappent-elles aux dégâts causés par les radiations. Les cellules cancéreuses sont bien plus faibles, peu capables de se réparer et susceptibles d'être au stade vulnérable de la division, c'est pourquoi elles meurent par milliers.

La chimiothérapie marche de la même façon. Les médicaments sont des poisons qui attaquent les cellules normales et les cellules cancéreuses. Celles qui se divisent rapidement sont particulièrement vulnérables. Vos cellules normales sont fortes et peu d'entre elles se diviseront à un instant donné. Elles peuvent ainsi résister à l'effet du poison. Les cellules cancéreuses, quant à elles, risquent d'être au stade fragile de la division et sont trop faibles pour lutter. Là encore, elles meurent en bien plus grand nombre.

Ces traitements traditionnels ont deux limites. D'abord, ils ont de nombreux effets secondaires. La chirurgie provoque un choc sur un système déjà affaibli. Les rayons et la chimiothérapie peuvent entraîner une perte d'appétit, de la fatigue, des douleurs, des nausées, la chute des cheveux, etc. La deuxième limite est que ces techniques fonctionnent en supprimant ou en attaquant le cancer et non en renforçant les capacités naturelles de destruction et d'évacuation des cellules anormales de votre système immunitaire.

C'est là que la visualisation apparaît. Elle peut faire l'autre partie du travail en stimulant votre système immuni-

---

1. *N.d.T.* : En français dans le texte.

taire, en combattant le facteur joué par les émotions négatives dans votre maladie et en diminuant les effets secondaires des traitements traditionnels, tout en maximisant leur action destructrice sur le cancer.

Notez que j'ai dit que la visualisation faisait la *moitié* du travail. Elle ne remplace ni la chirurgie, ni les rayons ni la chimiothérapie. C'est un auxiliaire, quelque chose à utiliser *en plus* des traitements suggérés par votre médecin. Si vous avez un cancer, vous avez besoin de toute l'aide que peuvent vous apporter à la fois la médecine traditionnelle et les techniques de guérison alternatives.

L'EMPLOI DE L'IMAGERIE PAR LES CANCÉROLOGUES

Carl Simonton, cancérologue utilisant les radiations, travaillait à la fin des années 60 à l'hôpital de la base aérienne de Travis. Sa femme, Stephanie Matthews-Simonton, était spécialiste de la motivation des hommes d'affaires. Il essayait de comprendre pourquoi certains patients gravement malades mouraient alors que d'autres ayant exactement le même cancer, recevant exactement le même traitement, guérissaient contre toute attente. Il rejetait l'explication habituelle des « rémissions spontanées », estimant que c'était une façon de dire : « Nous ne savons pas pourquoi ils vont mieux. »

Les Simonton remarquèrent que les survivants avaient certains traits de personnalité et certaines attitudes en commun qui semblaient faire toute la différence. Ils ont cherché à développer ces particularités chez les autres patients. Ils ont ainsi découvert la méditation, les thérapies de groupe, l'imagerie, le Silva Mind Control [1], la pensée positive et le bio-feed-back. « Le principe actif » de toutes les approches prometteuses qu'ils ont ainsi étudiées était la visualisation.

Leur premier succès a été important. Un homme de

---

soixante et un ans atteint d'un cancer de la gorge « incurable » a appris les techniques d'imagerie. En deux mois, il s'est non seulement débarrassé de son cancer mais aussi de son arthrite et de son impuissance sexuelle chronique. Les Simonton savaient qu'ils étaient sur la bonne voie.

Ils ont finalement fondé leur centre de guérison du cancer à Forth Worth au Texas. Ils ont soigné des patients « incurables » à qui l'on avait donné un an ou moins à vivre. Leurs patients venaient en général travailler avec eux trois ou quatre fois par an pendant une semaine. Au cours de la première visite, le patient était accompagné de son conjoint ou du plus proche membre de la famille parce que les Simonton avaient constaté que le soutien familial était capital. La plupart des patients ont vécu plus longtemps que les prédictions qu'on leur avait faites et certains d'entre eux se sont complètement remis.

Carl Simonton poursuit son travail clinique au Simonton Cancer Center à Pacific Palisades, Californie, États-Unis. Stephanie Matthews-Simonton mène désormais des recherches et forme des professionnels à Little Rock dans l'Arkansas. Un bureau existe toujours dans le Texas. Il s'occupe de la diffusion de cassettes et de livres : Cancer Counseling and Research Center, Box 1055, Azle, TX 76020.

La technique des Simonton a été reprise et développée par d'autres spécialistes du cancer tels que Jeanne Achterberg dans la région de Dallas et Bernie Segal, chirurgien dans le Connecticut, qui a fondé un groupe appelé « Malades du cancer exceptionnels ». Si vous avez un cancer, consultez la bibliographie à la fin de ce livre et relevez les références des ouvrages des Simonton, d'Achterberg et de Segal. Les lire devrait faire partie de votre programme de traitement.

EN MARCHE VERS LA GUÉRISON

Cette série d'étapes est fondée sur l'expérience des Simonton et d'autres personnes ayant aidé des milliers de patients atteints du cancer. Elles associent toutes les stratégies éprouvées que vous devriez adopter en plus des traitements traditionnels pour accélérer votre guérison.

Identifiez et acceptez vos facteurs de stress déclenchants

Asseyez-vous maintenant et dressez la liste des cinq épisodes les plus stressants survenus dans votre vie avant le diagnostic de votre maladie. Au cours des dix-huit mois précédant la découverte de votre cancer, quels événements extérieurs ou quels conflits internes avez-vous vécus ? Quelle perte majeure avez-vous subie qui pourrait avoir participé au déclenchement de votre maladie ?

_____

_____

_____

_____

_____

Une fois que vous aurez déterminé vos facteurs de stress déclenchants, réfléchissez à la manière dont vous avez pu ou non leur faire face. Avez-vous ignoré vos propres besoins parce que vous vous consacriez à quelqu'un d'autre ? A la suite du décès d'une personne aimée, vous êtes-vous éloigné des autres et avez-vous pensé que la vie ne valait plus la peine d'être vécue ? Avez-vous réprimé votre chagrin et essayé de cacher vos émotions ? Avez-vous cherché de l'aide lorsque vous en aviez besoin ? Si vous avez été licencié ou si vous avez pris votre retraite alors que vous aviez un travail qui donnait un sens à votre vie, avez-vous glissé dans la dépression et avez-vous été incapable de trouver de l'intérêt à d'autres activités ?

Il faut, pour guérir, que vous commenciez à trouver un moyen d'accepter vos pertes. Je veux dire plusieurs choses par là. Acceptez d'abord le fait que la personne ou la chose perdue est partie, vous laissant poursuivre votre vie. Admettez deuxièmement qu'il existe un lien entre votre perte et votre cancer et que votre réaction à cette perte a affaibli votre système immunitaire, permettant ainsi à votre cancer de prendre racine.

Acceptez en dernier lieu d'être responsable de votre cancer. Cela ne veut pas dire qu'il faut que vous vous en *blâmiez*. Cela signifie qu'il faut que vous reconnaissiez en quoi vous avez *participé* au processus qui vous a conduit au cancer. Vous devriez admettre que votre état mental, les images, les pensées et les sentiments qui vous habitaient généralement ont joué un rôle dans l'affaiblissement de votre système immunitaire. Car si vous comprenez cela, vous pourrez admettre que les images, les pensées et les sentiments que vous nourrirez à partir de maintenant constitueront aussi une force puissante pour *guérir* de votre cancer.

Cela peut être une étape très difficile, très troublante si vous n'avez pas l'habitude de réfléchir à votre vie en termes de causes et de conséquences émotionnelles. Cela pourrait être une bonne idée de chercher le soutien d'un thérapeute ou d'un conseiller expérimentés dans l'aide aux personnes atteintes de cancer ou de maladies graves.

Identifiez, acceptez et surmontez vos bénéfices secondaires

Les bénéfices secondaires sont les bonnes choses que vous retirez d'une mauvaise situation. Avoir un cancer est une très mauvaise chose mais il existe cependant de nombreux bénéfices secondaires à cette maladie :

Possibilité d'éviter une personne ou un travail déplaisants.
Diminution des exigences des autres.
Une chance de pouvoir se reposer.
Remettre des décisions difficiles.
Vous pouvez abandonner un projet voué à l'échec.
Recevoir de l'attention de la part des autres.

Les autres font passer vos besoins en premier pour une fois.

Sympathie.

Permet de voir tous les autres problèmes, moins importants, tels qu'ils sont.

Une bonne excuse pour dire non aux gens.

Dressez une liste d'au moins cinq bénéfices secondaires retirés de votre maladie et une fois que vous les avez identifiés, travaillez à les reconnaître comme des besoins légitimes. Vous avez *droit* à du repos, vous avez le *droit* de dire non, de vous sortir de situations désagréables, d'éviter des gens ou un travail que vous n'appréciez pas. Ce sont des besoins légitimes. Tant que votre cancer vous permettra de les satisfaire, vous éprouverez beaucoup de difficultés à en guérir.

Il faut que vous surmontiez vos bénéfices secondaires en trouvant des moyens de satisfaire vos besoins légitimes sans dépendre de votre maladie. Cela peut être la simple décision suivante : « Lorsque j'irai mieux, je ne reprendrai pas ce travail. » Ou bien, vous aurez à développer certaines capacités comme d'écouter d'abord vos propres désirs avant de dire automatiquement oui aux autres. La visualisation et les affirmations peuvent vous aider dans ce domaine.

Composez dès maintenant une affirmation, pour chacun de vos bénéfices secondaires, qui reconnaîtra vos besoins légitimes et qui décrira la manière dont vous comblerez ceux-ci. Voici des exemples :

Je prends le temps qu'il me faut pour me reposer.

Je peux dire *non* à mon patron quand je suis trop occupé.

Ma santé est plus importante que l'opinion des autres.

La vie et la santé d'abord, les détails et les soucis en second.

Je peux demander ce que je veux.

Je m'aime et je prends soin de moi.

Posez-vous des objectifs

Les médecins et les infirmières travaillant dans les services d'oncologie rapportent souvent que les rémissions les plus remarquables sont le fait de personnes ayant le sentiment d'avoir une tâche importante à terminer. De nombreux patients auxquels les médecins n'avaient offert aucun espoir de survie ont survécu parce qu'ils voulaient voir leurs enfants se marier, finir d'écrire une pièce de théâtre, connaître leurs petits-enfants ou visiter Paris au printemps.

Des études ont également montré que la pire chose à faire était de traîner à l'hôpital ou à la maison. Reprendre ses activités normales dès que possible, au plus haut niveau envisageable, est une planche de salut.

Si vous abandonnez vos buts et si vous ne vous en fixez pas d'autres, c'est que vous êtes en train de vous dire tout bas que vous ne survivrez pas. Si vous en formulez un, même simple, comme de faire nettoyer les tuyaux de descente d'eau, cela sous-entend que vous avez l'intention d'être en vie cet hiver. Établir des objectifs affirme votre capacité à combler vos besoins et renforce l'image que vous avez de vous-même. C'est aussi un bon moyen de poser des priorités qui vous permettra de focaliser votre peu d'énergie sur ce qui est important pour vous.

Prenez un moment maintenant pour dresser une liste de cinq buts que vous souhaitez atteindre d'ici l'année prochaine. Incluez un objectif matériel, un objectif scolaire ou professionnel, un objectif social ayant trait à vos relations aux autres, un objectif en matière de santé ou de psychologie et un objectif spirituel.

_____

_____

_____

_____

_____

Si vous avez du mal à penser à des objectifs précis, consultez le chapitre intitulé « Se fixer des objectifs et les atteindre ». Il est rempli d'exemples et de directives destinés à vous aider à chaque étape de votre cheminement.

Pensez à composer deux affirmations qui vous rappelleront vos objectifs et votre engagement à leur égard. Voici quelques exemples :

J'ai des affaires à terminer sur cette planète.
J'obtiendrai ma maîtrise en lettres d'ici la fin de l'année prochaine.
Chaque jour, je fais un pas en direction de mon but.
Je vis pour voir l'enfant de Janie.

Corrigez vos préjugés négatifs

Dans notre culture, le cancer est souvent considéré comme un monstre, un tueur sans faille et comme une condamnation à mort. Erreur! Dans *Getting Well Again*, les Simonton relèvent trois préjugés courants et incorrects au sujet du cancer et ils proposent trois faits positifs pour réfuter ces derniers :

Préjugé négatif	*Fait*
1. Cancer égale mort.	1. Le cancer n'est pas toujours mortel.
2. Le cancer frappe de l'extérieur et il n'y a aucun espoir de le contrôler.	2. Quelle que soit la cause de votre cancer, l'ennemi mortel de celui-ci est votre système immunitaire.
3. Les traitements médicaux sont des remèdes de cheval inefficaces et bourrés d'effets secondaires.	3. Les traitements médicaux sont un allié capital de vos défenses immunitaires.

Ces faits suggèrent des affirmations importantes que vous devriez paraphraser et inclure dans vos visualisations :

Je survis à cela.
Je vais mieux.
Mes défenses naturelles se renforcent.
Les rayons sont mon allié, mon arme.
La chimiothérapie me prête main-forte.

Faites-vous aider

C'est le moment de laisser votre famille et vos amis prendre soin de vous. Prévoyez toute l'aide possible : quelqu'un à qui parler, quelqu'un avec qui aller à vos examens et à vos traitements, quelqu'un avec qui prendre le petit déjeuner, déjeuner et dîner, quelqu'un à appeler à deux heures du matin lorsque vous n'arrivez pas à dormir, quelqu'un qui vous aidera à faire le ménage ou à jardiner, quelqu'un qui gardera vos enfants ou qui donnera à manger au chat, etc. Résistez à la tentation de vous isoler. Emportez votre carnet d'adresses partout et pensez à une personne que vous pourrez appeler n'importe quand pour parler ou pour sortir prendre un petit déjeuner.

Surmontez vos ressentiments

Dans la visualisation qui suit, vous aurez l'occasion de revivre des scènes du passé où des personnes vous ont blessé, vous ont pris quelque chose ou ont reçu ce que vous estimiez mériter. Ces sources de rancœur sont dans le passé et vous ne pouvez rien y faire. Pour accroître vos chances de guérison, vous apprendrez à vous défaire du passé, à vous délivrer de la tyrannie de la rancune et de vos vieux schémas de colère. Cela dégagera de l'espace dans votre tête pour les images de guérison dont vous avez un besoin vital aujourd'hui.

Il vous faudra une affirmation « antirancœur ». Par exemple :

Je me libère du passé.
Je veux des bonnes choses pour tout le monde.
Les ressentiments tuent, la compassion sauve.
Je fais de mon mieux et les autres aussi.

Améliorez vos capacités de relaxation

Lorsque vous êtes atteint d'un cancer, l'une des fonctions les plus importantes de la visualisation est de vous aider à vous détendre. La relaxation soulage la douleur ou les malaises que vous pourriez éprouver. Elle diminue l'angoisse. Elle envoie un message à votre corps disant que tout va bien et vous met dans un état optimal pour le fonctionnement de votre système immunitaire. L'anxiété et la peur excitent vos glandes surrénales qui produisent alors une grande quantité d'hormones stéroïdes. Ces hormones diminuent l'efficacité de votre système immunitaire en tuant vos globules blancs. Lorsque vous êtes détendu, votre cerveau émet des ondes alpha et des endorphines qui activent et renforcent vos défenses naturelles.

Passez davantage de temps à vous détendre profondément avant chaque séance de visualisation. Si vous éprouvez des difficultés à vous laisser aller, consultez le chapitre consacré à la diminution du stress.

Faites des visualisations curatives

Vous devriez faire vos visualisations au moins trois fois par jour. Cinq ou six fois serait encore mieux car vous avez de nombreux domaines à travailler.

Vous inclurez dans chaque visualisation des images du processus de guérison. Vous verrez vos grandes armées de globules blancs détruire et évacuer les cellules cancéreuses faibles et désorganisées. Vous visionnerez les traitements que vous recevrez comme vos alliés aidant votre corps à se guérir. Avant un nouvel examen ou traitement, vous répéterez mentalement la procédure pour vous préparer et réduire votre anxiété.

A d'autres moments, vos visualisations quotidiennes

incluront aussi des images destinées à renforcer les différentes étapes de la guérison : demander et accepter de l'aide, surmonter vos ressentiments, éviter le stress, atteindre vos buts, changer de croyances au sujet du cancer, prendre de l'exercice, dessiner dans votre carnet de croquis, vous affirmer chez le médecin et à l'hôpital et les résultats positifs retirés de la guérison.

Tenez un carnet de croquis

Les Simonton se sont aperçus que reproduire simplement les images vues au cours des visualisations était un bon moyen pour analyser et améliorer celles-ci. Après la visualisation ci-dessous, vous trouverez des directives pour interpréter vos dessins. Vous pouvez aussi écrire vos pensées, dresser une liste de vos objectifs et organiser votre emploi du temps dans ce cahier.

Nourrissez-vous bien

Pour vous guérir, il faut que vous vous nourrissiez bien. Une alimentation appropriée est importante pour le fonctionnement de votre système immunitaire. Laissez tomber les cochonneries, l'alcool, la caféine, le tabac, les excès de graisse, de sucre et de sel. Consommez davantage de légumes et moins de viande rouge. Recherchez l'équilibre en mangeant un peu de chaque groupe d'aliments. Certains spécialistes considèrent que les vitamines sont essentielles à la guérison du cancer. Alors prenez-en au naturel si possible. Cela ne peut pas vous nuire et tout ce que vous pourrez faire pour améliorer votre santé vous aidera.

Faites de l'exercice

Prenez une heure d'exercice trois fois par semaine : promenez-vous à bon pas ou courez, nagez, faites de l'aérobic ou de la bicyclette. L'exercice tonifie les muscles, améliore l'endurance, soulage le stress, permet de sortir de la déprime et stimule le système immunitaire. Pour ne pas vous surmener, conservez une allure qui ne vous empêche pas de tenir une conversation tout en faisant vos exercices.

Faites ce que vos limites physiques vous permettent d'accomplir. Même si vous passez la plupart du temps au lit, vous pouvez vous *visualiser* en train de prendre de l'exercice. Rappelez-vous qu'en ce qui concerne votre cerveau, il n'existe aucune différence entre activité réelle et imaginaire. Vous n'améliorerez pas votre tonus musculaire ni votre endurance en vous visionnant en train de courir mais vous créerez et relâcherez la tension dans vos muscles, vous combattrez la dépression et vous stimulerez votre système immunitaire.

DIRECTIVES POUR UNE VISUALISATION ANTICANCER

Allongez-vous et fermez les yeux. Détendez-vous complètement. Passez le temps nécessaire à la relaxation de tous les muscles de votre corps. Allez dans votre sanctuaire et entourez-vous de choses rassurantes. Installez-vous-y et détendez-vous.

Vous construirez d'abord une image de votre cancer. Évitez de le voir comme le signe astrologique du crabe. N'utilisez pas non plus une image de fourmis, de rochers ou de rats. Il est important que vous visionniez des cellules séparées, individuelles et non une tache étiquetée « tumeur ». Ces cellules doivent être petites et molles comme des éponges. Elles sont faibles et désorganisées. Elles ne sont pas gonflées et elles n'ont pas l'air en bonne santé contrairement à vos cellules normales. Elles sont plutôt flétries et fragiles avec une paroi fine et un intérieur délavé. Voyez-les en gris ou dans une autre couleur fade.

Créez maintenant une image de vos globules blancs. Les globules chargés d'éliminer le cancer s'appellent des phagocytes. Ce sont des cellules larges, de forme irrégulière qui naissent dans la moelle osseuse puis circulent dans votre corps à travers les vaisseaux sanguins, les vaisseaux et les ganglions lymphatiques. Lorsqu'il est dans un vaisseau sanguin où il y a comparativement plus d'espace pour flotter, le phagocyte ressemble à une gouttelette sphérique de gelée claire avec un noyau et de petites taches à l'intérieur. Mais les phagocytes ne se cantonnent pas dans les vaisseaux sanguins. Ils peuvent traverser leurs parois et pénétrer dans les tissus avoisinants. Ils passent en quelque sorte un doigt dans les interstices entre les cellules, s'écrasent comme des crêpes et se glissent ainsi entre elles.

Un phagocyte détruit une cellule par phagocytose : il s'aplatit et enveloppe complètement la cellule plus petite puis il la digère et rejette ce dont il n'a pas besoin. C'est une espèce de bouche géante reliée à un estomac qui parcourt votre corps à la recherche de son prochain repas.

Il existe en fait de nombreuses sortes de globules blancs. Elles se ressemblent mais leurs tâches sont différentes. Vous pouvez visualiser toute une variété de globules blancs : des *sentinelles* patrouillant dans votre corps à la poursuite de cellules cancéreuses et ordonnant aux autres d'attaquer ; des *observateurs* qui marquent les cellules à attaquer ; des *destructeurs* qui engloutissent et détruisent les cellules cancéreuses ; des *juges* qui interrompent la mobilisation lorsque toutes les cellules cancéreuses ont disparu ; des *femmes de ménage* qui ramassent les morceaux de cellules qui traînent et des *globules blancs qui mémorisent* les cellules cancéreuses pour les reconnaître s'il s'en forme de nouvelles.

La chose essentielle à retenir est qu'il existe des milliards et des milliards de globules blancs dans votre organisme. Ils sont infiniment plus nombreux, plus grands et plus forts que les cellules cancéreuses. On peut les voir comme une vaste armée s'avançant dans la plaine et remplissant l'horizon. Comparée à cela, une tumeur ressemble à une bande de canailles se blottissant dans un terrier.

Imaginez le plus souvent possible vos globules blancs écrasant les cellules cancéreuses. Les images que vous utiliserez dépendront de votre personnalité et de vos préférences. Peu importe, tant que les globules blancs sont grands, forts, intelligents et nombreux et que les cellules cancéreuses sont petites, faibles, stupides et dépassées en nombre. Beaucoup de gens aiment mieux les images agressives développées par les patients des Simonton : des requins blancs attaquant de petites méduses grises, des poissons mangeant des œufs ou des gros chiens engloutissant de la viande crue. Bernie Segal a découvert que des résultats pouvaient aussi être obtenus en employant des images plus douces telles que des éponges géantes absorbant de la crème anglaise ou des grands hommes forts bourrant des sacs poubelle blancs de cellules cancéreuses, comme si c'étaient des feuilles mortes, pour les transporter au loin. Un brin d'humour aide aussi.

Essayez de *devenir* un de vos globules blancs. Vous êtes grand, vous êtes fort et vous avez faim. Vous pouvez engloutir les cellules cancéreuses comme du pop-corn. Elles ne peuvent ni courir, ni se dissimuler. Vous les trouvez où qu'elles soient.

Voyez les cellules cancéreuses battues, surpassées en nombre et en finesse. Il y en a de moins en moins. Elles périssent de tous côtés. Certaines abandonnent et meurent avant même que les globules blancs ne les atteignent. Ceux-ci peuvent pénétrer partout y compris au centre d'une grande tumeur. Rappelez-vous que votre corps est constitué d'eau pour l'essentiel, eau qui compose votre sang, votre lymphe et le liquide intercellulaire. Les globules blancs peuvent nager jusqu'au cœur de n'importe quelle masse de cellules cancéreuses et y exercer leur pouvoir curatif.

Quelles que soient les représentations que vous utiliserez pour vos globules blancs et les cellules cancéreuses, veillez à inclure des images de débris de cellules cancéreuses mortes en train d'être entraînées dans votre foie et vos reins pour être transformées et éliminées dans les urines et les selles. Voyez les cellules « ménagères » balayer, nettoyer et évacuer les débris dans des sacs et des seaux. Seules les cellules propres, brillantes et saines demeurent.

Dites-vous :

Mes cellules cancéreuses sont faibles et désorganisées.
Mes globules blancs sont forts et rusés.
J'écrase le cancer à l'aide d'énergie curative.
Je purge mon corps de toutes les cellules ratées et je les évacue.

Coupez les vivres à votre tumeur

Imaginez maintenant qu'il existe une salle de contrôle quelque part dans votre cerveau. Cette salle contient les valves qui régulent le débit sanguin dans tout votre corps. Voyez les tuyaux en détail avec leurs courbes, leurs embranchements qui s'étendent dans votre organisme pour prendre fin dans la salle de contrôle. Trouvez cette salle et la grosse valve ou le robinet qui contrôle le flux du sang dans votre tumeur. Lorsque vous trouverez la bonne, remarquez sa taille, sa couleur, sa texture et le type de manivelle ou de volant qui sert à la manœuvrer. Prenez la manivelle à deux mains et faites-la tourner dans le sens des aiguilles d'une montre pour diminuer le débit sanguin jusqu'à ce que ce ne soit plus qu'un filet. Ne vous inquiétez pas au sujet des globules blancs : ils pourront toujours atteindre votre tumeur grâce au système lymphatique et au liquide intercellulaire. Il leur sera encore plus facile de se débarrasser des cellules cancéreuses affamées et affaiblies maintenant que vous leur aurez coupé les vivres.

Si vous n'êtes pas sûr d'avoir réussi, créez une autre valve encore plus grande et fermez-la. Jetez un coup d'œil alentour et coupez toutes les petites et les grosses valves qui alimentent votre tumeur en sang. Tracez si vous le voulez le plan des tuyaux qui partent de votre cerveau, passent par votre cœur pour aller jusqu'à la tumeur. Fermez les valves tout du long.

Vous pouvez imaginer que vous glissez une main minuscule mais très puissante à l'intérieur de votre corps. Trouvez les vaisseaux sanguins qui nourrissent votre tumeur et serrez-les. Vous avez l'impression de toucher le gros tuyau d'eau chaude qui va dans le radiateur de votre voiture. A mesure que vous l'écrasez, le tuyau devient de plus en plus petit jusqu'à ce qu'il ne soit plus qu'un petit tube capillaire, plus fin qu'une paille. Vous pouvez aussi imaginer que le vaisseau sanguin est un tuyau d'arrosage que vous pliez pour que le flot ne devienne plus qu'un mince filet. Maintenez l'étranglement ou la pliure des vaisseaux à l'aide de fil retors.

Dites-vous :

Je ferme l'alimentation en sang de ma tumeur.
Je la fais mourir de faim.

La tumeur est en train de mourir de faim.
Mon cancer se dessèche et rétrécit.

Visualisez vos traitements

Visualisez ensuite les traitements que vous avez suivis ou que vous suivrez prochainement. Apprenez d'abord quelle en est la procédure et repassez-la dans votre tête. Voyez-vous vivre le traitement sans crainte, sans gêne et sans colère : visionnez-vous vous présentant au bureau des admissions. Vous remplissez les papiers sans être contrarié, vous trouvez le bon étage et le bon service, vous attendez calmement et vous sentez les odeurs de l'hôpital. Voyez-vous regardant les autres personnes sans vous comparer à elles et sans penser à évaluer leur état physique. Vous lisez votre magazine, saluez le technicien, vous vous déshabillez et vous posez toutes les questions qui vous viennent à l'esprit. Visualisez-vous utilisant la respiration profonde pour vous calmer, considérant le matériel utilisé pour les rayons comme votre allié. Vous répondez aux questions, vous entendez les machines et les autres bruits de l'hôpital, vous vous tenez immobile pendant que les rayons détruisent votre cancer et vous visualisez votre traitement même au cours de celui-ci.

A la fin de cette visualisation, dites-vous : « Je peux faire face à mes peurs. Je peux rester calme. » Utilisez pendant le traitement des affirmations déjà préparées :

Je peux simplement fermer les yeux et dire une courte prière.
Respire lentement, respire tout simplement.
Ceci m'aide, je l'ai choisi.

Répéter mentalement la procédure avant les soins allégera considérablement votre anxiété et vous mettra dans un état de détente permettant au traitement de produire un effet maximum.

Représentez-vous vos traitements fréquemment comme étant très très puissants. Voyez-les produire le résultat désiré et agir à la manière d'un allié de vos processus naturels de guérison. Utilisez le symbolisme qui vous convient le mieux.

Si vous avez par exemple besoin d'être opéré, vous pourriez visualiser votre chirurgien comme un globule blanc géant, enlevant toutes les cellules cancéreuses d'un seul coup et court-circuitant l'évacuation habituelle via les reins et le foie. Ou bien, votre chirurgien pourrait être un chevalier comme saint Georges, héros imbattable, champion de votre cause. Voyez votre chirurgien comme s'il taillait les branches faibles et mal formées d'un arbre vigoureux ou comme s'il enlevait une tavelure d'une pêche. Dites-vous des choses du style : « Mon chirurgien m'aime, Dieu m'aime. L'opération est un succès. Le cancer est parti. »

Vous pouvez visualiser la thérapie par les rayons comme un orage accompagné de grêle dans une forêt. Les arbres les plus robustes et les broussailles plient puis se redressent alors que les plantes plus faibles sont abattues et meurent. Vous pourriez aussi voir vos cellules comme des gens sur une plage, en plein soleil. Vos cellules normales et saines portent des chapeaux de paille et sont munies d'ombrelles. Les cellules cancéreuses, elles, sont des créatures nues, albinos, qui se dessèchent et meurent au soleil. Ou bien, vous pourriez voir les rayons comme une multitude de petites étoiles dorées emplies d'énergie curative, jaillissant de la baguette magique d'une fée. Dites-vous : « Des rayons chargés d'énergie curative traversent mon corps. Mon cancer est en train de frire et d'être réduit à néant. Je détruis ma tumeur. »

Vous pourriez penser que la chimiothérapie marche comme ces produits de jardinage que l'on répand sur les pelouses : l'herbicide tue les mauvaises herbes feuillues laissant l'herbe verte et saine tranquille. Là aussi, vos cellules normales sont en trop bonne santé et sont trop intelligentes pour absorber beaucoup de poison, tandis que vos cellules cancéreuses sont faibles et stupides, alors elles l'ingurgitent et meurent.

Une femme considérait son corps à la manière d'un royaume imaginaire peuplé principalement de bonnes cellules mais aussi de quelques mauvaises. Elle voyait la chimiothérapie comme une potion magique administrée sur ordre de la reine à tous ses sujets. Les personnes honnêtes et bonnes — ses cellules normales — trouvaient la potion amère mais supportable. Les personnes mauvaises au cœur noir — ses cellules cancéreuses — mouraient d'empoisonnement. Elles fondaient comme la méchante sorcière dans *Le Magicien d'Oz*. Elle utilisait l'affirmation suivante : « Et tous vécurent ensuite heureux pour toujours. »

Visualisez les effets secondaires de vos traitements comme étant légers, supportables et valant la peine. Recourir à vos capacités de visualisation peut atténuer la gravité de ceux-ci. Vous vous sentirez alors presque normal, vous aurez suffisamment d'énergie, vous perdrez moins vos cheveux, une bonne partie des nausées vous seront évitées, vous garderez un appétit correct et vous vous maintiendrez à votre poids, etc. Voyez-vous dans l'avenir en train d'accomplir ce que vous faites d'habitude. Vous vous déplacez librement, vous souriez, vous blaguez avec des amis, vous vous nourrissez normalement et vous appréciez toujours des plaisirs simples. Dites-vous : « Mes traitements sont mes alliés. Ils ne font mal que pour guérir. »

Surmontez vos ressentiments

Allez dans votre sanctuaire intérieur. Qu'il soit calme et sombre. Detendez-vous profondément. Asseyez-vous au fond de la pièce et imaginez une chaise à l'opposé. Une silhouette est assise dessus. Vous commencez à distinguer ses traits et vous vous apercevez que c'est une personne qui vous a blessé dans le passé, quelqu'un à qui vous en avez voulu pendant longtemps. Cette personne est simplement assise, là. Elle ne vous regarde pas et elle ne fait rien.

Projetez une scène du passé sur un écran placé de telle manière que vous puissiez tous deux le voir. Regardez un épisode au cours duquel l'autre personne vous a fait du mal en disant, en faisant ou en négligeant de dire ou d'accomplir quelque chose. Observez la scène avec détachement du début à la fin.

Revisionnez-la en la revivant pour éprouver la même colère, la même souffrance et la même amertume. Essayez de retrouver les sentiments que vous aviez ressentis alors.

Maintenant, inversez les rôles. Endossez celui de

l'autre personne. Repassez le film. Essayez de comprendre et de mettre en scène le comportement de l'autre. Que ressentez-vous ? Quelle est votre motivation ? Efforcez-vous de vous faire une idée des raisons qui ont poussé cette personne à faire ou à ne pas faire quelque chose et réfléchissez à l'effet que cela a produit sur elle à ce moment-là. Voyez si elle se sent aussi blessée et pleine de ressentiments. Dites-vous : « Chacun fait ce qui lui semble le mieux sur le moment. Il n'y a pas d'alternative. Personne ne peut lire dans les pensées des autres ni prédire l'avenir. »

Changez la scène présentée à l'écran. Mettez en images quelque chose d'agréable pour l'autre personne. Voyez-la obtenant argent, amour, succès, satisfaction, acclamations, gratitude. Cela peut vous être difficile, mais attachez-vous à voir et à entendre les bonnes choses qui arrivent à l'autre personne.

Éteignez l'écran. Regardez-la dans les yeux. Dites-lui tout haut : « Je me pardonne et je te pardonne. Nos différends appartiennent au passé et je ne peux rien faire à leur sujet maintenant. Je laisse le passé s'en aller. Je te pardonne et je me pardonne. »

Cette visualisation peut vous paraître étrange et peu attrayante, mais c'est un moyen très efficace pour vous débarrasser de vos ressentiments. Vous appesantir sur les injustices du passé peut détourner votre attention, vous empoisonner l'esprit de colère et vous maintenir dans un état d'éveil chronique. Cet état est à l'opposé de la relaxation et votre système immunitaire ne peut fonctionner à son optimum que si vous êtes relaxé.

Guide intérieur

Si vous n'avez pas fait les exercices du chapitre consacré au guide intérieur, c'est le moment ! Même si vous vous êtes créé un guide intérieur dans le passé, vous pouvez souhaiter en inventer un nouveau qui vous aidera en particulier dans votre lutte contre le cancer.

Vous trouverez des instructions détaillées dans le chapitre intitulé « Comment rencontrer votre guide intérieur ». Vous devriez rechercher une incarnation de vos processus naturels de guérison. Créez « un guérisseur interne » qui saura ce qui se passe dans votre corps et qui pourra vous donner des conseils au sujet des images curatives et des exercices les plus importants pour vous en vue de votre guérison. Imaginez que votre guérisseur interne travaille vingt-quatre heures sur vingt-quatre, qu'il surveille vos globules blancs, qu'il vous chuchote des affirmations détendantes et encourageantes et qu'il vous fait tenir le cap de la guérison même au cours des moments où votre pensée consciente est ailleurs.

Renforcez les autres étapes de la guérison

Choisissez chaque jour une étape sur le chemin de la guérison. Vous y travaillerez et vous en visualiserez l'achèvement. Si vous essayez d'obtenir vos bénéfices secondaires sans avoir à être malade, voyez-vous en train de parler avec fermeté à votre employeur pour qu'il diminue votre quantité de travail et le stress qui pèse sur vos épaules. Écoutez-vous exiger du temps pour un hobby. Entendez-vous dire : « Je suis fatigué de toute cette confusion. Plus de lecture de pensée, voici exactement ce que j'attends de vous. » Entraînez-vous mentalement à formuler vos sentiments de manière claire et directe. Dites-vous : « J'ai des besoins légitimes et je peux les combler au grand jour. »

Voyez-vous en train de vous fixer des buts et de les atteindre : déménager, repeindre la barrière, passer plus de temps avec vos enfants, travailler bénévolement, débarrasser le sous-sol, finir une couverture, reprendre des cours, etc. Focalisez-vous sur les bénéfices positifs retirés de la poursuite constante de vos objectifs, sans tenir compte de votre diagnostic de cancer. Dites-vous : « J'ai l'intention de vivre. J'ai l'intention de réussir. Je suis trop occupé pour être malade. J'ai encore des choses à terminer dans ma vie. »

Écoutez-vous détromper les autres au sujet du cancer : il peut être vaincu, les défenses naturelles de votre corps sont conçues pour y faire face, vous accueillez les traitements nécessaires comme vos alliés. Dites-vous : « Je connais les faits. J'ignore les superstitions et les histoires horribles. »

Imaginez-vous appelant un membre de votre famille ou un ami pour leur demander l'aide ou le soutien dont vous avez besoin. Entendez-les accepter de passer chez vous, de vous prêter main-forte pour cirer le parquet, d'aller chercher votre cousine à l'aéroport, de vous lire les directives pour votre visualisation, etc. Écoutez les autres vous exprimer leur amour, leur sollicitude et leur volonté de vous épauler. Dites-vous : « Je peux toujours appeler Untel. »

Visualisez-vous fréquemment en train d'éviter des stress inutiles, demeurant calme et détendu au milieu des circonstances pénibles. Vous éprouvez de temps à autre des difficultés, vous êtes déprimé, vous pleurez ou vous vous sentez seul. Puis, visionnez-vous rassemblant votre énergie, vous sentant mieux, reprenant les tâches que vous avez à faire. Dites-vous : « Je conserve mon énergie. Je m'engage dans la voie la moins stressante. Je me sors toujours du cafard. »

Répétez mentalement les situations stressantes à venir, le matin avant de vous lever. Voyez-vous formulant et atteignant vos buts pour la journée. Entendez-vous parler avec calme et fermeté à votre médecin et aux soignants. Visionnez-vous en train de prendre une bonne salade et une soupe à la cafétéria pour le déjeuner et de partir vous promener dans l'après-midi. Choisissez les affirmations sur lesquelles vous vous concentrerez aujourd'hui.

Votre carnet de croquis

Emportez votre carnet partout. Après au moins une de vos visualisations quotidiennes, dessinez rapidement les images que vous aurez visionnées. Utilisez des crayons de couleur, des feutres ou des pastels. Représentez ce à quoi vos cellules cancéreuses et vos globules blancs ressemblent selon vous. Essayez parfois de dessiner de la main gauche si vous êtes droitier et inversement si vous êtes gaucher. C'est un bon moyen pour court-circuiter votre esprit critique et votre censure et pour laisser jaillir votre flot créatif.

Ce n'est pas de l'art, c'est de la thérapie. Alors le style et la beauté n'ont aucune importance. Dessinez librement sans trop réfléchir. Gardez la réflexion pour après, lorsque vous aurez tracé toutes les images que vous aurez utilisées dans votre visualisation anticancer.

Observez vos dessins et analysez-les à partir des directives pour des images anticancer efficaces. Les cellules cancéreuses sont-elles séparées, petites, peu nombreuses et ont-elles l'air faibles ? Avez-vous commis l'erreur de les faire ressembler à des crabes, à des insectes, à des rats ou à des cailloux ? Ces images sont trop fortes et trop prégnantes. Votre esprit sait combien il est difficile de se débarrasser des fourmis et de dissoudre des cailloux. Leur couleur est-elle pâle et fanée ? Les globules blancs sont-ils larges, bien plus nombreux et forts ? Ont-ils l'air intelligents ? Leur couleur est-elle vive ? Mangent-ils activement les cellules cancéreuses ? Ont-ils un accès facile à toutes les cellules cancéreuses ?

Les Simonton proposent deux trucs. Votre inconscient adoptera toujours l'image la plus convaincante, donc la plus grande. C'est pourquoi il est si important de voir vos globules blancs beaucoup plus grands que les cellules cancéreuses. Si vos images comprennent de nombreuses dents, cela peut signifier que vous avez réprimé beaucoup de colère, alors consacrez du temps à l'exercice sur les ressentiments. Si vous voulez que vos globules blancs aient l'air plus intelligents, donnez-leur un gros œil à la place d'un noyau.

Si votre dessin ne suit pas les directives indiquées plus haut, corrigez votre version. La prochaine fois que vous ferez une visualisation anticancer, incluez cette version révisée. Les visualisations anticancer constituent l'exception à la règle générale selon laquelle votre image spontanée est toujours la meilleure. Un certain nombre d'études et de rapports anecdotiques ont montré quelles images marchaient le mieux dans la lutte contre le cancer.

L'ASTHME ET LES ALLERGIES

Dans l'asthme et les allergies, votre système immunitaire traite des substances relativement inoffensives, telles que le pollen, les poils de chat, le chocolat, les conservateurs, le parfum, etc., comme de dangereux envahisseurs. Si, par exemple, vous êtes allergique au pollen des peupliers, cela veut dire que votre système immunitaire n'a jamais appris que le pollen de peupliers était sans risque. Vous ne possédez pas suffisamment d'anticorps de peupliers normaux pour neutraliser les grains de pollen que vous inhalez lorsque les arbres fleurissent. Vous avez des anticorps de peupliers mais ils sont d'un type appelé IgE, qui *cause* plutôt qu'il ne prévient les allergies en présence de pollen de peupliers.

Une réaction allergique débute par les mastocytes. Ces cellules sont concentrées dans la peau, les muqueuses et les poumons. L'allergène plus les molécules d'anticorps IgE provoquent la libération d'histamine par les mastocytes.

L'histamine est une substance chimique qui a deux effets malheureux. 1. Sous son action, les petits vaisseaux appelés capillaires se mettent à couler et libèrent un fluide dans les tissus avoisinants. Vous commencez à éternuer, votre nez et vos yeux coulent et vos sinus gonflent et deviennent saturés ; 2. L'histamine peut aussi provoquer la contraction des muscles lisses autour des bronches. Cela produit les symptômes de l'asthme où l'on ne peut pas expirer complètement. Le choc anaphylactique est une réaction allergique violente que certaines personnes ont lorsqu'elles sont piquées par des abeilles. L'écoulement du liquide et la contraction des muscles sont tels que la pression sanguine tombe et qu'une insuffisance mécanique du cœur peut en résulter.

Le stress aggrave les allergies et l'asthme. Si vous voulez utiliser la visualisation pour vous soulager, une partie importante de votre attention devra être portée à la relaxation approfondie. Celle-ci enverra un message à votre système immunitaire lui disant de se calmer parce que tout va bien.

VISUALISATION CONTRE L'ASTHME ET LES ALLERGIES

Le meilleur moment pour entreprendre une visualisation contre l'asthme et les allergies est lorsque vous en ressentez les symptômes. Dès le premier éternuement et le premier sifflement, arrêtez votre activité et trouvez un endroit où vous allonger. Il est plus facile de prévenir une réaction avant qu'elle ne se développe que de venir à bout d'une crise déclarée. Enregistrez ces instructions si cela vous aide.

Allongez-vous, fermez les yeux et détendez-vous. Passez davantage de temps sur la phase de relaxation. Dites-vous : « Détends-toi. Tout va bien. Il n'y a aucun danger. Ce n'est pas la peine de paniquer. » C'est un peu comme si vous vous adressiez directement à votre système immunitaire.

Formez une image des allergènes qui vous dérangent et donnez-leur une couleur inquiétante et dangereuse. Imaginez simplement de petits grains de poussière rouges flottant dans l'espace.

Voyez les allergènes colorés entrer dans votre bouche et dans votre nez avec l'air que vous respirez. Ils irritent les mastocytes présents dans les muqueuses. Vous pouvez imaginer les mastocytes comme étant plus gros que les allergènes, sphériques avec de petits palpeurs qui dépassent. Lorsqu'ils sont enflammés, les palpeurs chatouillent votre nez, provoquant des éternuements. Les cellules libèrent un liquide clair qui représente l'histamine.

Continuez à voir les allergènes pénétrer dans votre corps et recouvrir vos muqueuses jusqu'à ce que vos sinus, vos fosses nasales et votre gorge soient complètement colorés.

Changez maintenant de couleur. Choisissez-en une qui contraste avec la précédente et qui symbolise à vos yeux la sécurité ou l'innocuité. Transformez, par exemple, le rouge des grains de poussière en vert clair. Vos mastocytes aiment cette couleur. Ils lui font confiance. Ils arrêtent de se contracter et de couler. Dites-vous : « Mon corps reconnaît les allergènes comme inoffensifs. »

Si vous prenez des antihistaminiques, voyez-les fonctionner. Visionnez le médicament comme des millions de petits buvards qui épongent l'histamine dégagée par vos mastocytes. Voyez ceux-ci se raffermir, sécher en surface et ne plus libérer de gouttelettes d'histamine.

Essayez maintenant une scène métaphorique. Imaginez que votre système immunitaire a appelé un escadron d'élite de police. L'escadron est muni de bottes de combat, de mitrailleuses, de gilets pare-balles, de fusils à lunette et de tout l'attirail que vous voyez à la télévision. Votre corps est comme les rues d'une grande ville. Les policiers parcourent les trottoirs et les toits à l'affût. La ville entière est tendue. Tout est suspect. Les crans de sûreté des armes sont levés. Les policiers pensent que chaque allergène innocent est un meurtrier ou un terroriste. Ils sont paranoïaques et enclins à tirer sur les ombres.

Imaginez maintenant que les menaces d'attentats à la bombe et les rumeurs de prises d'otages soient une fausse alerte. L'ordre de baisser la garde provient du quartier général. Tout danger est écarté. Les jeunes policiers remettent les crans de sûreté et prennent la direction de la place centrale de la ville. Un grand autobus arrive du quartier général. Ils font la queue pour y monter. Ils retirent leurs bottes et leur gilet de protection puis s'affalent sur leur siège et s'endorment sur le chemin du retour. Ils regagneront tous leur domicile pour dormir et se restaurer. Ils restent en alerte au cas où une invasion réelle par un virus ou une bactérie se produirait en ville, mais ils ne sont pas nécessaires à la patrouille de routine. Dites-vous : « Ce n'est qu'une fausse alerte. Je peux me détendre. »

La ville est calme. C'est maintenant un après-midi d'été normal et endormi. Il n'y a que quelques policiers de service. Ils sont vieux, lents et gros. Ils n'ont même pas de revolver, seulement des talkies-walkies. Ils sommeillent dans leur voiture de police, s'adossent aux réverbères et boivent du café. Si quelque chose de vraiment dangereux se produit, ils sonneront l'alarme. Mais ils ne vont pas paniquer à cause de quelques allergènes inoffensifs flottant dans les airs. Dites-vous : « Tout est normal. Pas de problème ! »

Maintenant que vous êtes détendu et que vous avez atténué votre réaction allergique, vous pouvez passer un peu de temps à soulager tout symptôme subsistant. Imaginez que votre nez bouché et vos sinus gonflés sont une grosse éponge logée dans votre tête. Imaginez que vous la sortez par une trappe magique située dans votre front. Vous pouvez la tordre puis la remettre à sa place. Son volume ayant diminué, elle est bien plus confortable. Refaites cela plusieurs fois.

Si vous le préférez, imaginez que l'éponge reste en place et que vous êtes une personne minuscule qui flotte dans votre tête. Pressez le revêtement spongieux de vos sinus et de vos fosses nasales. Le fluide libéré s'écoule dans votre gorge. Dites-vous : « Laisse-les s'égoutter, laisse-les s'assécher. »

Si vous avez des symptômes d'asthme, voyez vos bronches conduire à vos poumons comme les branches d'un arbre. Imaginez que les petits tuyaux qui les composent soient attrapés par une grande main qui se crispe de panique. Laissez la main se détendre et relâcher son étreinte. Voyez et sentez les petits tuyaux se rouvrir et permettre à l'air de s'échapper librement. Si vous utilisez un inhalateur, imaginez qu'il fonctionne. Voyez et sentez la brume fraîche descendre dans chaque branche, ouvrant le passage comme de l'air gonflant un ballon. Dites-vous : « Je peux me détendre et respirer facilement. »

Avant d'achever votre visualisation, dites-vous : « Je peux demeurer détendu et calme. Je suis en équilibre. » Renforcez cette affirmation à l'aide d'une image de gyroscope. Vous avez sûrement joué avec l'un de ces volants logés dans un cadre sphérique lorsque vous étiez enfant. Vous enroulez un fil autour de la tige et vous faites tourner le volant. Quelle que soit la manière dont vous essaierez de le faire basculer, le gyroscope se remettra toujours droit même s'il est placé sur une corde raide ou à l'extrémité d'un crayon.

Imaginez qu'il y a un grand gyroscope au centre de votre poitrine. Il représente votre système immunitaire et l'équilibre homéostatique de tout votre corps. Imaginez que chacune de vos inspirations, chacun de vos mouvements, chacun de vos regards, chacune de vos pensées font faire un nouveau tour au gyroscope. Cela maintient votre équilibre interne. Quel que soit le stress auquel vous serez soumis, vous ne pourrez être entraîné loin du centre. Si vos mastocytes commencent à s'exciter en présence de pollen ou de poussière, vous les calmerez rapidement et vous remettrez votre système immunitaire en équilibre.

Lorsque vous serez prêt, terminez votre visualisation. Au cours de la journée, rappelez-vous : « Je reste calme et détendu. Je peux faire face aux allergies grâce à la relaxation et à la visualisation. » Pendant la saison des allergies, essayez d'éviter les activités stressantes. Dormez beaucoup, faites de l'exercice modérément et nourrissez-vous bien. Fuyez les aliments et les boissons auxquels vous êtes allergique ou qui aggravent vos allergies.

Faites-vous une règle absolue d'arrêter votre activité pour faire votre visualisation dès que vous sentirez qu'une crise se prépare. Dix minutes prises sur votre temps immédiatement peuvent vous épargner des heures de souffrances.

CONSIDÉRATIONS PARTICULIÈRES

Continuez les traitements traditionnels

Ce point doit être à nouveau souligné. La visualisation marche mieux quand elle est utilisée comme un supplément destiné à maximiser les autres traitements. Elle ne peut supplanter ni la chirurgie, ni les rayons, ni la chimiothérapie, ni même l'aspirine. Mais elle peut aider tous ces traitements à mieux fonctionner.

Dites à vos médecins que vous employez la visualisation. Faites-vous expliquer le sens de vos résultats d'examen et utilisez-les comme un feed-back pour vous guider dans vos visualisations. Si, par exemple, votre nombre de globules blancs est faible, cela signifie qu'il vous en faut davantage. Vous pouvez visionner une accélération de la division cellulaire des globules blancs dans votre moelle osseuse.

Ne visualisez pas des changements théoriques compliqués de votre système immunitaire, à partir d'informations puisées dans vos lectures. Si vous vous intéressez au fonctionnement détaillé de ce système et si vous souhaitez y apporter des modifications précises à l'aide de la visualisation, faites-le sous le contrôle d'un médecin spécialisé. Sans guide, vous risqueriez de déséquilibrer votre système immunitaire. Jeanne Achterberg a, par exemple, enseigné à un homme souffrant d'une maladie auto-immune la manière d'accroître le nombre de cellules B dans son sang et de diminuer le nombre de cellules T. Il est parti en voyage et a poursuivi ses exercices de visualisation mais il en a trop fait. Il a créé tant de cellules B et il s'est débarrassé de tant de cellules T qu'il s'est exposé à une grave infection virale. C'est une démonstration impressionnante du pouvoir de la visualisation sur le système immunitaire et une mise en garde claire contre son utilisation en l'absence d'un feed-back périodique.

La douleur

Nous avons peu parlé de la douleur dans ce chapitre. Pour apprendre à bien la gérer, consultez le chapitre sur la maîtrise de la douleur.

Les rechutes

Votre système immunitaire suit une courbe ayant la forme de montagnes russes et non une ligne droite. Lorsque vous êtes soumis à un stress et que vous tombez malade, il décline un peu, puis reprend des forces pendant un moment, décline un peu plus, puis reprend des forces, décline encore, etc. Le chemin vers la guérison a la même allure : vous allez mieux, puis vous rechutez, vous allez encore mieux, puis vous vous sentez un peu moins bien et vous finissez par guérir.

Après les traitements et la visualisation, vous commencerez peut-être à vous sentir un peu mieux. Les résultats de laboratoire confirment que vous êtes sur la bonne voie. Vous quittez l'hôpital ou vous reprenez votre travail. Vous vous sentez de mieux en mieux. Vous vous dites que vous avez vaincu votre cancer une fois pour toutes. Puis, un jour, vos symptômes réapparaissent ou des examens de routine montrent que vous avez une rechute.

Les rechutes ne veulent pas dire que tout ce que vous avez fait n'a servi à rien. Les rechutes peuvent être attendues compte tenu de la manière dont votre système immunitaire retrouve son équilibre. Repensez aux montagnes russes.

Ceci peut vous enseigner deux leçons importantes. Premièrement, continuez vos visualisations, vos exercices et maintenez vos changements alimentaires et votre réseau d'aide, etc. N'arrêtez pas de prendre soin de vous simplement parce que vous vous sentez de nouveau comme avant. Rappelez-vous que c'est cet ancien moi et cet ancien mode de vie qui ont tout d'abord contribué à votre maladie.

Deuxièmement, si vous avez une rechute, ne prenez pas celle-ci comme un échec mais plutôt comme un message adressé par votre système immunitaire. Ce message vous dira que vous avez encore du travail à faire. Vous devez continuer à aider votre système immunitaire à retrouver son équilibre. Mettez-vous au travail en demandant aux autres de vous épauler. Consultez un thérapeute si vous êtes très déprimé. Trouvez davantage de moyens nouveaux de satisfaire les besoins que la maladie remplit pour vous. Ralentissez la cadence. Reprenez les habitudes saines que vous aviez délaissées. Si vous êtes revenu à des relations ou à des situations malsaines sur le plan psychologique, affrontez le fait que cette fois-ci vous devez vous en dégager.

Les statistiques

Méfiez-vous des statistiques, en particulier des prédictions du style « six mois à vivre ». Gardez-vous de mesurer vos chances en étudiant la littérature médicale.

Le problème avec les statistiques, et surtout avec celles concernant le cancer, est que la plupart des guérisons provoquées par le patient ne sont pas rapportées dans la littérature. Les personnes qui guérissent seules ne retournent pas chez leurs médecins. Ceux-ci imaginent alors qu'elles sont allées mourir chez un confrère alors qu'en fait elles sont en bonne santé.

Même quand les personnes qui ont guéri seules reviennent consulter leur médecin, leur rémission est souvent considérée comme étant au départ un cas d'erreur de diagnostic. Et si les médecins croient à la guérison, ils pensent que ces cas sont trop mystiques ou religieux pour être relatés dans les journaux médicaux traditionnels. Et puis, il est difficile pour la majorité d'entre eux de voir comment une guérison provoquée par le patient lui-même peut être appliquée à d'autres cas. Ces guérisons sont objet d'émerveillement mais ne sont que rarement rapportées, rassemblées et analysées.

On ne peut pas vraiment blâmer la plupart des médecins et des chercheurs en médecine de ne pas étudier le pouvoir curatif de la visualisation. Même s'ils savent ou s'ils pensent que la visualisation marche, ils ne peuvent expliquer comment. Ils ne savent pas non plus comment s'y prendre pour étudier le phénomène. Parce que la visualisation est une expérience intime et subjective, elle est presque impossible à reproduire en laboratoire. Comment savez-vous si deux sujets différents font la même chose lorsque vous leur demandez de « visualiser une pomme rouge » ?

La biochimie du système immunitaire est plus accessible aux chercheurs, alors c'est ce qu'ils explorent. Et celui-ci est si complexe que l'étudier est le travail d'une vie entière. Il ne reste plus de temps pour se consacrer aussi à l'analyse de la visualisation.

Comment savez-vous si ça marche ?

Vous ne le savez pas. Pas tout de suite. C'est le problème de l'utilisation de la visualisation pour guérir des troubles du système immunitaire par opposition à son emploi dans la relaxation, par exemple.

Il est assez facile de comprendre, d'accepter et d'utiliser la visualisation avec succès pour la relaxation. Vous pouvez vous rendre compte, à l'aide d'une machine de bio-feedback ou d'une simple introspection, que votre corps répond à votre imagerie : vos rythmes cardiaque et respiratoire ralentissent, vos mains se réchauffent, votre tension musculaire baisse, etc. Ces résultats immédiats et évidents ont fait que des techniques comme le bio-feed-back et le training autogène se sont étendues et ont été acceptées y compris par les praticiens et les patients les plus conservateurs.

Il est beaucoup plus difficile de comprendre, d'accepter ou de réussir à utiliser des images pour guérir le cancer parce que vous ne pouvez déceler une réaction immédiate de votre corps à vos images. L'introspection n'apporte pas d'information. Il n'existe aucune machine de bio-feed-back qui puisse montrer les changements prenant place dans votre système immunitaire à l'instant même où ils se produisent. Le décalage entre le moment où vous faites vos exercices de visualisation et celui où vous obtenez les résultats de vos analyses de sang ou de vos radiographies est trop grand.

Je crois que les effets de la visualisation sur le système immunitaire sont aussi immédiats et impressionnants que ceux provoqués par l'imagerie utilisée en relaxation. Je prédis que cela sera confirmé le jour où les machines de bio-feed-back pour le système immunitaire seront inventées, si jamais elles le sont.

Pour l'instant, vous ne savez pas vraiment quand cela marche. Le mieux est d'aiguiser vos talents d'introspection. Entraînez-vous à reconnaître les améliorations les plus minimes. Soyez à l'écoute de votre corps et devenez spécialiste ès sensations.

Inventez un sens ou un indicateur imaginaire qui vous dira que votre visualisation curative marche. Entraînez-vous, par exemple, à vous focaliser sur votre rythme cardiaque pour que vous puissiez le ressentir dans votre gorge, vos poignets ou dans votre poitrine. Après une séance, sentez votre cœur battre fort et lentement. Ce sera le signe indiquant que votre guérison est en route. Dites-vous : « Mon cœur est fort et régulier. Je recommence à aller mieux. »

14

Maîtriser la douleur

*La douleur contient une part de
Vide
Elle ne peut se rappeler
Quand elle a commencé — ou s'il
fut
Un temps où elle n'était pas.*

Emily Dickinson

Ce chapitre s'applique à toutes sortes de douleurs y
compris celles résultant de blessures ou de maladies, les
migraines, les douleurs dans la nuque et le dos, l'arthrite,
l'entérocolite, le cancer, les calculs rénaux, les névralgies,
les problèmes de mâchoire, etc. La visualisation constitue
une importante stratégie pour la maîtrise de la douleur en
particulier en ce qui concerne les douleurs lancinantes ou
chroniques provenant d'une maladie longue ou permanente.

Les techniques de visualisation proposées dans ce chapitre s'ajoutent aux traitements traditionnels mais ne s'y
substituent pas. Vérifiez que le diagnostic posé est exact et
soulagez-vous le plus possible à l'aide des traitements habi-
tuels de la douleur.

Les médicaments sont le traitement de la douleur qui vient immédiatement à l'esprit. Il existe de nombreux antalgiques puissants. Ils peuvent être indiqués si vous souffrez d'une maladie aiguë et temporaire. Mais, pour des douleurs chroniques, les médicaments ne constituent pas un bon point de départ. Ils sont de moins en moins actifs à dose égale à mesure que le temps passe. Et ils ont beaucoup d'effets secondaires indésirables. Une autre solution énergique consiste à couper chirurgicalement les nerfs transmettant la douleur. Malheureusement, celle-ci revient souvent après une courte période de soulagement.

D'autres traitements moins vigoureux se montrent fréquemment plus efficaces à long terme : la thérapie par le froid et le chaud, les massages, le bio-feed-back, la rééducation, l'acupuncture, les injections de produits anesthésiques au niveau de la zone douloureuse et la stimulation électrique des nerfs à travers la peau. Des exercices spéciaux et une rééducation sont souvent nécessaires pour prévenir ou pour se débarrasser des problèmes musculaires qui vont généralement de paire avec des douleurs chroniques : la faiblesse et l'atrophie musculaire, le raccourcissement des tendons et des ligaments et l'immobilisation des articulations.

Il existe à côté des symptômes physiques de nombreux problèmes psychologiques et pratiques associés aux douleurs chroniques : la dépression, l'anxiété, la colère, l'isolement, des relations tendues avec les autres, le chômage, des difficultés financières et la perte de la mobilité. La visualisation peut soutenir vos efforts pour faire face à ces obstacles.

LA NATURE DE LA DOULEUR

Quatre aspects de la douleur font que celle-ci peut être maîtrisée par la visualisation : 1. la douleur vous fait contracter vos muscles ; 2. la douleur monopolise votre attention ; 3. la douleur est dans votre cerveau et 4. la douleur est fonction du sens que vous lui donnez.

La douleur vous fait contracter vos muscles.
Lorsqu'une partie de votre corps vous fait mal, vous
contractez certains muscles pour essayer de soulager le
point douloureux. Vous vous efforcez de le maintenir immobile pendant que vous marchez, lorsque vous vous asseyez
ou que vous vous levez. Vous faites faire par d'autres
muscles qui n'en ont pas l'habitude le travail généralement
assuré par ceux qui se trouvent autour de la zone douloureuse. Vous vous courbez et même la pesanteur devient
votre ennemie. Toute cette tension musculaire supplémentaire accentue en fait votre souffrance. Ce qui n'était au
début qu'un petit spasme musculaire dans le bas du dos
peut devenir un blocage complet du haut du corps.

La phase de relaxation de votre visualisation interrompt
ce processus et donne un peu de repos à vos muscles. A
mesure que le niveau global de votre tension musculaire
baissera, la sensation douloureuse issue de la zone initiale
décroîtra également.

La douleur monopolise votre attention. Vous ne pouvez vous concentrer que sur une seule chose à la fois. Si
vous détournez votre attention de votre souffrance, vous ne
ressentirez plus celle-ci. La visualisation fonctionne, à son
niveau le plus simple, comme un moyen de vous distraire de
votre souffrance. Vous vous apercevrez probablement que
vous attendrez vos séances de visualisation avec impatience, non seulement parce qu'elles vous aideront à maîtriser la douleur mais aussi parce que vous vous sentirez
mieux *pendant* que vous visualiserez.

La douleur est dans votre cerveau. Lorsque vous
avez mal au pied, la douleur ne se situe pas simplement
dans votre pied. Pour que vous la ressentiez, les messages
de douleur doivent remonter les nerfs de vos jambes pour
parvenir à la moelle épinière puis au cerveau. Ensuite,
l'ampleur de la douleur que vous éprouvez ou sa durée
dépendent de la réaction de votre cerveau.

Celui-ci produit des substances telles que la séroto-
nine, les endorphines et les enképhalines. Ce sont des neurotransmetteurs qui arrêtent les messages de douleur, les
empêchant ainsi d'être reçus par le cerveau.

Lorsque vous êtes absorbé par une visualisation
vivante, votre cerveau émet des ondes alpha. Ceci augmente

vos chances de produire des neurotransmetteurs bloquant la douleur. Vous encouragerez la fabrication de ceux-ci en les visualisant et en voyant comment fonctionne leur action analgésique.

La douleur est fonction du sens que vous lui donnez. Ce n'est pas un phénomène automatique et mécanique. Elle fluctue en fonction du *sens* que vous lui attribuez à chaque moment. Dans une étude classique, Beecher a comparé la douleur rapportée par des soldats blessés à celle ressentie par des patients civils dans des services hospitaliers post-opératoires. Il a observé que les soldats éprouvaient moins de souffrance que les civils, pour des problèmes physiques quasiment semblables. La variable essentielle était le *sens* : pour les civils, être souffrant et opéré était une perturbation inquiétante dans leur vie normale et paisible. Pour les soldats, être blessé et à l'hôpital signifiait qu'ils rentreraient bientôt chez eux : ils avaient échappé aux horreurs de la guerre et la douleur était modulée par le sens positif attribué à leur blessure.

La visualisation tire parti de cela en examinant les significations négatives que vous avez données à votre douleur, en réfutant celles-ci et en les remplaçant par une manière de voir plus positive. Si, par exemple, les douleurs dorsales chroniques signifient pour vous que vous ne skierez plus jamais, vous pouvez combattre ces pensées négatives en imaginant que vous aurez désormais le temps d'écrire un roman, ce que vous avez toujours voulu faire.

VISUALISATION RÉCEPTIVE

Parce que la douleur a un tel effet psychologique, la connaissance que vous aurez de vous-même grâce à la visualisation sera particulièrement importante. Voici ce que vous devriez accomplir dans votre visualisation réceptive :

- Explorer les émotions entourant votre douleur.
- Éclaircir le sens particulier et personnel que vous attribuez à votre douleur.

● Trouver vos propres images de douleur et de soulagement.
● Découvrir si votre douleur vous confère des bénéfices et inventer des moyens d'obtenir ceux-ci sans
avoir besoin de souffrir.
● Déceler toutes les pensées négatives qui pourraient
vous empêcher de maîtriser votre douleur.
● Dresser la liste de toutes les tâches pratiques
associées au traitement de votre douleur et conserver autant que possible une vie normale.

Instructions

Allongez-vous dans une position confortable. Essayez
de vous installer sur le dos ou sur le côté, calez des oreil-
lers sous vos genoux ou coincez-les entre vos cuisses,
etc. Trouvez la position dans laquelle vous êtes le mieux,
position où la souffrance est la moins forte et qui vous
permettra de relâcher les muscles qui protègent la zone
endolorie.

Fermez les yeux et détendez-vous. Imaginez que vous
êtes allongé au soleil. Vous avez chaud et vous vous êtes
assoupi. Laissez la chaleur du soleil se focaliser sur la
région de votre corps qui souffre. Votre douleur absorbe la
lumière du soleil comme une éponge. Voyez la zone endolorie rayonner d'une couleur rose et chaude. Remarquez la
taille de celle-ci et sa forme. A mesure que la chaleur soulage la douleur, voyez si vous pouvez faire un peu rétrécir
la zone douloureuse. Sentez les muscles que vous n'étiez
pas conscient de relâcher et de détendre autour de cette
zone.

Passez un moment à visionner des images relaxantes et
voyez si vous éprouvez un soulagement. Avec de l'entraînement, vous observerez peut-être que la douleur commence
souvent à diminuer dès que vous vous allongez et que vous
fermez les yeux. Mais ne vous inquiétez pas si vous n'obtenez
aucune amélioration au cours de cette première séance.

Laissez la douleur envahir votre champ de conscience.
Videz votre esprit de toute autre pensée. Regardez, écoutez
et sentez ce qui vient remplir ce vide. Quelle image, quel

son, quel goût, quelle odeur ou quelle sensation physique ressentez-vous ? Quelles que soient les images qui émergeront, acceptez-les et considérez-les simplement.

Certaines personnes voient des couleurs ou des formes au contour haché. D'autres sentent un goût métallique ou salé au fond de la bouche. D'autres entendent des sons aigus ou un tambourinage synchrone avec les battements de leur cœur. Des images de cordes nouées, de feu, d'aiguilles pointues, de cailloux durs et de morceaux de bois brisés sont fréquentes.

Quelles que soient les images que vous recevrez, développez celles-ci en ajoutant des détails et des impressions provenant de tous vos sens. Lorsqu'une image est vivante et complète, imaginez que vous la transformez en son opposé. Dénouez les cordes entrelacées jusqu'à obtenir des cordons de soie lâches. Changez un goût salé en un goût sucré. Recollez les morceaux de bois brisés. Ces images symboliques constitueront la base de vos prochaines visualisations programmées. A ce niveau, appliquez-vous à construire différentes images de douleur et ne vous inquiétez pas si vous n'arrivez pas à les transformer complètement pour l'instant.

Allez ensuite dans votre sanctuaire. Préparez un écran, un rideau ou une alcôve où quelqu'un pourrait se tenir hors de votre vue. Imaginez que votre douleur a une vie bien à elle. Imaginez qu'elle est devenue une personne, dissimulée derrière l'écran ou le rideau, prête à répondre à vos questions.

Posez-lui des questions telles que :

Pourquoi es-tu avec moi ?
Quel message as-tu pour moi ?
Quand partiras-tu ?
Comment est-ce que je te perpétue ?
Que dois-je savoir à ton sujet ?
Quels bénéfices m'apportes-tu ?
Comment puis-je me débarrasser de toi ?

Notez les réponses à ces questions. Acceptez-les sans les juger. Vous pourrez les analyser ensuite. Écoutez simplement avec respect, curiosité et intérêt. Votre douleur peut vous répondre avec des gestes plutôt qu'avec des mots, en vous donnant quelque chose ou en faisant apparaître des idées dans votre esprit. Quel que soit ce que vous obtiendrez, prenez-le comme une information intéressante provenant de votre inconscient.

Vous pouvez aussi, si vous le souhaitez, poser les mêmes questions au sujet de votre douleur à votre guide intérieur.

Laissez maintenant partir votre douleur incarnée. Utilisez votre dispositif destiné à visionner des scènes : allumez la télévision ou retirez le tissu de velours qui recouvre votre boule de cristal. Regardez des situations sélectionnées : lorsque vous avez commencé à souffrir, lorsque vous êtes allé chez le médecin, lorsque vous étiez à l'hôpital, etc. Concentrez-vous sur les scènes chargées d'émotion : le jour où votre compagne de chambre a dû vous conduire aux urgences et où vous vous êtes senti si gêné, le jour où la douleur vous a réveillé à trois heures du matin et où vous étiez si déprimé, le jour où vous avez dû rester à la maison et manquer une réunion de famille et où vous étiez tellement en colère, le jour où vous attendiez des résultats d'examen et où vous avez eu une crise d'angoisse, le jour où vous vous êtes senti si mal fichu que vous avez crié après vos enfants, le jour où vous avez cru que vous étiez en train d'aller mieux et où ensuite vous êtes allé plus mal, tous les jours où vous vous êtes montré irascible, en retrait ou inquiet.

Remarquez quelles sont les émotions qui semblent revenir sans cesse. Refrénez votre jugement. Ne qualifiez pas vos émotions de bonnes ou de mauvaises. Laissez-les simplement se dérouler sur l'écran devant vous et regardez-les avec détachement.

Ajoutez maintenant une voix hors champ à votre scène. Écoutez vos pensées et en particulier les commentaires négatifs qui alimentent vos émotions douloureuses : « Jamais je ne surmonterai cela », « Je suis une charge pour tout le monde », « Je ne le supporte pas », etc.

Si vous éprouvez des difficultés à entendre les pensées négatives, regardez les scènes au ralenti ou entrez dedans comme si cela vous arrivait maintenant. Encore une fois, ne jugez rien. Écoutez et tirez-en simplement des enseignements.

Recherchez ensuite des scènes où apparaissent des bénéfices secondaires : la fois, par exemple, où vous avez obtenu une semaine supplémentaire pour réviser votre examen de calcul, la fois où votre odieuse cousine a dû aller à l'hôtel au lieu de descendre chez vous, la fois où vous êtes passé en premier parce que vous ne vous sentiez pas bien, la fois où votre mère vous a apporté une soupe et des gâteaux, les fois où votre conjoint vous a laissé tranquille et ne vous a pas ennuyé au sujet de l'argent ou du ménage, etc.

Il n'est pas nécessaire que vous vous fustigiez. Toute situation mauvaise a aussi ses bons côtés. Remarquez simplement ce que vous retirez de votre douleur et commencez à songer à des moyens d'obtenir les mêmes bénéfices sans avoir besoin de souffrir.

Visionnez enfin à nouveau les scènes pour découvrir les moments où il vous faudrait de meilleures capacités pour faire face. Remarquez quelles sont les tâches que vous avez eues du mal à accomplir : emmener le chat chez le vétérinaire pour un rappel de vaccination, vous souvenir de vos symptômes pour pouvoir les rapporter à votre médecin, faire monter les contre-fenêtres, etc. Incluez toutes les choses relatives à votre santé que vous comptiez faire mais que vous n'avez pas encore effectuées : lire des ouvrages traitant de votre problème médical, caler la tête de votre lit, entreprendre un régime de désintoxication, garder du temps chaque jour pour la visualisation, etc.

Achevez cette visualisation après avoir essayé toutes les suggestions ou si vous êtes fatigué ou trop distrait pour pouvoir continuer. Il se peut que vous ayez besoin de passer plusieurs séances à utiliser ces techniques réceptives pour découvrir la nature et le sens particuliers de votre douleur.

Imagerie suggérée

Si vous éprouvez des difficultés à trouver des images claires pour représenter la douleur et son soulagement, voici quelques images adaptées de l'ouvrage *The Chronic Pain Control Workbook* avec la permission d'Ellen Mohr Catalano.

Image de douleur	Image de soulagement
Maux de tête engourdissants	
Un bandeau qui serre la tête de plus en plus.	Le bandeau se desserre et tombe.
Un étau qui étreint la tête.	L'étau se désintègre.
Les muscles de la tête se contractent.	Les muscles sont souples et lâches.
Maux de tête lancinants	
Des épingles qui piquent le tour des tempes et des yeux.	Les épingles deviennent des petits points et disparaissent.
La douleur est comme la lame d'un rasoir.	Le rasoir fond.
Des couleurs agressives et brûlantes.	Un sol couvert de neige, des couleurs fraîches.
Douleurs musculaires sourdes	
Des briques ou de gros cailloux appuyant sur les muscles.	Les briques ou les cailloux se dissolvent, disparaissent ou tombent.
Des cordes nouées.	Les cordes sont dénouées, flasques ou elles se transforment en eau qui coule.
Douleurs musculaires déchirantes	
Un tissu que l'on déchire.	Le tissu est raccommodé et solide.
Des flammes.	Les flammes se consument ou sont étouffées par de l'eau. Un vent froid éteint les flammes.
Un couteau qui coupe.	Le couteau se dissout.
Douleurs de l'estomac et des intestins	
Des flammes dans l'abdomen et la poitrine.	Les flammes sont éteintes par de l'eau froide.
Des sécrétions acides dans l'abdomen et la poitrine.	L'acide est remplacé par de l'oxygène curatif inspiré à chaque souffle.
Des muscles serrés et contractés.	Du sang riche s'infiltre dans les muscles pour les réchauffer et soulager la tension.

Affirmations

Prenez votre temps pour composer des affirmations efficaces fondées sur vos expériences de visualisation réceptive. Vous pourriez, par exemple, renforcer vos images de douleur et de soulagement ainsi :

La douleur s'en va à mesure que les cordes se dénouent.
Le soleil fait fondre ma douleur.
Ma douleur rouge s'efface pour donner place à de la barbe à papa rose.

Tout sens particulier associé à votre douleur doit être résumé — d'une manière positive et curative — dans des affirmations telles que celles-ci :

Ma douleur me quitte à mesure que je m'accepte davantage.
La douleur me dit quand il est temps de me reposer.
J'accepte ma douleur comme faisant partie du vieillissement.

Incluez une affirmation reconnaissant et acceptant vos sentiments au sujet de la douleur et suggérant des moyens de faire face aux émotions désagréables :

Il est naturel d'être en colère. Je reconnais et j'accepte ma colère.
Lorsque je suis angoissé, je fais mon mantra de relaxation.
On a le droit de se sentir déprimé. Cela passera avec le temps.

Si vous avez découvert des bénéfices cachés retirés de votre douleur, bénéfices qui peuvent entraver vos efforts pour vous défaire de celle-ci, créez une affirmation qui vous rappellera que vous êtes capable de combler vos besoins sans devoir souffrir obligatoirement :

Je peux prendre du repos sans migraines.
Dire non est plus facile que d'avoir mal au dos.
J'affronte Georges avec mes véritables sentiments et non avec la douleur.

Rédigez soigneusement des affirmations qui réfuteront vos pensées automatiques et irrationnelles au sujet de la douleur :

Ceci est triste, mais pas intenable.
J'ai au moins une chance sur deux de me sentir bien mieux.
Je note avec attention tout nouveau symptôme sans faire de suppositions.

Renforcez votre capacité à accomplir toutes les tâches quotidiennes nécessaires pour faire face à votre douleur :

Quelle est la priorité, ici ?
Je peux demander de l'aide.
C'est cela. C'est ma vie, le bon *et* la douleur.

VISUALISATION PROGRAMMÉE

Allongez-vous dans la position que vous trouvez la plus confortable. Fermez les yeux et passez tout le temps qu'il vous faudra pour vous relaxer complètement. Le soulagement le plus important retiré de la visualisation provient de la détente physique qu'elle apporte. De nombreux patients hospitalisés dans des services traitant la douleur réussissent à maîtriser celle-ci à l'aide de la relaxation seulement.

Essayez de régler votre relaxation et votre travail antidouleur sur votre respiration et sur votre voix. En inspirant, serrez les poings et concentrez-vous sur votre douleur. A mesure que vous expirez, décrispez vos poings, soupirez et laissez la douleur s'estomper. Continuez en conservant un rythme régulier, descendez de plus en plus profond dans votre relaxation pendant que votre douleur s'évapore de plus en plus. Dites-vous : « Je peux me détendre profondément et dissiper ma souffrance. »

Commencez par des images directes et littérales. Imaginez que votre cerveau laisse échapper de l'endorphine, la substance chimique ressemblant à la morphine qui bloque les messages de douleur. Voyez des gouttelettes couler de votre cerveau jusqu'à votre moelle épinière. Partout où elle va, cette substance enveloppe les nerfs et interrompt les messages de douleur provenant de la partie de votre corps qui vous fait mal. Votre cerveau ne les reçoit plus La douleur devient faible et intermittente, comme une voix provenant de loin. Dites-vous : « Mon corps sait. »

Déplacez maintenant votre attention sur la zone endolorie. Voyez les muscles qui l'entourent, si souvent tendus et contractés dans une attitude protectrice. Observez vos muscles qui se détendent. A mesure que les abords de la zone endolorie se relaxent, celle-ci peut se détendre à son tour. Voyez un flux de sang l'irriguer, apportant des nutriments et évacuant les déchets toxiques.

Corrigez mentalement la cause de votre douleur. Visualisez, par exemple, des muscles et des tendons enflammés passer d'un rouge violent à un rose sain et rétrécir jusqu'à leur taille normale. Si vous avez des migraines, concentrez-vous sur l'image de vos carotides distendues diminuant de volume et visionnez le sang s'écouler hors de votre tête. Si vous souffrez d'entérocolite, voyez les spasmes de votre côlon diminuer puis s'arrêter, soulageant ainsi le ballonnement et la tension de celui-ci. Si vous avez mal au dos à cause du déplacement d'un disque ou d'une hernie discale, visualisez le disque en train de reprendre sa forme de coussin naturelle, le gonflement se résorbant et la pression sur le nerf sciatique s'atténuant. Dites-vous : « Je retrouve mon équilibre. »

Si vous ne connaissez pas très bien le fonctionnement ou le mécanisme chimique à la base de votre problème, décidez dès maintenant d'en apprendre plus à son sujet. Savoir ce qui est abîmé ou déséquilibré vous donnera des idées pour créer des images efficaces du processus de guérison. Les chapitres précédents peuvent vous fournir des renseignements particuliers au sujet de différentes blessures et maladies. Demandez aussi à votre médecin ou à votre bibliothécaire de vous suggérer d'autres sources d'information.

Essayez maintenant d'amener votre douleur dans une autre région de votre corps. Dites-vous : « J'ai créé ma douleur dans mon genou, je peux la recréer dans mon pied. » Imaginez votre douleur comme de la chaleur circulant dans le métal solide de votre corps ou comme une lumière sur une scène s'éteignant progressivement pour être transportée puis allumée ailleurs. De nombreuses personnes qui éprouvent des difficultés à *diminuer* leur douleur observent qu'elles peuvent la déplacer. Si vous arrivez à la faire bouger même d'un centimètre, vous aurez établi votre contrôle sur elle et vous serez bientôt capable de la réduire.

Passez ensuite à des images plus symboliques. Imaginez qu'il existe un robinet dans votre cerveau qui gère le flux d'endorphines et d'autres antalgiques naturels. Parcourez les corridors de votre esprit jusqu'à ce que vous trouviez le bon robinet. Ouvrez-le complètement. Voyez les endorphines qui gèlent les messages de douleur comme les congères bloquent la circulation sur une route.

Passez du temps à nourrir et à élaborer les symboles de douleur et de soulagement que vous avez préparés au cours de votre visualisation réceptive. Si vous avez un spasme musculaire dans le dos, voyez vos muscles comme des racines d'arbre ; elles sont noueuses et entrelacées et se transforment progressivement en paquets de cordes élastiques. Si vous souffrez d'entérocolite, vous pourriez voir la partie inférieure de votre appareil gastro-intestinal comme un serpent géant qui se pelotonne et s'endort. Si vous avez des migraines, vous pourriez imaginer que vos vaisseaux sanguins de la tête sont de grosses pompes à incendie, gonflées et durcies par l'eau. Vous trouvez ensuite la bouche d'incendie et vous fermez la valve pour que le tuyau redevienne mou et souple. Utilisez des affirmations pour renforcer vos images métaphoriques.

Visualisez maintenant vos traitements — médicaments, exercices, acupuncture, etc. Ils sont puissants et efficaces. Si vous souffrez d'arthrite, voyez l'aspirine diminuer l'inflammation comme un extincteur qui éteint un feu. Visualisez-vous en train d'exercer vos doigts et vos mains pour conserver votre dextérité. Si vous avez des problèmes de mâchoire, bâillez en étirant vos muscles, toujours sur la scène mentale. Dites-vous : « Je reçois les meilleurs soins possibles. »

Si vous avez mal au dos, voyez votre colonne vertébrale s'allonger et se consolider au cours des exercices au sol, des tractions ou lorsque vous portez un corset. Si vous souffrez d'entérocolite, visualisez les fibres ou le médicament bordant vos intestins de coussins protecteurs. Si vous utilisez le froid et le chaud pour soigner vos pieds endoloris, imaginez une alternance de vagues de lumière rouges et bleues emportant au loin votre souffrance.

Passez à des images où vous faites face à votre douleur : vous protégez votre dos en soulevant les objets correctement, vous réduisez vos engagements sociaux afin de disposer de temps pour vous reposer, vous demandez l'aide dont vous avez besoin, vous faites vos exercices de rééducation et votre visualisation régulièrement, vous prenez des rendez-vous chez le médecin et vous y allez, vous gardez du temps pour vos loisirs et pour lire, vous remerciez vos enfants pour leur prévenance au lieu d'être irascible, vous calculez vos factures, vous vous arrangez avec d'autres parents d'élèves pour ne pas conduire les enfants à l'école le matin lorsque votre dos est tendu, etc. Dites-vous : « Ma santé passe en premier. Je dois prendre soin de moi. »

Rappelez-vous : « C'est moi qui dois faire face à la douleur. Je l'accepte comme faisant partie de ma vie. Elle m'appartient. Je la maîtrise, ce n'est pas elle qui me maîtrise. C'est une parcelle de l'environnement que j'ai créé et je peux la maîtriser. »

Divertissez-vous en attribuant un sens amusant à votre douleur. Votre bras vous fait mal parce que le dragon l'a mordu lorsque vous étiez en train de sauver la princesse dans la tour. Vous boitez à cause d'une vieille blessure de guerre acquise lorsque vous vous battiez dans la Résistance. Vous êtes Anna Karénine qui souffre d'amour. A chaque fois que vous ressentirez un élancement de douleur au cours de la journée, rappelez-vous votre fantaisie en souriant intérieurement.

Achevez toujours ces visualisations en vous voyant dans l'avenir, débarrassé de toute souffrance ou au moins maîtrisant celle-ci. Sentez les bras de la personne que vous aimez vous enlacer, entendez les rires de vos enfants à la plage, humez l'air salé, goûtez le faisan grillé, recevez votre diplôme avec fierté, sentez votre corps bouger librement et avec vigueur et visionnez-vous arrivant à votre travail plein d'énergie et d'enthousiasme.

Dans votre vision de l'avenir, prenez des mesures préventives pour ne pas rechuter. Si vous avez un dos à problèmes, visionnez-vous dans une posture adéquate, vous soulevez les choses correctement et vous faites régulièrement de l'exercice pour tonifier vos abdominaux. Si vous souffrez d'entérocolite, voyez et goûtez les aliments riches en fibres que vous consommerez. Visualisez-vous en pleine sieste. Au lieu de votre deuxième tasse de café, vous vous assoupissez dans votre fauteuil. Si vous avez des migraines, voyez-vous demandant un délai supplémentaire à votre employeur. Observez ce que vous ressentez pour savoir si vous réprimez votre colère et faites votre relaxation musculaire progressive chaque jour avant le déjeuner. Si vous avez des problèmes de mâchoire, voyez-vous en train de jeter votre dernier paquet de chewing-gum, de brosser vos dents énergiquement et d'utiliser du fil dentaire quotidiennement. Employez des affirmations au présent, telles que : « Je suis libéré de toute douleur et je bloque son retour. »

Achevez votre visualisation lorsque vous serez prêt. Ne vous attendez pas à tout réussir à chaque fois. Comme toujours, ce qui précède n'est qu'une suggestion pour vous aider à démarrer. Changez la séquence pour qu'elle vous convienne et concentrez-vous sur ses différentes parties à des moments différents. Vos images les plus puissantes seront celles que vous découvrirez vous-même. Vous seul pouvez déterminer la meilleure façon de les assembler au cours d'une séance donnée.

QUE POUVEZ-VOUS EN ATTENDRE

Vivre avec la douleur, en particulier lorsque celle-ci est chronique ou récurrente demande ténacité et patience. Vous pourrez éprouver une diminution significative de votre souffrance dès que vous commencerez à utiliser la visualisation. Deux semaines plus tard, vous ressentirez peut-être de nouveau des symptômes douloureux sans aucune raison apparente. Ne laissez pas tout tomber. Faites des efforts pour prendre l'*habitude* de détendre votre corps délibérément et de visualiser le soulagement de votre douleur. Lors des épisodes de souffrance intense, rappelez-vous que vous travaillez pour le long terme.

Les hauts et les bas de votre moral peuvent être aussi pénibles que les symptômes physiques. Si vous souffrez de crises d'angoisse ou de dépression, réfléchissez sérieusement à l'idée d'en parler à un psychologue ou à un autre professionnel.

A force de pratiquer la visualisation, vos premières images de guérison risquent de perdre leur énergie parce qu'elles deviendront trop familières. Vous aurez de temps en temps besoin de faire des visualisations réceptives et d'imaginer de nouveaux symboles. Voici quelques images supplémentaires qui ont marché pour d'autres :

Le tunnel

Imaginez que votre douleur est un tunnel dans lequel vous pouvez pénétrer et sortir. Lorsque vous y entrez, votre souffrance croît pendant un moment. Puis, au fur et à mesure que vous marchez à l'intérieur, vous voyez s'approcher le bout du tunnel. A chaque pas, la lumière à l'autre bout devient de plus en plus grande et votre douleur vous fait de moins en moins mal. Lorsque vous quittez le tunnel pour entrer dans la pleine lumière, votre souffrance s'évanouit. Chaque pas soigne votre corps et l'affermit. Ce tunnel vous appartient : vous pouvez y entrer et le traverser quand vous le souhaitez et cela vous fait toujours du bien.

L'engourdissement

Focalisez votre attention sur l'une de vos mains. Imaginez qu'elle s'engourdit. Commencez par ressentir un fourmillement agréable au bout des doigts. Une sensation de chaleur envahit votre main. Laissez le fourmillement s'étendre à votre main tout entière. Puis, cette sensation s'estompe. Votre main devient engourdie. Toute sensation lui est imperceptible. Elle est complètement ankylosée, comme un morceau de bois.

Lorsque votre main sera complètement endormie, placez-la sur la zone douloureuse. Laissez cet engourdissement passer de votre main à votre corps. Transférez-le dans la région endolorie jusqu'à ce qu'elle soit aussi engourdie.

Ceci est une technique hypnotique puissante appelée « le gant anesthésique ». Elle a été utilisée seule, sans aucune autre forme d'anesthésie, au cours d'opérations de patients hypnotisés.

Si votre souffrance est localisée dans une partie de votre corps que vous ne pouvez aisément atteindre, créez l'engourdissement dans la zone douloureuse et n'employez pas la méthode de transfert par la main.

La boule rouge

Imaginez que votre douleur est une grosse boule rouge brillante d'énergie comme le soleil. Voyez-la devenir de plus en plus petite. En rétrécissant, sa couleur se transforme en un rose doux. Elle diminue encore et vire au bleu clair. A mesure qu'elle décroît, vous ressentez de moins en moins de souffrance. Continuez à l'observer jusqu'à ce qu'elle ne soit plus qu'un petit point bleu. Faites-le disparaître et sentez votre douleur disparaître avec.

L'eau fraîche

Imaginez que la région douloureuse est baignée dans de l'eau fraîche. Sentez l'eau couler et entraîner votre douleur avec elle. Elle l'emporte comme de la terre ou du sable. La zone endolorie s'apaise et se détend alors que l'eau charrie les dernières traces d'inconfort.

Le bouton du volume

Imaginez que votre douleur est un poste de radio dont le volume sonore est trop fort. Vous tendez le bras et vous saisissez le bouton du volume. Baissez doucement le volume de votre douleur comme si vous baissiez le volume sonore de votre radio. Diminuez-le jusqu'à ce que vous n'entendiez plus qu'un souffle.

La substitution sensorielle

Voici une bonne technique pour vous si vous ne croyez pas que vous pouvez éliminer toute votre souffrance. Transformez votre douleur en une autre sensation telle que des démangeaisons, des picotements, une impression de chaleur, de froid ou d'engourdissement. La sensation de substitution n'a pas besoin d'être agréable. Il faut seulement qu'elle soit *moins désagréable* que la douleur. Un autre avantage de cette technique est qu'elle vous permet de savoir que la douleur est toujours présente au cas où vous devriez la surveiller pour votre traitement médical.

Votre sanctuaire

Allez dans votre sanctuaire et mettez-vous à l'aise. Dites-vous : « Ceci est mon sanctuaire, c'est mon refuge contre la douleur. » Lorsque vous serez bien installé dans votre sanctuaire et que tous les détails vous paraîtront bien réels, ouvrez lentement les yeux et asseyez-vous. Menez vos activités normales comme si vous étiez encore dans votre sanctuaire en train de diriger les actions de votre corps et vos paroles à distance. L'idée est de vous dissocier de votre douleur. C'est comme si vous étiez parvenu à un niveau de conscience plus élevé, mettant une distance entre celle-ci et votre souffrance.

Vous pouvez renforcer ce fantasme à n'importe quel moment de la journée en fermant les yeux brièvement et en intensifiant les détails de votre sanctuaire. Dites-vous : « J'opère depuis mon sanctuaire, depuis le lieu où la douleur n'existe pas. Je ne suis pas complètement dans le monde réel. »

Une autre version de cette fable consiste à imaginer que vous êtes une intelligence étrangère qui a pris le contrôle de votre esprit et de votre corps afin d'en apprendre davantage au sujet de la vie sur terre. Comme vous êtes votre propre marionnettiste, vous ne pouvez ressentir la douleur que faiblement. Vous en êtes conscient mais ce n'est qu'un désagrément mineur comparé à toutes les nouvelles expériences fascinantes que vous vivez.

La boîte munie d'un verrou

Mettez votre douleur dans une petite boîte solide en bois ou en fer. Fermez la boîte à clé. Mettez-la dans un réfrigérateur ou dans un placard. Claquez la porte. Verrouillez-la, clouez-la ou posez du papier collant autour pour la fermer hermétiquement. Dites-vous : « J'enferme ma douleur ailleurs. Elle ne peut pas sortir. »

EXEMPLE

Mélanie était céramiste. Elle souffrait de migraines. Lorsqu'un de ses maux de tête se préparait, elle devenait très sensible aux bruits et aux lumières brillantes. Sa vision périphérique était envahie d'étincelles. Parfois des points sombres semblaient flotter devant ses yeux. Ces symptômes avertisseurs duraient deux heures. Mélanie devenait de plus en plus irascible et déprimée.

Puis le mal de tête frappait : des élancements incroyables commençaient d'un côté pour s'étendre à l'autre. Pendant les six heures suivantes, Mélanie souffrait de nausées, elle tremblait et se montrait incapable de manger. Elle tirait les rideaux, se traînait jusqu'à son lit et attendait que cela passe. L'aspirine, la codéine, la marijuana, rien n'y faisait.

Mélanie avait utilisé la visualisation pendant des années dans son travail artistique. « Je me suis sentie si stupide, dit-elle, le jour où je me suis aperçue que j'aurais pu employer mon imagination pour mes maux de tête comme je le faisais déjà pour mes peintures. »

La première chose qu'elle a faite a été de se documenter sur les migraines. Elle a découvert que ses symptômes avertisseurs étaient typiques du prodrome ou de « l'aura » rapportés par de nombreux migraineux : les rougeurs, la pâleur, la sensibilité aux bruits et à la lumière, l'anxiété, l'irritabilité, les flashes, les lignes en zigzag ou les points devant les yeux et la vision perturbée par des scintillements.

Au cours de la phase d'aura, les carotides du côté affecté du cou et de la tête se resserrent, diminuant le flux sanguin. Dans la phase douloureuse, ces mêmes artères réagissent trop vivement et gonflent. Les artères de l'autre côté peuvent également s'y mettre. L'apport sanguin accru contient des substances chimiques qui signalent la douleur aux terminaisons nerveuses avoisinantes. Certaines personnes peuvent être soulagées en appuyant sur leurs artères au début de la phase douloureuse. Les maux de tête de Mélanie se prolongeaient pendant six heures, ce qui est une durée moyenne et ses symptômes étaient typiques.

Mélanie a lu une description de la « personnalité migraineuse ». L'étiquette lui a déplu mais elle a dû reconnaître qu'elle partageait de nombreux traits avec elle : le perfectionnisme, l'ambition, la rigidité, le goût de l'ordre et de la compétition et le peu d'empressement à déléguer des responsabilités. Cela semblait être son *modus operandi* à chaque fois qu'elle préparait une nouvelle exposition de ses œuvres dans une galerie.

Les facteurs déclenchants étaient très intéressants : la peur de l'échec, l'animosité réprimée, le stress en général, certains aliments comme le fromage ou l'alcool ou certains médicaments comme les pilules contraceptives. Mélanie ne prenait pas la pilule et ne buvait pas d'alcool mais elle adorait le fromage. Elle était aussi tourmentée par la peur de l'échec avant les vernissages et elle éprouvait de la difficulté à exprimer sa colère.

Munie de cette information, Mélanie a fait une visualisation réceptive dans laquelle elle se promenait dans une nouvelle aile du Louvre. C'était « l'aile de Mélanie », remplie de peintures et de sculptures la représentant comme une personne ne souffrant plus de migraines. La plupart des peintures étaient hyperréalistes, comme des photographies géantes. Elle s'est vue méditant matin et soir, manifestant ses sentiments librement et honnêtement, évitant le fromage, tenant un carnet de croquis où figuraient ses sentiments et ses humeurs et réagissant aux symptômes avertisseurs par une relaxation immédiate.

Au cours d'une autre visualisation réceptive, Mélanie s'est entretenue avec l'artiste visionnaire William Blake [1], son guide intérieur qu'elle surnommait affectueusement « Bill le Maboul ». Bill lui a dit que ses migraines étaient ses anges gardiens la prenant à part pour qu'elle se repose lorsqu'elle avait besoin de se retirer hors du monde. Mélanie savait que cela était vrai. Elle s'épuisait souvent en essayant de tenir des délais auxquels elle ne pouvait se soustraire qu'en s'effondrant à cause d'une migraine. Elle a écrit l'affirmation suivante en lettres capitales sur une carte qu'elle a accrochée à son chevalet : « Je prévois du temps pour me reposer. » Elle a inscrit le mot « REPOS » sur chaque page de son carnet de rendez-vous.

Chaque fois que Mélanie sentait qu'une aura se préparait, elle cessait toute activité en cours et elle allait dans sa chambre ou dans un endroit où elle pouvait s'isoler. Elle s'allongeait si cela lui était possible et elle faisait des exercices de respiration profonde pour se relaxer. Puis, elle visionnait ses carotides en train de se détendre et d'arrêter de se contracter. Elle se rendait ensuite dans son sanctuaire et elle rencontrait Bill le Maboul. « Cela recommence, lui disait-elle. Peux-tu m'emmener loin d'ici ? »

William Blake la prenait par la main et la faisait entrer dans une grande image suspendue au mur, comme Alice à travers le miroir. L'image était souvent l'une des peintures ou l'une des eaux-fortes de Blake. Ils marchaient tous deux dans ce paysage lumineux et magique où les anges chantent dans chaque pommier et où la vérité universelle brille comme le soleil à travers le voile fin du monde végétatif.

Parfois, William Blake emmenait Mélanie dans le ciel pour se reposer sur un nuage ou pour parler au vieil homme barbu qui n'était « pas tout à fait Dieu mais un bon ami à elle ». Ils ont un jour visité la première exposition impressionniste à Paris. Une autre fois, ils sont allés chez Monet à

---

1. *N.d.T. :* William Blake (1757-1827), poète, peintre et graveur anglais.

Giverny et ils ont mangé des sandwiches au concombre sur le pont au-dessus de l'étang couvert de nénuphars.

Ces fantaisies élaborées entraînaient Mélanie à l'écart des situations stressantes qui provoquaient ses migraines. Plus elle s'impliquait dans ses promenades avec William Blake, plus elle se détendait. Six mois après avoir commencé à utiliser la visualisation de cette manière, Mélanie était capable de juguler ses maux de tête deux fois sur cinq. Elle s'est aperçue qu'elle souffrait de moins en moins de migraines et qu'en moyenne celles-ci duraient quatre heures au lieu de six.

Au cours d'une migraine, Mélanie s'est sentie trop vidée pour soutenir une fantaisie prolongée. Elle s'est reposée sur des techniques plus simples de maîtrise de la douleur. Elle s'est d'abord concentrée sur sa respiration en comptant chaque inspiration et chaque expiration sur un rythme régulier : un... deux... un... deux... un... deux... Ceci l'a aidée à se calmer et l'a détournée de ses pensées négatives répétées telles que : « J'aimerais mieux mourir » ou « Je ne peux plus supporter cela : je deviens folle. »

Mélanie, allongée dans une pièce sombre, imaginait que celle-ci était un long tunnel de douleur et que son lit était un train qui le lui faisait traverser. Elle voyait une lumière au loin qui grandissait, grandissait jusqu'à ce qu'elle débouche de l'autre côté dans une vallée magnifique un après-midi de printemps chaud.

Elle utilisait aussi la technique de l'engourdissement. Elle imaginait que ses mains trempaient dans de l'eau très froide jusqu'à ce qu'elles soient ankylosées. Puis, elle disposait ses paumes contre ses tempes, plaçait les doigts sur le sommet de sa tête en appuyant doucement. Elle visualisait l'engourdissement passant de ses mains jusque dans sa tête.

Des vacances en Angleterre et en France ont perturbé les habitudes de Mélanie et ont été source de migraines épouvantables. Quand elle est rentrée aux États-Unis, elle était découragée et elle a cessé d'employer ses visualisations pendant plusieurs mois. Puis, elle les a reprises avant une importante exposition à San Francisco. Elle s'en est tirée avec deux auras mais sans aucune migraine déclarée. Quelque part au cours de l'interruption, William Blake est parti et Monet a commencé à apparaître comme son guide intérieur.

QUATRIÈME PARTIE

CHANGER PAR LA VISUALISATION

15

Être créatif
et résoudre des problèmes

*Peu de gens réfléchissent plus de
deux à trois fois par an. J'ai
acquis un renom international en
réfléchissant une à deux fois par
semaine.*

George Bernard Shaw

Être créatif et résoudre des problèmes vont ensemble
parce que c'est dans la créativité que réside le secret d'une
résolution efficace de n'importe quel problème.

Développer votre créativité vous aidera à analyser la
question, le problème, la difficulté.

Développer votre créativité vous aidera à trouver des
solutions, vous aidera à changer et à guérir.

Qu'est-ce que la créativité ? Est-ce une chose que
seuls les génies possèdent ? Est-ce la sphère exclusive de
l'*avant-garde* [1], de personnages bizarres qui fréquentent les

---
1. *N.d.T.* : En français dans le texte.

vernissages et les projections d'obscurs films étrangers ? Peut-on l'appliquer à d'autres domaines qu'à l'art ?

La créativité n'est pas la même chose que le génie. Ce n'est pas simplement de l'intelligence. Beaucoup de gens intelligents ne sont pas créatifs et de nombreuses personnes créatives n'ont qu'une intelligence moyenne. Une certaine finesse est une condition nécessaire mais non suffisante à la créativité.

La créativité n'est pas seulement l'excentricité ou l'inhabituel. Une solution ou un travail créatif doit être une innovation, au moins aux yeux du créateur. Il doit aussi être approprié d'une certaine façon. Il faut qu'il soit reconnu comme utile, significatif ou satisfaisant par d'autres.

La créativité ne se cantonne pas davantage aux recherches artistiques comme la peinture ou la sculpture. Le célèbre psychologue Abraham Maslow a dit qu'une soupe de premier ordre est préférable à un tableau de second ordre. Il voulait dire par là que tout ce que vous faites peut être créatif. Cela va d'écrire un poème à préparer le dîner, de jouer du piano à cirer vos chaussures.

Créer des changements positifs dans votre vie, c'est de la créativité et dans ce cas la créativité c'est votre capacité à produire de nouvelles idées et des intuitions valables pour vous. Celle-ci provient de votre caractère unique et non de votre niveau intellectuel, d'un talent ou d'un entraînement particulier. Vos œuvres artistiques ou vos solutions sont créatives, à partir du moment où elles sont nouvelles et précieuses à vos yeux. Cela n'a aucune importance si quelqu'un d'autre a déjà eu votre idée ou si elle ne plaît pas.

COMMENT MARCHE LA CRÉATIVITÉ ?

Découvrir comment « marche » la créativité peut vous donner des idées pour devenir plus inventif. Teresa Amabile, professeur de psychologie à l'université de Brandeis, a étudié la créativité chez les adultes et les enfants. Elle a découvert que le degré de créativité que l'on peut apporter à une tâche dépend de trois éléments de base :

1. Les connaissances techniques : c'est-à-dire le talent, l'information et les capacités techniques ou artistiques.

2. Les aptitudes intellectuelles : comprennent la concentration, la ténacité, la souplesse et la capacité d'entrevoir de nouvelles possibilités.

3. L'intérêt essentiel porté à la tâche : c'est la joie éprouvée en faisant quelque chose uniquement pour le plaisir. Ceci est plus important que les deux premiers éléments. Les enfants et les adultes sont plus créatifs quand ils travaillent pour la satisfaction qu'ils en tirent plutôt que pour de l'argent, pour obtenir l'attention des autres, du prestige ou pour gagner un concours.

Qu'est-ce que cela implique pour le développement de votre créativité ? Vous pouvez d'abord accroître vos connaissances techniques dans le domaine où vous souhaitez devenir plus inventif : prenez des cours, entraînez-vous, lisez, documentez-vous, harcelez les autres pour tirer profit de leurs connaissances dans ce secteur, etc. Ceci vous donnera davantage d'outils pour travailler, un plus grand registre de vocabulaire auquel vous pourrez faire appel et une gamme plus large de techniques à mettre en action.

Deuxièmement, vous pouvez utiliser la visualisation pour augmenter vos capacités de concentration, pour devenir plus sensible à ce que vous voyez et entendez autour de vous, pour aiguiser vos facultés d'observation et pour vous ouvrir à la mine inconsciente d'alternatives créatives que vous possédez.

Enfin, vous devriez vous amuser. Faites ce qui vous plaît. Quand une tâche devient fastidieuse ou lorsque c'est une question de vie ou de mort, la créativité s'envole.

APPLICATIONS

Quand on pense à la créativité, on imagine souvent un peintre, un poète ou un compositeur créant un chef-d'œuvre dans une sorte de transe. De nombreux artistes ont effectivement décrit la leur dans ces termes. William Blake avait des visions qu'il dessinait, peignait ou gravait par la suite ou qu'il utilisait pour son inspiration poétique. Coleridge [1] raconte avoir écrit *Kubla Khan* dans un état d'inconscience provoqué par une prise d'opium, dans lequel il a vu deux à trois cents lignes d'un seul coup, sans effort. Seule l'intrusion de « la personne de Porlock » l'a empêché de retranscrire l'ensemble à son réveil. Wagner et Beethoven tiraient leurs idées musicales de leurs rêves. Mozart et Tchaïkovski ont tous deux affirmé que leurs morceaux les plus créatifs émergeaient de manière spontanée, sans réflexion. C'étaient des visualisations auditives.

Les scientifiques connaissent aussi cette forme de visualisation créatrice soudaine. Au XIXᵉ siècle, Kekulé a découvert le noyau benzénique et la méthode schématique pour décrire une chaîne de carbones après d'intenses expériences de visualisation. Darwin et Einstein ont dit que leurs idées les plus créatrices étaient apparues spontanément sous forme d'images mentales, par opposition aux mots.

Ce qui marche pour l'art et la science, marche aussi dans la vie de tous les jours. Vous pouvez créer un moyen de ne pas être seul, d'accroître vos revenus, de faire face à vos craintes, de réorganiser vos dossiers, de prendre plus de repos, de trouver un meilleur emploi ; un moyen de ranimer une relation, de partir pour la campagne, etc. Vous pouvez découvrir davantage de solutions créatives à vos problèmes quotidiens, quels qu'ils soient.

Cela sera peut-être dur au départ. A la sortie du lycée, vous totalisez quelque onze mille heures employées à développer principalement les capacités de raisonnement et de logique de votre cerveau gauche. Ajoutez à cela le temps que vous avez passé à l'université ou dans un travail traditionnel où la créativité n'est pas encouragée. Et puis, il y a aussi toutes ces images prédigérées que vous avez ingurgitées grâce à la télévision et d'autres médias. Sans compter l'inertie de votre façon habituelle et non créative de résoudre les difficultés chroniques. Et n'oubliez pas non plus la crainte d'essayer quelque chose de nouveau ou la peur

---

1. *N.d.T.* : Samuel Taylor Coleridge (1772-1834), écrivain, poète, critique et philosophe anglais. En 1797, il se retire dans une ferme du sud de l'Angleterre située entre Porlock et Linton. Souffrant, il prend un calmant et sombre dans le sommeil alors qu'il est en train de lire un livre parlant de Kubla Khan.

d'être critiqué parce que différent. Ce n'est pas étonnant que les gens ne soient pas plus inventifs !

Ce chapitre s'attachera à l'utilisation de la visualisation pour surmonter les obstacles qui vous empêchent d'être créatif et pour générer des solutions nouvelles à vos problèmes.

PRINCIPALES ÉTAPES

Analysez votre problème

Ceci constitue la première étape, que vous cherchiez à résoudre un problème artistique, pratique ou psychologique : écrire une chanson, obtenir de votre fils qu'il range sa chambre ou vous sentir plus proche de votre conjoint. L'idée est d'écrire ou de formuler mentalement le problème. Par exemple :

Je veux écrire une chanson.

Michael devrait m'aider à ranger sa chambre.

Rebecca et moi sommes en train de nous séparer peu à peu.

Analysez votre problème en vous demandant : qui, quoi, quand, où et pourquoi ? Qui d'autre est impliqué ? Qu'est-ce qui vous ennuie exactement ? Où et quand le problème se pose-t-il typiquement ? Une bonne façon de chercher une réponse à ces questions est de faire une visualisation réceptive comme celle-ci :

Allongez-vous, fermez les yeux et détendez-vous. Allez dans votre sanctuaire et installez-vous. Allumez la télévision ou déroulez votre écran de cinéma. Voyez une image de vous-même et de ceux qui sont impliqués dans ce problème. Faites bouger les personnages. Entendez des voix. Que dites-vous ? Que disent les autres ? En quoi votre comportement crée-t-il le problème ? Comment essayez-vous de le résoudre ?

Entrez maintenant dans l'écran et endossez votre rôle. Prenez un moment pour intensifier vos impressions visuelles, auditives, tactiles, gustatives et olfactives. Agissez comme dans votre problème et notez ce que vous ressentez : êtes-vous déprimé ? en colère ? inquiet ? vous ennuyez-vous ? Remarquez ce que vous pensez. Faites-vous des procès d'intention ?

Passez si vous le pouvez à une scène dans laquelle le problème est résolu. Voyez-vous ayant obtenu ce que vous vouliez ou ayant accompli ce que vous aviez projeté de faire. Relevez tous les détails et remarquez ce qui vous attire le plus dans le succès. Observez si la vision de cette réussite a un lien réel avec votre problème tel que vous l'avez défini.

Réalisez autant de scènes qu'il le faudra pour explorer tous les aspects de cette question. Notez toutes les idées et les solutions qui pourraient surgir. Guettez les indices qui vous aideront à analyser votre problème. Quand vous serez prêt, achevez la séance.

Si vous faites une visualisation en vue d'écrire une chanson, il se peut que vous vous voyiez assis avec votre guitare face à une feuille de papier à musique blanche. Vous vous observez en train d'accorder votre instrument et de jouer des accords. Vous fredonnez et vous essayez quelques phrases ou bien vous jouez et chantez une chanson que vous aimez pour vous mettre dans l'ambiance et pour vous inspirer. Et quand rien ne semble se préciser, vous vous découragez et vous posez votre instrument. Puis, vous passez à la scène « succès » et vous vous voyez en train d'interpréter votre nouvelle chanson pour votre ami. Vous lisez l'amour et l'admiration dans ses yeux. Dites-vous : « Ce sera évident pour moi. »

Si vcus visualisez votre fils en train de jouer dans sa chambre, vous l'apercevez sortant progressivement tous ses jouets et les laissant par terre. Il grimpe sur des boîtes et descend tous les livres qui se trouvent sur les étagères. Il ouvre le tiroir où sont rangés les legos et il en met partout. Vous entrez et vous dites : « Oh, non ! Regarde-moi ce bazar ! Il faut que tu m'aides à mettre de l'ordre. » Il commence à pleurnicher. Vous continuez à vous fâcher et vous finissez par tout ranger seul, votre fils se mettant dans vos jambes et augmentant le désordre. Lorsque vous passez à votre scène « succès », vous voyez la chambre propre et ordonnée. Rien ne traîne. Dites-vous : « La réponse est en moi. » Vous remarquez qu'il y a trop de jouets dans cette pièce. Vous vous apercevez aussi que vous ne possédez pas d'autre moyen que de crier pour vous assurer l'aide de votre fils.

Si vous visualisez une soirée à la maison avec votre femme, vous la voyez en train de préparer le dîner pendant que vous regardez les informations ou que vous jouez avec votre fille. Pendant le repas, c'est le vacarme. Il est impossible de se parler. Après, vous devez vous retirer dans votre bureau pour un travail important puis vous mettez votre fille au lit. Votre femme fait la vaisselle et passe l'aspirateur. C'est déjà l'heure d'aller vous coucher et vous n'avez pas échangé trois mots. Vous vous fondez dans la scène. Vous ressentez frustration et isolement. Vous vous rappelez les premières années de votre mariage où vous étiez si proches l'un de l'autre. Vous pensez que ce temps est révolu. Puis vous visionnez votre scène « succès ». Vous êtes tous deux pelotonnés l'un contre l'autre sur le canapé, en train de grignoter des biscuits devant la télévision. Utilisez une affirmation du style : « Je peux créer cela et même davantage. »

En plus de la visualisation de votre problème, recueillez toutes les informations, les matériaux et les fournitures dont vous pourriez avoir besoin. Toute cette préparation imprégnera votre cerveau gauche du problème et de toutes les solutions auxquelles vous aurez pensé jusqu'à maintenant.

Avant de passer à l'étape suivante, reformulez votre question. Votre analyse et votre visualisation devraient vous permettre d'être plus précis. Peut-être vous êtes-vous aperçu que le problème est tout autre. Voici comment vous pourriez reposer celui de l'écriture de la chanson, celui du rangement de la chambre de votre fils et celui des difficultés de votre couple :

Je veux écrire une chanson d'amour pour Jim en tonalité de *ré*.

Il faut que je débarrasse la chambre de Michael pour qu'elle soit plus facile à ranger.

Je veux passer plus de temps seul avec Rebecca.

Le brainstorming

Lorsque vous recourez au brainstorming, vous faites la liste, le plus vite possible, de toutes les idées qui pourraient résoudre votre problème. Dans son ouvrage intitulé *Applied Imagination : Principles and Procedures of Creative Problem Solving,* Osborn pose les règles de cette technique :

Pas de critique. Vous ne devez pas juger les idées que vous émettez tout en en faisant la liste, car, lorsque votre esprit critique fonctionne, la partie créative de votre cerveau s'arrête. L'évaluation ne viendra qu'après, quand vous aurez une longue série de propositions.

Soyez fou. L'indiscipline est encouragée ! Plus une idée est folle et extravagante, mieux c'est. En vous ouvrant à des images insensées, vous sortirez peut-être d'une routine intellectuelle. Vous verrez votre problème, et donc sa solution, sous une lumière totalement différente. Une idée fantasque peut aussi avoir une once de bon sens qui vous entraînera plus tard vers une solution élégante.

Préférez la quantité. Plus vous générerez d'idées, meilleure sera votre solution définitive. La qualité provient de la quantité. Edison a raconté qu'il avait créé et testé trois mille prototypes pour inventer la lampe électrique à incandescence. N'arrêtez pas votre brainstorming avant d'avoir une longue liste. Si Edison a pu trouver trois mille idées, vous devriez au moins en trouver une douzaine.

Quand viendra le moment du brainstorming, vous aurez probablement quelques solutions à proposer qui vous seront apparues lors de la formulation et de l'analyse de votre problème. Elles constitueront le début de votre liste. Écrivez-les.

Utilisez ensuite la visualisation pour entrer en contact avec votre inconscient et pour vous ouvrir à un flot d'idées créatives. Ayez un crayon et un morceau de papier près de vous. Faites une courte séance, ouvrez les yeux et écrivez les idées qui vous sont venues. Fermez les yeux à nouveau et essayez une autre sorte de visualisation. Ouvrez les yeux et notez vos nouvelles suggestions, etc.

Vous pouvez structurer vos visualisations de différentes façons, en fonction de la nature de votre problème et de ce qui marche généralement pour vous. Voici quelques suggestions :

Sanctuaire. Votre sanctuaire devrait posséder une petite niche munie d'un rideau ou un coffre dans lesquels vous pourrez « découvrir » des choses. Imaginez qu'une solution à votre problème se trouve à l'intérieur. Tirez le rideau ou ouvrez le coffre et voyez ce qu'il y a dedans. Vous pouvez aussi transporter votre problème dans votre sanctuaire. Si vous voulez, par exemple, que la chambre de votre fils soit plus propre, invitez celui-ci dans votre sanctuaire. Observez ce qu'il fait. Peut-être vous parlera-t-il de ce qui s'y trouve et ne dérangera-t-il rien tant que vous converserez avec lui. Vous pourriez ensuite devenir invisible pour voir ce qu'il fait quand il est seul dans votre sanctuaire. S'il commence immédiatement à tout déranger, cela signifie peut-être qu'il met du désordre pour attirer votre attention et que si vous passiez plus de temps à lui parler, il serait plus ordonné.

Guide intérieur. Demandez à votre guide de vous suggérer des idées. Essayez de formuler des questions auxquelles il pourra répondre par oui ou par non. Si vos questions manquent de précision, par exemple « Que dois-je faire pour être plus proche de Rebecca ? », attendez-vous à des réponses ambiguës. Votre guide pourrait ainsi vous dire : « Tenez-vous tranquille. » Vous pourriez interpréter cela comme une réponse indifférente ou comme le conseil d'en faire moins et de passer davantage de temps avec votre femme, calmement, à la maison. Posez la même question plusieurs jours d'affilée et voyez si la réponse se modifie. Il faut parfois un certain temps pour que votre esprit créatif trouve une solution à un problème auquel votre esprit logique et conscient a déjà travaillé.

Créez à l'intérieur de votre visualisation. Faites votre travail d'artiste au sein même de votre visualisation. Sur votre chemin ou dans votre sanctuaire, tombez sur une toile blanche, de la pierre et des outils de sculpteur, une guitare, etc. Voyez-vous en train de peindre, de sculpter ou de jouer une chanson. Imaginez que vous êtes un grand artiste au sommet de son art. Observez-vous créant sans effort des œuvres extraordinaires. Amusez-vous avec ces matériaux. Voyez ce que vous obtenez.

Utilisez des affirmations. Composez une affirmation à utiliser avec chaque technique de visualisation. Veillez à ce qu'elle soit simple et positive : « Je suis créatif » ; « Les bonnes idées me viennent spontanément » ; « La solution est en moi ».

Demandez à votre enfant. Redevenez un enfant dans votre visualisation. Retrouvez la liberté et la naïveté de votre enfance avant votre entrée à l'école, avant d'avoir appris « la bonne manière » de faire les choses. C'est la meilleure façon pour découvrir ces idées extravagantes et folles qui ne sont peut-être pas si folles que cela après tout. Plongez-vous dans un souvenir précis datant d'avant vos six ans. Étudiez votre problème de ce point de vue.

L'architecte D.K. Busch utilise une variante de cette technique. Il aide les architectes d'intérieur et leurs clients à aller au-delà de leurs goûts conventionnels — ce qu'ils *pensent* devoir apprécier — pour mettre au jour ce qu'ils aiment *réellement*. Il vous fait visualiser la maison de votre enfance. Faites tranquillement le tour de celle dont vous vous souvenez le mieux. Remarquez les couleurs, les textures, la lumière, les proportions, les meubles et les endroits qui vous semblent douillets et confortables. Les préférences et les dégoûts que vous avez développés, enfant, à l'égard de votre environnement sont à la base de votre style personnel.

Vous pouvez aussi utiliser cette technique concrètement. Demandez à un enfant quoi faire pour résoudre votre problème. J'ai un jour interrogé mon fils de deux ans pour savoir ce que nous pourrions faire pour qu'un avion modèle réduit puisse décoller du toit. Il m'a répondu : « Achètes-en un autre. » Et il avait raison. Il n'était absolument pas possible de faire décoller cet avion du toit et le mieux était d'en acheter un autre.

Renversez les rôles. Si une autre personne est impliquée dans votre problème, renversez les rôles dans votre visualisation. Commencez par endosser le vôtre, dans une scène imaginaire, puis prenez le sien. Voyez, écoutez et surtout sentez ce que l'on éprouve quand on est à la place de l'autre personne. Si vous essayez, par exemple, de vous rapprocher de votre conjoint, imaginez un échange typique du petit déjeuner. Mais, prenez la position de l'autre au lieu de la vôtre. Quelle impression vos paroles produisent-elles chez lui ? Quels sont ses besoins qui ne sont pas comblés ? Quel est selon lui le problème réel ?

Deus ex machina. Imaginez que vous êtes dans un ascenseur. Vous descendez de plus en plus profond dans la compréhension de votre problème. L'ascenseur s'arrête et ses portes s'ouvrent sur une solution à votre difficulté. Vous pouvez sortir pour l'explorer ou, au contraire, laisser les portes se refermer pour descendre plus bas et découvrir d'autres solutions.

Une autre technique du même style consiste à ouvrir des pochettes-surprises. Chacune d'elles contient une suggestion concernant votre problème, au lieu d'un cadeau. Vous pourriez aussi imaginer que vous tirez sur le fil d'un de ces jouets qui parlent et qui possèdent un large répertoire de messages. Vous pourriez entendre : « Prends davantage de repos » ou « Aie confiance en toi ». Ouvrez des pochettes-surprises ou tirez sur le fil jusqu'à ce que vous obteniez tous les messages disponibles.

Changez un aspect à la fois. Ceci est une technique graphique dans laquelle différentes parties d'une image sont modifiées l'une après l'autre pour que jaillissent des idées nouvelles. Vous pouvez renverser le fond et le premier plan en mettant, par exemple, des lettres blanches sur un fond noir au lieu de lettres noires sur un fond blanc. Un autre truc consiste à changer la taille de chaque élément l'un après l'autre. Vous pouvez aussi ajouter du mouvement ou bien l'interrompre. Modifiez le contraste. Rendez les couleurs plus chaudes ou plus froides. Changez-les.

Visualisez le motif auquel vous travaillez comme si c'était un paysage en trois dimensions. Rétrécissez et glissez-vous dans ce paysage. Explorez-le. Si c'est un dessin abstrait, imaginez que vous roulez autour des formes et des couleurs. Essayez de trouver un son ou une odeur à associer à votre motif.

Vous pouvez utiliser cette technique pour étudier des

problèmes qui ne sont pas graphiques. Donnez-leur une forme, une couleur, un son et voyez ce qui se passe. Écrire une chanson, par exemple, peut être associé à la couleur verte, au son de l'eau qui bout ou au goût d'un brin d'herbe en été. Ces liens ainsi tissés presque au hasard pourront faire fuser des souvenirs et des images qui trouveront une place dans la chanson.

Changer un élément à la fois est aussi une bonne stratégie pour éclairer de réels problèmes pratiques. Supposons que vous essayiez de comprendre pourquoi votre fils ne participe pas au nettoyage de sa chambre. Imaginez, par exemple, une dispute avec lui au cours de laquelle vous changez de taille : votre fils est grand et vous êtes petit. Cela pourrait vous enseigner quelque chose au sujet des forces en présence. Vous pourriez aussi transformer ses jouets en piles de billets ou en déchets et voir ce que cela vous apprend au sujet de votre attitude à l'égard de ses affaires. Vous pourriez également déplacer cette scène du soir au matin et vous apercevoir que ce conflit est très lié à la quantité d'énergie quotidienne dont vous disposez.

Lorsque vous êtes coincé. Pour éclairer des problèmes peu définis ou très abstraits, imaginez que vous êtes littéralement « enfermé » dedans. Voyez-vous enfermé dans une boîte qui représente votre problème. Que faites-vous ? Essayez-vous de sortir ou, au contraire, est-ce que vous vous installez confortablement pour savourer votre tranquillité ? Appelez-vous à l'aide ? Est-ce que vous laissez tomber de découragement ? Démontez-vous soigneusement la boîte, etc. ? En quoi le symbolisme de la boîte s'applique-t-il à votre problème ? Vous pouvez aussi vous imaginer enfermé dans une pièce, peint dans un coin ou atteignant le fond d'une impasse... De nombreux clichés peuvent ainsi être exploités pour trouver des images utiles.

Inventez une métaphore. Faites une comparaison métaphorique entre votre problème et quelque chose qui semble n'avoir aucun lien avec lui. Fermez les yeux et voyez, par exemple, l'image d'une boîte en carton. En quoi une dispute avec votre conjoint ressemble-t-elle à une boîte en carton ? Cela vous met d'une humeur noire. Vous avez le sentiment d'être coincé. Vous alimentez votre querelle avec toutes sortes de questions sans rapport avec elle comme vous remplissez une boîte d'objets qui traînent. Il y a un extérieur évident et un intérieur plus sombre et plus mystérieux. Une dispute ressemble à une autre, tout comme se ressemblent des boîtes en carton. Un conflit pourrait vous pousser à tout mettre dans une boîte et à partir, etc.

En quoi votre problème ressemble-t-il à une pomme, à une chaise, à une roue, à un nuage ? Transformez-le en une voiture ou en une bicyclette et faites un petit tour avec. Où ce voyage métaphorique vous conduit-il ?

Le truc de Vinci. Lorsqu'il était fatigué ou à court d'inspiration, Léonard regardait des murs couverts de fissures et de taches, des nuages... Il y voyait des formes et des objets. Ceci peut vous permettre de découvrir la figure ou la juxtaposition que vous recherchez. Cela favorise aussi l'imagination visuelle. Utilisez également cette technique avec des sons : fermez les yeux et écoutez le bruit d'une rivière, la pluie, le ronflement d'un aspirateur ou la circulation. Laissez-vous aller et vous entendrez parfois des mélodies ou des voix humaines.

Consultez vos aspects féminin et masculin. Shakti Gawain propose à ses clients d'utiliser la visualisation pour obtenir une image de leur aspect féminin et de leur aspect masculin. Ces images peuvent être des personnes, des animaux, des couleurs, des formes, etc. Vous pourriez voir votre aspect masculin sous la forme d'un taureau, d'un arbre, d'un cow-boy, d'un clochard, de la couleur rouge, de trois notes jouées sur un hautbois, etc. Votre aspect féminin peut être représenté par une déesse, un chat, un triangle, un caillou, le goût de la pomme, un nuage gris, le son d'une harpe, etc. Vos aspects féminin et masculin ont peut-être quelque chose à vous dire au sujet de votre problème. Visualisez-les s'impliquant dans celui-ci d'abord séparément, puis ensemble et enfin confondus dans une image de votre moi complet. Remarquez ce qui, dans leurs paroles et leurs actes en commun, éclaire votre problème, vos processus créatifs et votre personnalité.

Voici des exemples de listes issues d'un brainstorming. Elles montrent les idées obtenues après l'analyse d'un problème, puis celles découvertes à la suite d'un brainstorming à l'aide de la visualisation.

Je veux écrire une chanson

Analyse :	Trop vague. Quelle sorte de chanson ? Une chanson d'amour pour Jim. Folklorique.
Reformuler le problème :	*Je veux écrire une chanson d'amour pour Jim en tonalité de ré.*
Idées issues du brainstorming.	Humoristique Faire un jeu de mots sur son nom : sublime Jim. Percussions. Donner des petits coups sur la caisse de résonance de la guitare pour marquer la mélodie. De nombreuses rimes féminines pour produire un effet comique. Y introduire des énigmes. Briser le rythme au milieu par un bigophone. Mais, message doux et tendre. Faux accords lors des plaisanteries. Jouer sur les mots « aimer » et « adorer ». Deux parties : une partie amusante sur un rythme de gigue et une valse pour le refrain amoureux. Il y en a assez pour deux chansons.

Michael devrait m'aider à ranger sa chambre

Analyse :	Le problème tient au fait qu'il y a trop de choses dans sa chambre.
Reformuler le problème :	*Il faut que je débarrasse la chambre de Michael pour qu'elle soit plus facile à nettoyer.*
Idées issues du brainstorming :	Jeter tous les jouets qui traînent par terre. Donner les jouets avec lesquels il ne joue plus. Ranger la moitié de ses jouets dans un placard pendant quelque temps. Lui parler davantage. Lui donner du temps au lieu de lui donner des jouets.

Nouvelles étagères.

Des portemanteaux.

Ranger un jouet avant d'en sortir un autre.

Jouer ensemble plus souvent.

Ne pas le critiquer autant.

Tout laisser en plan les soirs où je suis de mauvaise humeur.

Lui dire ce que je ressens.

Demander à Michael comment il voudrait que soit sa chambre.

Poser des panneaux en liège auxquels il accrochera ses dessins.

Organiser et superviser ses jeux davantage.

Rebecca et moi sommes en train de nous séparer peu à peu

Analyse :	Trop de corvées quotidiennes.
	De nombreuses occasions d'intimité gâchées.
	Notre fille nous accapare.
Reformuler le problème :	*Je veux passer plus de temps seul avec Rebecca.*
Idées issues du brainstorming :	Démissionner.
	Ne pas rapporter de travail à la maison.
	Prendre une baby-sitter et sortir plus souvent.
	Ne pas me cacher derrière un livre au petit déjeuner.
	Partager mes sentiments : lui dire que je voudrais qu'elle me consacre plus de temps.
	Engager une femme de ménage.
	Suivre des cours ensemble.
	Regarder des vidéos au lieu de travailler.
	Rapporter des petits présents.
	Prendre un congé.
	Encourager notre fille à aller dormir chez des copines plus souvent.
	Supprimer et simplifier certaines corvées.
	Devenir moins exigeant concernant la tenue de la maison.

Combiner, améliorer, abandonner

Ceci est la quatrième règle d'Osborn. Vous pouvez maintenant remettre votre sens critique en action. Relisez la liste obtenue pour voir quelles sont les idées que vous pourriez améliorer et/ou combiner. Souvent, deux bonnes idées produisent une idée géniale, une fois associées. Abandonnez celles qui sont inexploitables.

Dans l'exemple de la chanson, vous pourriez combiner et améliorer six des idées proposées et écrire une mélodie intitulée « Sublime Jim » : ce serait une chanson d'amour humoristique, en tonalité de *ré* avec des percussions, des petits coups sur la caisse de résonance de la guitare, des rimes féminines et une cassure du rythme par un bigophone. Vous laisserez tomber l'idée d'un faux accord et de deux parties avec des tempos différents, parce que c'est incompatible avec une chanson folklorique. Conservez, en revanche, l'idée de l'énigme, celle du jeu de mots sur « aimer » et « adorer » et celle du message tendre. Celles-ci pourraient, un jour, vous amener à composer une seconde chanson d'amour plus sérieuse.

La plupart des suggestions faites dans l'exemple de la chambre de Michael sont bonnes et peuvent être mises en œuvre : donner les jouets avec lesquels il ne joue plus, en cacher une partie pendant quelque temps, ranger un jouet avant d'en sortir un autre, poser de nouvelles étagères et des portemanteaux. L'idée de jeter les jouets qui traînent doit être écartée parce que c'est une vengeance. Puis, il y a toutes ces propositions qui n'ont rien à voir avec le projet de nettoyage.

Ce qui s'est passé ici est courant en matière de résolution de problèmes. Vous commencez par vouloir changer le comportement de quelqu'un *(Michael devrait m'aider à ranger sa chambre)*. L'analyse vous montre ensuite qu'il serait plus aisé de modifier l'environnement d'une certaine façon *(Il faut que je débarrasse la chambre de Michael pour qu'elle soit plus facile à nettoyer)*. Et lorsque vous utilisez la visualisation pour votre brainstorming, vous vous apercevez que votre comportement fait partie de l'environnement — et c'en est probablement la plus grande partie. Pour changer le comportement de quelqu'un, vous devez d'abord modifier le vôtre : *lui parler davantage, lui donner du temps, jouer ensemble, ne pas le critiquer autant, lui dire ce que je ressens,* etc.

Les idées proposées dans l'exemple de Rebecca peuvent être améliorées si on en combine certaines. Ainsi, prendre une baby-sitter et sortir davantage est un peu vague et suivre un cours ensemble n'est pas une bonne chose parce que cela augmentera vos engagements au lieu de les diminuer. Mais, vous pouvez associer l'idée d'un cours régulier à celle d'une baby-sitter de temps en temps. Réservez-en une pour le mercredi soir et sortez avec votre femme. Avoir une femme de ménage à plein temps tout comme quitter votre emploi serait financièrement désastreux. Ne pas rapporter de travail à la maison est, en revanche, un bon plan. L'idée de l'employée de maison pourrait être transformée en une femme de ménage quatre heures par semaine. Ceci, associé à la simplification de certaines corvées et à une moindre exigence concernant la tenue de la maison vous permettra de résoudre l'aspect « trop de corvées quotidiennes » du problème. Et partager ses sentiments est toujours une bonne chose. C'est probablement ce qu'il y a de mieux.

Visualisez le futur

Après avoir combiné, amélioré et abandonné des idées, vous aurez une liste de propositions positives et créatives. Ordonnez-les logiquement et vous obtiendrez un plan d'action. Pour être sûr de l'exécuter de manière efficace, visualisez-le d'abord.

Allongez-vous, fermez les yeux et détendez-vous. Voyez-vous un peu plus tard aujourd'hui ou demain — le plus tôt possible. Observez-vous, sentez-vous et entendez-vous entamant la première étape de votre plan. Ajoutez le cadre, les gens, les conversations, les choses et les événements — tout ce qui se trouvera là. Écoutez-vous en train de jouer les premières mesures de votre chanson à la guitare. Entendez-vous expliquer à Michael ce que vous ressentez et ce que vous comptez faire dans sa chambre. Observez les yeux de Rebecca quand vous lui dites que vous avez eu l'impression d'être éloigné d'elle et que vous souhaitez passer plus de temps seul en sa compagnie.

C'est le moment d'utiliser une affirmation large et positive du style : « Ceci ou quelque chose d'aussi bien se concrétisera pour l'intérêt de tous. »

Le plus important : voyez les conséquences positives que vous retirerez en mettant votre plan en action sur-le-champ. Voyez le sourire sur le visage de Jim quand il apprend que vous écrivez une chanson sur lui. Observez comme Michael vous aide quand vous passez plus de temps avec lui à organiser sa chambre. Voyez-vous avec Rebecca, vous tenant la main dans un restaurant éclairé par des chandelles.

Continuez ainsi à visualiser les étapes de votre plan en introduisant à chaque fois leurs conséquences positives. Cette visualisation vous apportera trois choses : 1. elle ordonnera la succession des séquences dans votre esprit ; 2. elle vous encouragera à faire le premier pas ; 3. elle sera l'occasion d'une répétition générale. Vous serez ainsi moins anxieux et plus entraîné quand vous aurez à résoudre votre problème dans la réalité.

Ajoutez à votre visualisation des difficultés prévisibles et des obstacles : vous séchez sur une rime, votre fils pique une crise de rage ou vous êtes en retard à un dîner prévu en tête à tête avec votre femme. Mais, voyez-vous surmontant ces complications pour finalement réussir.

QUE POUVEZ-VOUS EN ATTENDRE ?

Vous vous demandez peut-être si être créatif vaut la peine que vous vous donnerez. Il y a trop à faire à chaque fois que se pose un problème — tout écrire, s'allonger pour faire une visualisation, se redresser pour en écrire davantage, s'allonger à nouveau pour visualiser et utiliser le brainstorming, faire un plan, etc.

Ne vous inquiétez pas. Vous ne devrez en passer par là que les premières fois. Le processus deviendra, avec de l'entraînement, en grande partie automatique. Lorsque vous serez confronté à un problème demandant une réponse créative, vous analyserez celui-ci spontanément pour voir s'il est possible de le reformuler avec plus de précision. Vous réunirez les moyens dont vous aurez besoin en le repassant un moment dans votre tête, imprégnant ainsi votre cerveau gauche de tous les détails. Votre cerveau droit, créatif et inconscient, fera, pendant ce temps-là, le brainstorming. Vous pourriez simplement fermer les yeux et laisser les idées apparaître. Vous conserverez la plupart du temps votre liste dans votre tête. L'association et l'amélioration de certaines de vos propositions et l'élaboration d'un plan d'action seront aussi en grande partie mécaniques. Vous visualiserez couramment le futur comme dans une espèce de rêve éveillé, en attendant avec impatience de résoudre votre problème.

Vous n'utiliserez alors le processus créatif complet que pour les questions importantes et difficiles pour lesquelles vous voudrez donner le meilleur de vous-même.

16

Se fixer des objectifs
et les atteindre

*Quoi que vous puissiez ou rêviez
de pouvoir faire, commencez-le.*

Goethe

Un objectif est une visualisation de l'avenir. Votre esprit est conçu pour poursuivre des buts. Vous le faites automatiquement. La visualisation fait partie de ce mécanisme spontané par lequel votre esprit se donne des objectifs, les compare à la réalité et décide quoi faire. Ce chapitre vous montrera comment mieux maîtriser consciemment ce processus.

Votre cerveau zigzague vers ses buts, à la manière d'un bateau à voiles qui navigue nord-ouest puis nord-est quand il a l'intention de se diriger vers le nord. C'est pour cela que l'on a parfois l'impression d'emprunter la tangente à la direction que l'on souhaite suivre et qu'il est difficile de maintenir son cap. Notre cerveau poursuit en fait la route la plus droite possible qui lui est accessible en ce moment.

Dans son ouvrage intitulé *Psycho-cybernetics*, Maxwell

Maltz explique que le cerveau fonctionne comme un servomécanisme lorsqu'il poursuit un but. Un servomécanisme imite les mouvements humains : il bouge un peu, reçoit un feedback, bouge un peu différemment, observe les résultats, modifie son mouvement en réponse, vérifie le feed-back, etc., jusqu'à ce que le mouvement soit accompli correctement. Mettre vos chaussettes est une activité complexe faite de centaines de boucles de ce genre. Achever ses études de médecine ou réussir à gagner un prix sont aussi des mouvements de ce type : ce sont des déplacements en direction d'un but dont l'évolution est mesurée et guidée par une comparaison constante avec l'objectif visualisé.

Si vous n'avez aucun objectif, votre esprit cherchera à satisfaire le caprice du moment. S'il est vague, vos zigzags seront larges : vous vous aventurerez dans des impasses, dans des détours compliqués et votre voyage sera long. Si vous avez des objectifs contradictoires, vous n'irez nulle part. Si vous avez des buts négatifs exprimés sous forme de pensées pessimistes, de prédictions catastrophiques ou de cynisme, votre cerveau poursuivra ceux-ci et vos attentes négatives se réaliseront.

En revanche, si vous avez des buts positifs, bien définis et cohérents, votre cerveau ne louvoiera pas trop pour les atteindre. Toutes les mini-décisions que vous prendrez quotidiennement vous permettront d'avancer un plus en direction de vos objectifs. Un jour, les autres vous diront que tout vous réussit.

COMMENT ÉTABLIR UN OBJECTIF : QUELQUES RÈGLES

Si vous suivez ces quelques règles de bon sens, vous vous fixerez des objectifs raisonnables et vous les atteindrez sans trop d'efforts.

Soyez précis

La partie de votre cerveau qui poursuit des buts ne peut s'attacher à des concepts abstraits comme la santé, la prospérité ou le contentement. Vous devez être précis. Expliquez ce que ceux-ci veulent dire en termes d'objets observables, d'actions, d'impressions sensorielles ou de sensations corporelles.

La santé, par exemple, pourrait se traduire par un corps mince et musclé capable de soulever des sacs de cinquante kilos facilement. Elle pourrait être visualisée comme un taux de cholestérol compris entre 1,6 g/l et 2,8 g/l ou une tension artérielle de 12/7,5. La santé pourrait aussi signifier avoir des joues roses et pouvoir respirer profondément sans tousser.

De la même façon, la prospérité pourrait être visualisée comme l'achat d'une maison, la possibilité de paresser dans un fauteuil Art Déco, un avoir de 250 000 francs sur votre compte en banque, la conduite d'une Jaguar flambant neuf, le son de votre nouvelle chaîne stéréo, etc. — tout ce que vous achèteriez, utiliseriez, porteriez et apprécieriez si vous étiez riche. Le contentement pourrait être représenté par un visage souriant, une sieste, la musique d'un harmonica, un chien allongé près du feu, la lecture d'histoires mystérieuses dans un hamac, le fait de s'emmitoufler dans un vieux pull — tout ce que vous feriez, verriez, entendriez et sentiriez si vous étiez content.

Ne changez pas les détails de votre objectif inutilement, après les avoir arrêtés. Si vous voulez une Cadillac décapotable avec des sièges en cuir blanc, ne la transformez pas en rouge ou en une conduite intérieure. Modifier les détails pour rien ne fera que perturber votre mise au point. Tenez-vous-en à votre vision initiale et ne la changez que si vous changez réellement d'avis au sujet de ce que vous voulez.

Fixez-vous des objectifs à court, moyen et long terme

Vos objectifs à long terme constituent les réalisations et les acquisitions les plus importantes que vous espérez obtenir dans les cinq, dix ou vingt années qui viennent. Ils donnent un sens et une direction générale à votre existence. Les objectifs à moyen terme peuvent être atteints dans un futur relativement proche, disons d'ici six mois à cinq ans. Ils sont plus précis que les précédents. Vous pouvez aussi accomplir, dès maintenant, plus de choses concrètes pour y aboutir. Les objectifs à court terme sont ce que vous voulez faire demain, la semaine prochaine, le mois prochain ou dans six mois. Ce sont ces buts qui vous font fonctionner chaque jour. Toutes les fois que vous faites une liste d'achats, vous formulez un objectif à court terme.

Vous avez besoin de ces trois sortes de buts. Si vous n'en avez qu'à court terme, vous serez paralysé par des détails insignifiants et votre vie sera privée de ligne directrice. Si, en revanche, vous n'avez que des objectifs à long terme, vous n'atteindrez jamais ceux-ci parce que vous n'arriverez pas à franchir la première étape qui consiste à formuler et à parvenir à un but à courte échéance dès aujourd'hui.

Voici le secret : tout objectif à long terme implique une série de buts à plus courte échéance s'étalant de ce futur lointain jusqu'à aujourd'hui. Devenir médecin dans dix ans implique de faire vos devoirs de mathématiques ce soir, d'écrire la semaine prochaine pour recevoir des informations au sujet des facultés, de réduire vos vacances d'été, de vous inscrire à un cours préparatoire dans deux ans, etc., jusqu'au jour où vous entrerez à l'hôpital comme interne. Avoir un fils et une fille aimants qui vous respecteront et prendront soin de vous quand vous serez âgé, se prépare dès maintenant grâce à la manière dont vous leur parlez lorsque vous les changez ou que vous les baignez.

Formulez différentes sortes d'objectifs

Les biens matériels. Ce sont les plus évidents. Vous éprouvez peut-être une certaine culpabilité à l'idée de formuler des objectifs matériels, ou bien cela vous semble égocentrique et cupide de visualiser l'argent que vous gagnerez, le type de maison ou de voiture que vous souhaitez acheter ou toute autre acquisition que vous comptez faire. Mais, il est naturel et pardonnable de vouloir posséder des choses. J'aime la manière dont Shakti Gawain l'exprime dans *Vivez dans la lumière* : « L'argent est un symbole de notre énergie créatrice... Comme l'énergie créatrice existe en nous tous sans limites, immédiatement disponible, elle est de l'argent en puissance. Plus nous voulons et plus nous sommes capables de nous ouvrir à l'univers, plus nous aurons d'argent. » Et pas seulement de l'argent, mais aussi de l'amour, de la réussite professionnelle, une bonne santé, des loisirs agréables, des réalisations créatrices et un développement spirituel.

La famille et les amis. Vous devriez vous fixer des objectifs dans votre vie amoureuse : le type de relation que vous recherchez avec la femme ou l'homme le plus important pour vous. Si vous avez des enfants ou si vous en voulez, vous devriez formuler des buts concernant la relation que vous souhaitez avoir avec eux, les choses que vous ferez ensemble et le type d'ambiance que vous désirez. Combien et quels types d'amis voulez-vous avoir ? Que ferez-vous avec eux qui témoignera de votre amitié ?

Objectifs scolaires, intellectuels et professionnels. Quels cours voulez-vous suivre ? Quels diplômes souhaitez-vous obtenir ? De quelle manière voudriez-vous élargir vos connaissances et vos capacités intellectuelles ? Quelle profession désirez-vous exercer dans dix ans ? Comment votre métier actuel pourrait-il devenir plus enrichissant ?

Objectifs en matière de santé. Avez-vous des troubles chroniques que vous souhaiteriez traiter tels que l'hypertension artérielle, l'obésité, une mauvaise condition physique ou des allergies ? A quel niveau d'activité aspirez-vous ? Quels changements voudriez-vous apporter à votre régime alimentaire ?

Objectifs concernant les loisirs. Y a-t-il des hobbies ou des centres d'intérêt auxquels vous voudriez vous mettre ou pour lesquels vous souhaiteriez trouver plus de temps ? Rêvez-vous d'apprendre à danser, à piloter un avion, à chanter, à jouer au golf ou à tricoter ?

Objectifs spirituels ou créatifs. Et votre développement spirituel ? Avez-vous toujours eu envie de méditer ou de tenir le journal de vos rêves ? Éprouvez-vous le besoin impérieux de peindre ou de composer des poèmes ? N'oubliez pas vos buts spirituels, créatifs et « irréalisables ». Ils peuvent se révéler être les plus importants et les plus gratifiants.

Découvrez et supprimez vos obstacles intérieurs

Dans la visualisation réceptive qui suit, vous chercherez si vous avez des obstacles intérieurs qui vous empêchent de parvenir à vos objectifs. Vous ferez alors tomber ceux-ci symboliquement. Les difficultés les plus courantes sont la peur du changement, la crainte du succès, une estime de soi défaillante, l'inaction, le négativisme, le pessimisme ou des buts incompatibles.

Plus vous serez positif, plus vous atteindrez votre objectif facilement. Pour obtenir ce que vous désirez à l'aide de la visualisation, il faut que vous le *vouliez vraiment*. Si, quelque part, vous avez peur, vous pensez que vous n'êtes pas méritant, vous vous sentez paresseux ou pessimiste, votre visualisation en sera affaiblie et vos chances de parvenir à vos objectifs diminueront.

Lorsque vous dresserez la liste de vos buts, plus loin dans ce chapitre, vous examinerez celle-ci pour voir si vous avez des objectifs contradictoires. Si l'un d'eux est en conflit avec un autre, il faudra choisir entre les deux sinon aucun des deux ne sera atteint. Il est, par exemple, presque impossible d'être le vice-président d'une grosse société et de vivre tranquillement à la campagne. Ces objectifs s'excluent mutuellement. Si vous vous êtes fixé ces deux buts, vous devrez en privilégier ou en différer un pour avoir une chance de succès.

Faites-vous aider

Confiez vos objectifs à ceux qui tiennent vraiment à vous et qui vous aideront à les atteindre. Demandez-leur de vous épauler pour accomplir ce que vous vous êtes fixé. Sophie, par exemple, étudiante en deuxième année d'université devait obtenir un B à son examen de statistiques pour pouvoir passer en troisième année. Elle a demandé à sa compagne de chambre, à son petit ami et à son père de la soutenir de différentes façons. Sa camarade a accepté de veiller à ne pas faire de bruit jusqu'à la fin du semestre. Son petit ami a consenti à ne pas sortir avec elle le dimanche tant qu'elle n'aurait pas fini son travail. Son père a été d'accord pour l'aider à payer son loyer afin qu'elle n'ait pas besoin de chercher un job d'été avant la fin de ses examens.

Tant de gens lui prêtaient main-forte que Sophie s'est sentie encouragée et pleine d'énergie. Elle a beaucoup travaillé et a obtenu son B.

Vos buts devront parfois rester secrets, au moins en ce qui concerne certaines personnes. Si vous avez pris la décision de quitter un mari maltraitant, vous ne pourrez confier vos projets ni à lui, ni à aucun de ses amis. Si vous voulez vous convertir au judaïsme, il est probablement inutile de demander son soutien au prêtre de votre paroisse. Cherchez de l'aide auprès de ceux qui sont susceptibles de vous l'apporter sinon gardez vos projets pour vous.

Revoyez vos objectifs et modifiez-les

Conservez les listes des buts que vous vous fixez. Ressortez-les de temps en temps pour voir où vous en êtes et pour modifier les objectifs qui ne sont plus adaptés. L'auto-évaluation que la plupart des gens font autour du Nouvel An est une bonne occasion pour les corriger. Un mélange de visualisation réceptive et programmée est une bonne chose pour ce genre de passage en revue. Rencontrez votre futur moi, en imagination, exactement comme vous l'avez fait lorsque vous avez posé vos objectifs. Regardez autour de vous et voyez ce qui a changé depuis votre dernier voyage dans le futur. Observez combien votre vision de l'utopie s'est modifiée.

On devient plus fin en grandissant. On apprend que certains objectifs ne sont pas ce que l'on pensait. On découvre des choses nouvelles à son sujet et l'on s'intéresse à d'autres domaines. Par exemple, lorsque j'avais six ans, je voulais devenir plongeur. A douze ans, je voulais devenir écrivain. A vingt ans, je voulais devenir psychologue et à trente ans je voulais être éditeur. Aujourd'hui, j'ai quarante ans et je voudrais être un peu tout ça, mais, je souhaite surtout fabriquer des meubles.

Fixez des objectifs pour vous et non pour les autres

Lorsque je dis que vous devriez vous fixer des buts dans votre vie de famille, j'entends par là que vous devez décrire le genre de personne que *vous* voudriez être au sein de votre foyer. Cela ne veut pas dire qu'il faut que vous décidiez que votre fils devienne avocat et votre fille, médecin, ni que vous vous fixiez l'objectif d'avoir toujours des enfants obéissants et respectueux. Cela conduit tout droit à la rancune, à la rébellion et à la déception.

Si vous avez un but du style « Je voudrais être plus proche de mon mari », vous risquez aussi d'avoir des ennuis. Vous devez expliciter ceci en disant ce que *vous* allez faire et non ce que vous aimeriez que fasse votre mari. Il vous sera impossible d'obtenir ce genre de choses :

L'année prochaine, mon mari sera plus attentionné.
Il acceptera de ranger la maison.
Il me dira ce qui le préoccupe.
Il ne boira pas tant de bière et ne prendra pas tant de drogues.

Formulés de cette façon, ce ne sont pas des objectifs. Ce sont des souhaits qui ne se réaliseront probablement pas. Voici des buts que vous pourriez vous fixer pour vous rapprocher de votre mari :

L'année prochaine, je lui ferai savoir quand je me sens seule au lieu de ruminer et de me plaindre.
Je lui demanderai de laisser tous ses papiers et ses livres dans son cabinet de travail.
Je lui dirai ce qui me préoccupe et je lui demanderai son avis plus souvent.
J'irai à une réunion des Al-Anon [1] avec Jackie.

VISUALISATION RÉCEPTIVE

Vous rencontrerez, dans cette visualisation, votre futur moi, dans un an, dans cinq et dans dix ans. Dans chaque scène, vous regarderez autour de vous et vous remarquerez

---

1. *N.d.T. :* Al-Anon est une organisation analogue aux Alcooliques Anonymes destinée aux personnes souffrant de l'alcoolisme d'un proche.

quels sont vos biens, votre vie de famille, vos réalisations, vos loisirs, etc. Après la visualisation, vous noterez certaines choses que vous aurez vues et vous les transformerez en buts accessibles.

Tout entre là-dedans. Vous n'êtes pas en train de faire un plan détaillé ou de vous engager à vous conformer à une vision particulière de l'avenir. C'est plutôt un brainstorming destiné à trouver une solution à un problème complexe : vous voulez vous ouvrir au flot d'images spontanées qui surgissent de votre inconscient. Lâchez un peu les rênes et permettez-vous ainsi de gambader sans être freiné par votre sens critique. Si vous éprouvez le besoin de vous censurer ou de vous juger au cours de cette visualisation, rappelez-vous que vous aurez plus tard l'occasion de formuler vos objectifs.

Allongez-vous, fermez les yeux et détendez-vous. A mesure que vous relaxez vos muscles et que vous ralentissez votre respiration, laissez s'échapper tout ce que vous ne voulez pas et tout ce dont vous n'avez pas besoin. Chaque souffle emporte avec lui un petit morceau de vos vieilles limitations. A chaque inspiration, vous libérez en vous plus de place pour quelque chose de neuf.

Allez dans votre sanctuaire extérieur. Installez-vous et choisissez une direction qui symbolise le futur à vos yeux. Empruntez un chemin agréable qui se dirige de ce côté. Vous rencontrez une bûche sur votre passage et vous l'enjambez. Considérez que cette bûche représente l'inaction. Vous arrivez près d'un torrent. Traversez-le prudemment en marchant sur des galets pour ne pas vous mouiller les pieds. Ce torrent symbolise votre peur du changement. Continuez votre route. Vous arrivez au bas d'une colline escarpée représentant votre manque de confiance en vous. Gravissez-la jusqu'à ce que vous atteigniez son sommet. Le chemin serpente maintenant vers la vallée. Il est sillonné d'ornières et jonché de cailloux pendant un moment. Ceux-ci représentent le pessimisme et le négativisme. Continuez à marcher et pénétrez dans une forêt sombre. Des branches d'arbre qui pendent obstruent votre passage et vous les repoussez. Considérez qu'elles symbolisent votre crainte du succès et votre sentiment de ne pas mériter de bonnes choses.

Vous poursuivez votre route au-delà de ces gros arbres jusqu'à une clairière plus agréable. Des gens vivent alentour. Vous voyez que le sentier conduit à une maison au loin. C'est votre maison dans dix ans.

Faites-en le tour et jetez un coup d'œil par les fenêtres. Essayez les portes. Toutes sont fermées à clé, sauf une. Ouvrez-la et entrez. Promenez-vous dans toutes les pièces. Combien y en a-t-il ? Comment sont-elles décorées ? Quelle taille ont-elles ? Quelles sont les choses qui vous appartiennent ? Prenez votre temps pour avoir un aperçu complet de ce lieu. Approchez-vous d'un bureau et regardez dans son tiroir. Vous trouvez votre livret d'épargne et votre chéquier. Voyez combien d'argent vous avez. Inspectez les placards, le garage et le réfrigérateur. Que portez-vous, quelle voiture conduisez-vous, de quoi vous nourrissez-vous ?

Imaginez que vous êtes invisible, vous êtes une mouche posée sur le mur, une présence fantomatique flottant dans l'air que les habitants de ce temps futur ne peuvent ni voir, ni entendre, ni sentir. Observez-vous, avec dix ans de plus, en train de rentrer chez vous. De quoi avez-vous l'air ? Paraissez-vous heureux et en bonne santé ? Combien pesez-vous ? Regardez votre famille entrer. Comment ses membres se comportent-ils les uns vis-à-vis des autres ? Que font-ils ? Êtes-vous marié ? Avez-vous des enfants ? Vivez-vous seul ?

Écoutez-vous en train de téléphoner à des amis. De quoi parlez-vous ? Quels sont vos projets ?

Suivez votre moi de dix ans plus âgé à son travail ou à l'école. Quel est votre métier ? Combien gagnez-vous ? Qu'apprenez-vous ? Comment utilisez-vous vos capacités intellectuelles ? Quelles compétences avez-vous acquises ? Quels diplômes et quelles distinctions professionnelles avez-vous obtenus ? Quelle est l'ambiance sur votre lieu de travail ?

Observez-vous pendant vos moments de détente. Lisez-vous, jouez-vous au tennis, regardez-vous la télévision, sautez-vous en parachute, chantez-vous des chansons, etc. ?

Laissez maintenant votre moi invisible se fondre avec votre moi plus âgé. Lorsque vous ne ferez plus qu'un, demandez-vous simplement comment vous vous sentez. En forme et en bonne santé ? En paix ? Créatif ? Spirituellement accompli ? Regardez votre vie jusqu'à maintenant. De quoi êtes-vous fier ? Quelles choses êtes-vous particulièrement heureux d'avoir eu la chance de vivre ?

Lorsque vous aurez terminé d'examiner votre vie dans dix ans, laissez cette vision s'évanouir et revenez à aujourd'hui. Ouvrez les yeux, levez-vous et dressez une courte liste pendant que les images sont encore vivaces dans votre esprit : choisissez un ou deux objectifs principaux dans chacun des domaines ci-dessous et notez les détails entrevus au cours de votre visualisation :

Objectifs à atteindre d'ici dix ans

Biens matériels _____

Famille et amis _____

Objectifs scolaires/intellectuels/professionnels _____

_____

Santé _____

Loisirs _____

Objectifs spirituels ou créatifs _____

Autres _____

Parcourez cette liste et relevez les contradictions possibles, comme : vouloir être millionnaire et aspirer à devenir moine dans une grotte au Tibet, désirer être une mère de famille nombreuse et un grand reporter, ou encore, rêver d'habiter une demeure victorienne avec un héliport sur le toit, vouloir recevoir ses amis à l'improviste tout en souhaitant conserver beaucoup de temps pour soi.

Préparez-vous à la deuxième partie de cette visualisation. Allongez-vous, fermez les yeux et détendez-vous. En respirant, libérez de l'espace en vous, pour de nouvelles choses et débarrassez-vous de vos vieilles limitations.

Allez dans votre sanctuaire et reprenez votre route comme tout à l'heure. Cette fois-ci votre promenade sera plus courte : jusqu'à votre maison dans cinq ans. Il se peut que ce soit la même. Vous rencontrerez peut-être moins d'obstacles.

Entrez chez vous. Cherchez en particulier tout ce qui est lié à vos objectifs principaux tels que vous les avez définis sur votre liste. Si vous avez vu que vous possédiez 500 000 francs la fois dernière, regardez à nouveau dans votre tiroir et voyez quelle est la somme qu'il vous faudra dans cinq ans pour en avoir 500 000 dans dix ans. Si vous avez vu une belle femme et deux jeunes enfants, voyez à quoi ils ressemblent maintenant. Si vous pesiez soixante-dix kilos la dernière fois et si cela représente une perte de poids significative pour vous, remarquez combien vous pesez à présent. Peut-être faites-vous dans les soixante-quinze à quatre-vingts kilos. Rappelez-vous les autres domaines qui figurent sur votre liste et voyez où vous en êtes en ce qui concerne votre carrière, votre scolarité et vos objectifs en matière de sport, de créativité ou de santé.

Jetez un coup d'œil autour de vous et relevez tout ce qui vous étonne, ce qui n'était pas là la dernière fois. Peut-être un nouvel objectif a-t-il surgi de votre inconscient depuis que vous avez fait la première partie de cet exercice.

Lorsque vous serez prêt, terminez votre visualisation et dressez une nouvelle liste. Notez les détails des principaux buts à atteindre d'ici cinq ans :

Objectifs à cinq ans

Biens matériels _____

Famille et amis _____

Objectifs scolaires/intellectuels/professionnels _____

_____

Santé _____

Loisirs _____

Objectifs spirituels ou créatifs _____

Autres _____

Voici maintenant la dernière partie de la visualisation. Allongez-vous, fermez les yeux et détendez-vous comme précédemment. Allez dans votre sanctuaire. Faites un petit tour jusque chez vous, tel que cela sera d'ici un an.

Observez à nouveau les détails en relation avec vos principaux objectifs. Quelle somme d'argent avez-vous économisée ? Connaissez-vous déjà votre future femme ou votre futur mari ? Comment vous êtes-vous rencontrés ? Combien pesez-vous ? Où en est votre santé ? Êtes-vous en classe pour préparer un examen ultérieur ? Quel emploi occupez-vous et que faites-vous pour réaliser vos aspirations professionnelles ?

Jetez un coup d'œil autour de vous pour voir si des surprises ne se seraient pas glissées là. Lorsque vous aurez vu et entendu tout ce que vous cherchiez, achevez la visualisation et écrivez quels sont vos objectifs à atteindre d'ici un an :

Objectifs à un an

Biens matériels _____

Famille et amis _____

Objectifs scolaires/intellectuels/professionnels _____

_____

Santé _____

Loisirs _____

Objectifs spirituels ou créatifs _____

Autres _____

VISUALISATION PROGRAMMÉE

Voici maintenant le plus dur : dresser la liste de ce que vous aurez à faire aujourd'hui, demain, la semaine prochaine, le mois prochain pour que vos objectifs deviennent réalité. Si, par exemple, vous voulez avoir 500 000 francs dans dix ans, vous devrez ouvrir un compte d'épargne ce mois-ci et y faire un premier dépôt, si petit soit-il. Si vous souhaitez épouser la femme de vos rêves et fonder une famille, il faudra que vous alliez à la soirée du club des célibataires ce samedi. Si vous désirez perdre vingt-cinq kilos dans les dix années qui viennent, vous devrez lire le chapitre consacré à la maîtrise du poids dès ce soir. Si vous voulez soigner votre hypertension pour être toujours là dans dix ans, il faut que vous fassiez les courses pour votre dîner de demain soir, sinon vous risquez de vous retrouver au café du coin pour avaler un steak frites. Si vous souhaitez obtenir une bourse pour étudier la prévention des sévices sexuels sur les enfants, vous avez intérêt à préparer votre demande dès maintenant.

La visualisation peut vous aider. Déterminez une étape à franchir la semaine prochaine pour chacun de vos principaux objectifs et écrivez-la. Composez également une affirmation pour chacun d'eux ainsi qu'une autre destinée à surmonter les obstacles que vous rencontrerez et qui parlera du futur en général. Mettez-les au présent même si elles se réfèrent à l'avenir. Voici quelques suggestions :

Je peux me fixer des objectifs et les atteindre.
Le futur est à ma portée.

J'ai tout ce qu'il me faut.
Je suis en sécurité au sein de ma famille.
Mes études marchent bien.
Je suis au top de ma profession.
Je me sens en bonne santé.
Je me nourris correctement.
Je sais me détendre et m'amuser.
Je mérite d'atteindre mes buts.
Je peux m'organiser pour que tout soit fait.
Je suis en harmonie avec l'énergie de l'univers.
L'énergie créatrice s'écoule toujours à travers moi.

Allongez-vous et fermez les yeux. Relaxez-vous et portez votre attention à un secteur de votre vie, votre santé, par exemple. Imaginons que vous souhaitiez apprendre le yoga pour devenir plus solide, plus souple et plus détendu. Visualisez-vous en train de faire le premier pas demain : vous consultez les pages jaunes de l'annuaire pour trouver un cours de yoga. Concentrez-vous vraiment sur les détails : la couleur et le toucher du papier l'odeur de l'encre ; vous cherchez les mots « yoga » et « cours » ; vous entendez le bruit de la page que vous tournez. Plus votre visualisation sera vivante, plus il vous sera facile de franchir cette première étape. Dites-vous : « Je fais un pas à la fois. »

Transportez-vous deux jours plus tard. Voyez-vous en train de composer un numéro de téléphone et de demander à un professeur quelles sont les différentes sortes de yoga, le nombre de personnes assistant au cours, les horaires, la tenue adéquate, etc. Dites-vous : « Je peux découvrir ce que j'ai besoin de savoir. »

Visualisez maintenant une journée de shopping et de documentation. Voyez-vous d'abord dans une bibliothèque, cherchant des références d'ouvrages sur le yoga, notant leur cote et leur titre et parcourant les rayonnages pour dénicher un bon manuel destiné aux débutants. Voyez-vous en train de sortir et de vous diriger vers un magasin de sport. Essayez un justaucorps, un maillot, un short ou tout ce que vous imaginez porter en faisant du yoga. Dites-vous : « Je suis bien préparé. Je me trouve bien. »

Allez à votre premier cours. Autorisez-vous à être tendu et à vous sentir peu sûr de vous en arrivant. Dites-vous : « Je fais quelque chose de bien pour moi. » Voyez-vous entrer dans la salle d'exercice et prendre place parmi les autres. Vous êtes plus calme, maintenant. Imaginez à quoi le professeur et les élèves pourraient ressembler. Dites-vous : « Je suis au bon endroit. »

Voyez-vous dans un an. Vous vous levez tôt pour faire vos exercices de yoga. Sortez sur le balcon, au soleil. Étirez-vous et prenez la première posture. Sentez votre corps s'échauffer et s'assouplir lorsque vous faites le « salut au soleil ». Dites-vous : « Je suis détendu et bien dans mon corps. »

Voyez-vous dans cinq ans en meilleure forme que jamais. Votre peau est fraîche et saine, vos yeux brillent. Vous continuez le yoga chaque matin, celui-ci faisant partie d'un rituel personnel qui vous emplit de satisfaction.

Achevez votre visualisation par un flash-back sur votre première étape, lorsque vous consultez l'annuaire pour trouver un cours. Dites cette dernière affirmation : « Demain, je fais le premier pas. »

Faites ces visualisations avant de vous lever ou le soir juste avant de vous endormir. Vous souhaiterez peut-être alterner leurs thèmes si vous avez plusieurs objectifs. Vous pourrez, par exemple, faire la visualisation concernant votre vie amoureuse, le lundi, celle destinée à améliorer votre santé, le mardi, celle en vue d'être créatif le mercredi, etc.

Lorsque vous franchirez la première étape en direction de vos objectifs, la seconde suivra grâce à vos séances quotidiennes. Encore une chose : n'oubliez pas de consulter vos listes de temps en temps pour revoir et modifier vos buts. Vous pourriez, par exemple, vous apercevoir, grâce à votre expérience, que vous préférez le taï chi ou une autre discipline au yoga. L'aspect méditatif du yoga peut devenir plus important à vos yeux que le bien-être corporel que vous en retirez.

CONSIDÉRATIONS PARTICULIÈRES

De nombreux penseurs ont relevé le paradoxe suivant : vous devez d'abord oublier votre but si vous voulez l'atteindre ensuite. Ce n'est qu'en apprenant à jouir pleinement de ce que vous avez « ici et maintenant », que vous pourrez commencer à avancer en direction de vos objectifs. Un désir intense, des sacrifices énormes et des efforts constants comme s'il s'agissait d'une question de vie ou de mort donneront de moins bons résultats que la reconnaissance de ce que vous avez déjà, assortie d'une progression par étapes.

Il est important d'avoir des buts précis mais il est préférable de ne pas trop s'y accrocher. Si vous investissez trop sur le plan émotionnel, vous risquez d'y penser constamment et de redouter de ne pas pouvoir les atteindre. Votre crainte de l'échec rend celui-ci plus probable.

Shakti Gawain considère que la vie est constituée de trois choses : l'être, l'avoir et le faire. Elles sont toutes légitimes et nécessaires. Aucune d'entre elles n'est meilleure ou pire que l'autre. Mais il existe un ordre naturel entre ces processus : vous devez d'abord *être* ce que vous êtes. C'est à partir de cette identité que vous pouvez faire ce que vous faites. Ce comportement vous permet alors d'*avoir* autour de vous les personnes et les choses que vous souhaitez dans votre vie. Souvent, lorsque l'on se fixe un objectif, on se focalise sur l'avoir. En fait, le truc est d'utiliser votre visualisation pour vous focaliser sur le genre de personne que vous êtes et que vous voudriez être, puis de vous voir en train de faire les choses que ferait une telle personne. L'avoir viendra ensuite de lui-même.

Une carte de vie

Certaines personnes trouvent difficile de visualiser des objectifs en détail. Elles ne savent simplement pas ce qu'elles veulent ou bien elles n'arrivent pas à se décider. Une carte de vie pourrait les aider. C'est une représentation de votre vie sous la forme d'un paysage. Le passé est à gauche, le présent au milieu et le futur est à droite. Vous devriez dessiner une carte de vie si la visualisation réceptive proposée dans ce chapitre vous pose des problèmes.

La carte de vie marche, parce que dessiner est une activité sous le contrôle du cerveau droit, plus créative qu'écrire ou parler de ses buts. Dessiner permet de découvrir des suppositions et des désirs inconscients que vous ne pourriez déceler autrement.

Pour tracer cette carte, munissez-vous d'une *grande* feuille de papier d'au moins quarante centimètres de côté et d'une boîte de feutres.

Recopiez le dessin de la page suivante y compris les légendes.

Le passé sur la gauche est la mer. Le présent, au milieu est une prairie. Le futur, à droite, est une chaîne de collines ou de montagnes. Ce sont des représentations archétypiques [1] qui possèdent des analogies avec l'évolution et le développement de l'être humain. Ce tracé est à peu près compréhensible par tous.

L'idée est de dessiner des objets, des lieux et des expériences de votre vie et de les prolonger logiquement et intuitivement dans le futur. Cela n'a pas besoin d'être du grand art, ni d'être déchiffrable par les autres. Vous seul devez savoir ce que vos dessins signifient. Si vous êtes coincé sur une image, écrivez un mot. Les personnes peuvent être composées de bâtons : dessinez comme vous le faisiez au jardin d'enfants. Vous pouvez aussi être abstrait. Faites, par exemple, un gribouillage rouge pour représenter une adolescence mouvementée.

Commencez par l'océan, à gauche, et dessinez-vous, bébé, bien en sécurité dans le ventre de votre mère. Près de la surface de l'eau, dessinez quelque chose qui symbolise votre naissance. Représentez les personnes et les jouets

---

1. *N.d.T.* : Jung écrit dans *Ma vie* : « La notion d'archétype... dérive de l'observation, souvent répétée, que les mythes et les contes de la littérature universelle renferment les *thèmes* bien définis qui reparaissent partout et toujours. Nous rencontrons ces mêmes thèmes dans les fantaisies, les rêves, les idées délirantes et les illusions des individus qui vivent aujourd'hui. Ce sont ces images et ces correspondances typiques que j'appelle représentations archétypiques (...). Elles ont leur origine dans l'archétype qui, en lui-même, échappe à la représentation, forme préexistante et inconsciente qui semble faire partie de la structure héritée de la psyché et peut, par conséquent, se manifester spontanément partout et en tout temps.

PASSE   PRESENT   FUTUR

importants de votre enfance, dans l'air, au-dessus de la mer. Acheminez-vous vers le présent et décrivez ce que vous aimiez faire lorsque vous étiez enfant et adolescent. Entrez dans le présent. Tracez des symboles et des mots représentant ce que vous appréciez, ce qui vous est arrivé, ce qui était essentiel, amusant ou instructif.

Si vous avez tout d'un coup envie de mettre une chose dans le futur, faites-le. Votre inconscient est intemporel. Il ne fixe pas vos souvenirs ou vos désirs dans le passé, le présent ou le futur. Vous vouliez et aimiez certaines choses dans le passé, vous les voulez et les aimez encore d'une certaine façon aujourd'hui et vous les voudrez et les aimerez toujours mais différemment dans le futur. Tracez des lignes à partir des images positives du passé et du présent et prolongez-les dans le futur. Entourez les images négatives ou barrez-les pour éviter qu'elles ne s'étendent dans l'avenir.

Vous seul pouvez dessiner votre carte de vie. Voici cependant des exemples de ce que d'autres personnes ont introduit dans la leur :

Soleil et nuages pour représenter les bons et les mauvais moments.

Des éclairs pour signaler les événements importants.

Des cercles avec un nom au milieu pour désigner les personnes.

Des couleurs pour évoquer certains thèmes : par exemple, l'amour et la sexualité toujours en bleu.

Des lignes et des flèches allant de la gauche vers la droite pour représenter la poursuite d'un centre d'intérêt : par exemple, une ligne verte indique le fait de jouer du piano.

Les maisons où vous avez vécu, les voitures que vous avez eues.

Vos voyages.

Votre équipement de sport et de loisirs.

Des églises, des auréoles ou des halos pour signifier la spiritualité.

Des cœurs pour indiquer l'amour.

Des notes de musique et des pieds pour représenter la musique et la danse.

Des diplômes ou des toques d'étudiant pour désigner la réussite scolaire.

Vous pouvez aussi utiliser une carte de vie pour explorer les obstacles qui vous empêchent d'atteindre vos buts. Sur une nouvelle feuille de papier, tracez deux lignes courbes parallèles qui représentent une route. Faites-la se diriger, à droite, vers « le succès » ou vers « le futur ». Dessinez des barrages routiers, des fossés, des ponts démolis, etc., pour symboliser le manque d'estime de soi, la crainte de l'échec, l'inaction, etc. Dessinez des déviations, des équipes d'ouvriers, des dirigeables et tout ce dont vous avez besoin pour contourner ou franchir ces obstacles.

FUTUR

Bibliographie

ACHTERBERG (J.), 1985, *Imagery in Healing : Shamanism and Modern Medicine*, Boston, Shambala Publications.

AHSEN (A.), 1977, *Psycheye*, New York, Brandon House.

ALEXANDER (F.), 1950, *Psychosomatic Medicine*, New York, W.W. Norton.

ARNHEIM (R.), 1976, *La Pensée visuelle*, Paris, Flammarion.

ASSAGLIOLI (R.), 1989, *La Volonté libératrice*, Paris, Le Hiérarch.

ASSAGLIOLI (R.), 1983, *Psychosynthèse : principes et techniques*, Paris, EPI.

BEATTIE (M.), 1991, *Vaincre la codépendance*, Paris, J.-C. Lattès.

BECK (A.T.), 1976, *Cognitive Therapy and the Emotional Disorders*, New York, New American Library.

BENSON (H.), 1976, *The Relaxation Response*, New York, Avon.

BOLEN (J.S.), 1983, *Le Tao de la psychologie*, Paris, Mercure de France.

BRY (A.), 1978, *Visualization : Directing the Movies of Your Mind*, New York, Barnes & Noble.

BROWN (B.), 1974, *New Mind, New Body*, New York, Harper & Row.

CIRLOT (J.E.), 1962, *A Dictionary of Symbols*, New York, Philosophical Library.

CLARKE (J.I.), DAWSON (C.), 1991, *Grandir avec ses enfants*, Paris, J.-C. Lattès.

COUE (E.), 1989, *La Maîtrise de soi-même par l'autosuggestion consciente*, Paris, Renaudot.

COUSINS (N.), 1980, *La volonté de guérir*, Paris, Seuil.

DAVIS (M.), ESHELMAN (E.), McKAY (M.), 1982, *The Relaxation and Stress Reduction Workbook*, Oakland, California, New Harbinger Publications.

DE MILLE (R.), 1973, *Put Your Mother on the Ceiling : Children's Imagination Games*, New York, Viking Press.

FRIEDMAN (M.), ROSENMAN (R.H.), 1976, *Type A Behavior and Your Heart*, New York, Fawcett World.

GAGNE (R.M.), 1976, *Les Principes fondamentaux de l'apprentissage : Application à l'enseignement*, HRW-Canada.

GALLWEY (W.T.), 1977, *Tennis et concentration*, Paris, Laffont.

GARFIELD (P.), 1982, *La Créativité onirique : du rêve ordinaire au rêve lucide*, Paris, La Table ronde.

GARDNER (H.), 1982, *Art, Mind & Brain*, New York, Basic Books.

GAWAIN (S.), 1984, *Techniques de visualisation créatrice*, Genève, Soleil.

GAWAIN (S.), KING (L.), 1986, *Vivez dans la lumière*, Barret le Bas, Le Souffle d'or.

GAWAIN (S.), GRIMSHAW (D.) éd., 1989, *Un instant, une pensée : pensées et affirmations quotidiennes*, Barret le Bas, Le Souffle d'or.

GHISELIN (B.), 1952, *The Creative Process*, New York, New American Library.

GREGORY (R.L.), 1973, *Eye and Brain*, New York, McGraw Hill.

HADLEY (J.), STAUDACHER (C.), 1985, *Hypnosis for Change*, Oakland, California, New Harbinger Publications.

HALL (J.F.), 1961, *Psychology of Motivation*, New York, Lippincott.

HARNER (M.), 1982, *Chamane ou les secrets d'un sorcier indien d'Amérique du Nord*, Paris, Albin Michel.

HILGARD (E.R.), 1977, *Divided Consciousness : Multiple Controls in Human Thought and Action*, New York, John Wiley & Sons.

HOROWITZ (M.), 1970, *Image, Formation and Cognition*, New York, Appleton-Century-Crofts.

HUBERT (A.), 1991, *Le Manger juste*, Paris, J.-C. Lattès.

HUTSCHNECKER (A.), 1966, *The Will to Live*, New York, Simon & Schuster.

HUXLEY (A.), 1942, *The Art of Seeing*, New York, Harper & Row.

JACOBSON (E.), 1980, *Savoir se relaxer : pour combattre le stress*, Montréal, Homme.

JUNG (C.G.), 1964, *L'Homme et ses symboles*, Paris, Laffont.

JUNG (C.G.), 1973, *« Ma vie », souvenirs, rêves et pensées*, Paris, Gallimard.

KANFUR (F.K.), GOLDSTEIN (A.P.), eds, 1974, *Helping People Change*, New York, Pergamon Press.

KANO (S.), 1985, *Making Peace With Food : A Step-By-Step Guide to Freedom from Diet / Weight Conflict*, Boston, Amity.

KLINGER (E.), 1971, *Structure and Functions of Fantasy*, New York, Wiley.

KORN (E.R.), JOHNSON (K.), 1983, *Visualization : The Use of Imagery in the Health Professions*, Dow Jones-Irwin.

KOSSLYN, 1986, *Visual Cognition*, Boston, M.I.T. Press.

LEWIS (H.R.), LEWIS (M.E.), 1975, *Psychosomatics*, New York, Pinnacle Books.

LOCKE (S.), COLLIGEN (D.), 1986, *The Healer Within*, New York, E.P. Dutton.

LURIA (A.), 1968, *The Mind of a Mnemonist*, New York, Basic Books.

LUTHE (W.) éd., 1983, *Les Techniques autogènes*, Mont-Royal, Canada, Décarie.

McKay (M.), Davis (M.), Fanning (P.), 1981, *Thoughts & Feelings : The Art of Cognitive Stress Intervention*, Oakland, California, New Harbinger Publications.

McKay (M.), Davis (M.), Fanning (P.), 1983, *Messages : The Communication Skills Book*, Oakland, California, New Harbinger Publications.

McKay (M.), Fanning (P.), 1987, *Self-Esteem*, Oakland, California, New Harbinger Publications.

McKellar (P.), 1957, *Imagination and Thinking*, London, Cohen & West.

McKim (R.), 1972, *Experiences in Visual Thinking*, Monterey, California, Brooks Cole Publishing Co.

Maltz (M.), 1979, *Psycho-cybernétique*, Godefroy CH.

Marks (D.F.) ed, 1986, *Theories of Image Formation*, New York, Brandon House.

Masters (R.), Houston (J.), 1972, *Mind Games*, New York, Dell.

May (R.), 1975, *The Courage to Create*, New York, W.W. Norton.

Mednick (S.A.), 1964, *Learning*, Englewood Cliffs, Prentice Hall.

Murray (E.J.), 1964, *Motivation and Emotion*, Englewood Cliffs, Prentice Hall.

Naranjo (C.), Ornstein (R.), 1971, *On the Psychology of Meditation*, New York, Viking Press.

Olson (R.W.), 1986, *The Art of Creative Thinking*, New York, Harper & Row.

Ornstein (R.), 1972, *The Psychology of Consciousness*, San Francisco, W.H. Freeman & Co.

Ornstein (R.), Sobel (D.), 1987, *The Healing Brain : Breakthrough Discoveries About How the Brain Keeps Us Healthy*, New York, Simon & Schuster.

Osborn (A.F.), 1988, *Créativité : l'imagination constructive*, Paris, Dunod.

Oyle (I.), 1976, *The Healing Mind*, New York, Pocket Books.

Oyle (I.), 1976, *Time, Space and the Mind*, Millbrae, California, Celestial Arts.

Patrick (C.), 1955, *What is Creative Thinking ?*, New York, Philosophical Library.

Pavio (A.), 1971, *Imagery and Verbal Processes*, New York, Holt and Rinehart.

Pelletier (K.), 1983, *Le pouvoir de se guérir ou de s'autodétruire*, Québec Amérique.

Quick (T.L.), 1980, *The Quick Motivation Method*, New York, St. Martin's Press.

Richardson (A.), 1969, *Mental Imagery*, New York, Springer Publishing Co.

Rossman (M.L.), 1987, *Healing Yourself : A Step-By-Step Process for Better Health Through Imagery*, New York, Walker.

Rugg (H.), 1963, *Imagination*, New York, Harper & Row.

SAMUELS (M.), SAMUELS (N.), 1975, *Seeing With the Mind's Eye : The History, Techniques and Uses of Visualization*, New York, Random House.

SATIR (V.), 1975, *People Making*, Palo Alto, California, Science and Behavior Books.

SCHACHTEL (E.), 1959, *Metamorphosis*, New York, Basic Books.

SCHULTZ (J.H.), LUTHE (W.), 1959, *Autogenic Training : A Psychophysiological Approach to Psychotherapy*, New York, Gruen & Straton.

SCIENTIFIC AMERICAN, 1972, *Altered States of Awareness*, San Francisco, W.H. Freeman & Co.

SEGAL (S.J.), 1971, *The Adaptive Functions of Imagery*, New York, Academic Press.

SELYE (H.), 1974, *Stress sans détresse*, Montréal, Presse.

SELYE (H.), 1975, *Le Stress de la vie*, Paris, Gallimard.

SHEALY (C.N.), 1977, *90 Days to Self Health*, New York, The Dial Press.

SHEEHAN (P.) ed, 1972, *The Function and Nature of Imagery*, New York, Academic Press.

SIEGEL (B.S.), 1989, *L'Amour, la médecine et les miracles*, Paris, Laffont.

SIMONTON (O.C.), MATTHEWS-SIMONTON (S.), CREIGHTON (J.L.), 1980, *Getting Well Again*, New York, Bantam Books.

SINGER (J.L.), 1966, *Daydreaming*, New York, Random House.

SINGER (J.L.), 1974, *Imagery and Daydream Methods in Psychotherapy and Behavior Modification*, New York, Academic Press.

SINGER (J.), SWITZER (E.), 1980, *Mind-Play : The Creative Uses of Fantasy*, Englewood Cliffs, Prentice Hall.

STEVENS (J.O.), 1971, *Awareness*, Real People Press.

TART (C.) ed, 1972, *Altered States of Consciousness*, New York, Doubleday Anchor.

THOMAS (L.), 1983, *The Youngest Science*, New York, Viking Press.

TOBEN (B.), SARFATTI (J.), WOLF (F.), 1975, *Space-Time and Beyond*, New York, E.P. Dutton.

TUTKO (T.), SOSI (U.), 1976, *Sports Psyching*, Los Angeles, Westwood Publishing.

VERNON (P.E.), 1970, *Creativity : Selected Readings*, New York, Penguin Books.

WATZLAWICK (P.), WEAKLAND (J.), FISH (R.), 1981, *Changements : paradoxes et psychothérapie*, Paris, Seuil.

WINGER (W.), 1977, *Voyages of Discovery*, Gaithersburg, Maryland, Psychegenics Press.

WOLPE (J.), WOLPE (D.), 1988, *Life Without Fear*, Oakland, California, New Harbinger Publications.

Table des matières

Préface 4

Ière PARTIE. Introduction à la visualisation
1. La visualisation peut-elle changer votre vie? 9
2. Règles pour une visualisation efficace 17

IIe PARTIE. Techniques de base
3. La relaxation 45
4. La visualisation: exercices préparatoires 57
5. Comment créer votre sanctuaire 71
6. Comment rencontrer votre guide intérieur 81

IIIe PARTIE. Applications thérapeutiques
7. Maîtriser son poids 91
8. S'arrêter de fumer 111
9. Diminuer son stress 125
10. Guérir l'insomnie 139
11. Vaincre la timidité 149
12. Guérir les blessures 163
13. Lutter contre le cancer et les allergies 181
14. Maîtriser la douleur 219

IVe PARTIE. Changer par la visualisation
15. Etre créatif et résoudre des problèmes 243
16. Se fixer des objectifs et les atteindre 263

Bibliographie 284

IMPRESSION : BUSSIÈRE S.A., SAINT-AMAND (CHER). — N° 2865
D. L. DÉCEMBRE 1993/0099/400
ISBN 2-501-01813-3
Imprimé en France